디지털 욕망과 문학의 현혹

디지털 욕망과 문학의 현혹

김주연 비평집

문이당

책머리에

　방화수 가이 몬태그가 책을 불사르는 악몽 속에서 종이문학의 두려움이 자란다. 물론 그 맞은편에서 인터넷 문학의 경쾌한 꿈이 웃음 가운데 새롭게 열리고 있다. 새로운 세기의 문턱을 앞뒤로 한 이러한 현실 속에서 나의 발걸음은 휘청거린다. 올해로 갑년을 맞이하면서 미구에 40년을 바라보는 문단력에 이르렀으나, 그간의 글쓰기와 책내기가 불사르기 앞에서 한 줌 재에 지나지 않을지도 모른다는 생각이 인간 욕망의 허망함을 확인해 준다고 할까.
　종이가 타기 시작한다는 온도 화씨 451도에 이르기 전에 책 한 권 빼돌려 숨겨 놓는 일이 아마도 내게 남겨진 일이 아닐까 되돌아본다. 21세기여, 축복 있으시라.

2001년 3월
김 주 연

차례 / 디지털 욕망과 문학의 현혹

책머리에 ——————————————————— 5

제1장 디지털 욕망과 대중

대중문화 시대의 대중문학 ————————————— 11
대중문학에 대한 의문 ——————————————— 26
문명은, 디지털은 슬프다 —————————————— 31
왜 여전히 신비주의인가 —————————————— 60
세기말 감성과 신비주의 정신 ———————————— 77
자연 앞에서도 그대로 서지 못하고 —————————— 95
억압의 문명에서 바라보는 그리움의 문학 ——————— 109
세기말 한국 시에 대한 질문 ————————————— 114
디지털 욕망의 앞날 ———————————————— 129

제2장 아우라가 사라진 벌판에서

문학과 영성 ——————————————————— 145

시와 구원, 혹은 시의 구원 ──────────── 150
보석과 애벌레 ─────────────────── 170
하나님의 슬픔, 문학의 슬픔 ──────────── 181
신성성, 그 총체적 세계관의 세계 ────────── 194
초월 속의 평화 ─────────────────── 207
신앙과 애정 ──────────────────── 212

제3장 페미니즘의 가능성

페미니즘, 그 당연한 욕망의 함정 ────────── 219
욕망인가, 자아인가 : 뿌리에 관하여 ──────── 261
불꽃과 재를 지나서 ─────────────── 275
어머니, 혹은 에고와의 싸움 ───────────── 287
욕망의 정화를 꿈꾸며 ──────────────── 300
성찰되는 여성성 ─────────────────── 312
여성 시인들의 작은 성채 ─────────────── 319
기술정보 사회 안의 고독 ─────────────── 329

제1장
디지털 욕망과 대중

대중문화 시대의 대중문학
— 긍정과 부정, 수락과 우려의 양면성

세기말의 불안과 희망

1999년이 되었다. 그러자 갑자기 세기말과 밀레니엄에 관한 논의가 대두된다. 미국이나 유럽, 가까운 일본만 하더라도 이에 대한 논의는 벌써부터 진행되어 왔다. 이 논의의 가장 실감나는 부분은 종말론적 인식과 결부된 여러 가지 현상들이다. 그중에서도 컴퓨터가 2000년이라는 숫자를 제대로 받아들이지 못하는 데서 비롯되는 이른바 Y2K 현상에 대한 불안은 공포스럽기까지 하다. 기독교와 깊은 관계를 가지는 종말론은 「요한계시록」에 예거된 여러 가지 말세적 현상들이 오늘의 그것들과 너무나도 흡사하다는 사실 때문에 '세상 끝 날이 가까웠다'는 현실감을 배가시키는 것 같다. 기근과 홍수, 지진과 질병 등 죽음의 세계를 연상시키는 조짐들은 실상 더 이상 SF 속의 이야기가 아닌 세상이 이미 되어 가고 있다. 동성애가 유행하면서 성적 질서가 교란되더니 마침내 여성들만으로도 임신·출산이 가능하다는 실험 결과가 현실적으로 발표되기에 이른 오늘의 현실은, 확실히 창조 질서에 커다란 혼란이 일어나고 있음을 보여 준다. 인간들 세상에 있어서뿐 아니라 동식물의 생태계도 엄청난 변화를 겪고 있어 「계시록」의 경고가 아니더라도 문득문득 전율을 느끼지 않는 사람이 아마 없을 것이다.

그러나, 그러면서도 가장 신기한 사실은 이 같은 종말론적 인식에 대해서 진지한 연구와 검토에 뜻밖에도 많은 사람들이 무관심하다는 점이다. 특히, 막상 이 문제에 당연한 학문적 소명감을 느껴야 할 지식인 사회가 나태한 모습에 빠져 있다는 점이 놀랍다.

허무맹랑한 신비주의적 몸짓으로 가볍게 치부하고 있는 것인지, 설마 하는 태도로 방관하고 있는 것인지, 아니면 섣불리 접근했다가 아무것도 건지지 못하고 망신만 당하리라는 좋지 않은 예감 속에 있는 것인지, 어쨌든 이 문제는 진지한 관심과 연구 바깥쪽에서 무책임하게 떠돌아다니고 있는 인상이다. 문학을 포함한 정신사적 접근을 전공으로 하는 인문학자들의 성향이 지나치게 세속적 차원에 머무르고 있기 때문이 아닐까, 나는 이따금 생각해 볼 때가 있다.

가령 신성(神性)이 와해되어 가고, 그 대신 세속주의가 팽배하기 시작하는 18세기 말 독일 문단에서 이 문제에 깊이 빠져 있던 횔덜린이나 노발리스, 혹은 괴테와 같은 존재를 우리 주변에서는 보기 힘들다.

어디 18세기뿐인가. 20세기 말에도 독일 지성계에는 그러한 고뇌가 맥을 잇고 지속된다. 예컨대 바로 이들 작가들의 세계를 문학과 종교 양쪽에서 분석하고 있는 세기의 명저 『문학과 종교(*Dichtung und Wahrheit*)』가 이런 현실을 그대로 반영하고 있다. 20세기 후반 최대의 신학자인 큉(Hans Küng) 교수와 문학 평론가인 석학 옌스(Walter Jens) 교수가 공동 집필한 이 책에는 파스칼, 도스토예프스키, 카프카 등 세계적 작가 여덟 명이 문학과 종교 양면에 걸쳐서 철저하게 해부되고 있다. 내가 이 책을 중요한 저서로 보는 까닭은, 그 내용 자체보다 자신들의 정신사적 전통을 문학과 종교라는 두 본질적인 측면에서 진지하게 연구하고 있다는 사실 때문이다. 문학을 그저 모더니즘적, 아니면 마르크시즘적 시각에서 관찰하고 있는 우리 풍토에서는 한없이 부러운 일이 아닐 수 없다. 상황이 이러하므로 세기말의 종말론이나 이에 대한 관찰·시각 등은 본질적 접근이 배제된 채 기껏 SF나 저널리즘, 아니면 점쟁이의 손에 방치되어 있는 것이다.

그러나 종말론적 세계관에 입각해 있는 기독교에 의하면, 세상의 끝은 결코 완전한 종말 아닌 새 하늘과 새 땅을 의미하는 것으로 나타난다. 문제는 이러한 지식에 대한 올바른 이해이며, 이해의 핵심을 이루고 있는 인간들의 참회와 반성이다. 이 역시 기독교가 아니라 하더라도 오늘의 현실을 살고 있는 사람이라면 누구나 수긍하는 사실이다. 세기말의 이러한 현실—이 세계의 오염과 파괴가 바로 우리 인간들 자신에 의해 자행되고 있지 않은가. 한 시인의 자성을 들어 보자.

> 안다고 우쭐할 것도 없고
> 알았다고 깔깔거릴 것도 없고
> 낄낄거릴 것도 없고
> 너무 배부를 것도 없고,
> 안다고 알았다고
> 우주를 제 목소리로 채울 것도 없고
> 누구 죽일 궁리를 할 것도 없고
> 엉엉 울 것도 없다
> 뭐든지 간에 하여간
> 사람으로 붐비는 얇은 슬픔이니……

그게 활자의 모습으로 있거나
망막에 어른거리는 그림자거나
풀처럼 흔들리고 있거나
그 어떤 모습이거나
사람으로 붐비는 얇은
슬픔이니……
　　　　— 정현종, 「사람으로 붐비는 얇은 슬픔이니」 전문

　너무도 분명한 메시지를 갖고 있는 시다. 요컨대 이 세상은 사람들 때문에 몹쓸 세상이 되었으며, 그 사람들이 지식에 의해 문명을 발달시킬수록 세상은 더욱더 나빠져 간다는 것. 그러므로 극단적으로 말해서 사람들만 아니라면 세상은 괜찮은 곳이라는 인식이 이 시를 지배하고 있다. 기독교적 의미의 회개는 아니지만, 반성의 한 본질적인 측면이 개진되고 있을 뿐 아니라, 새로운 대안적 전망도 엿보인다. 인간의 배제라는 표현 속에 숨어 있는 새로운 인간상의 제시가 그것이다. 같은 시인의 다음 작품은 그 새 인간을 그려 낸다.

무엇보다도 말 같은 거 하지 않고,
심은 나무로만 말을 하고
흐르는 물로만 말을 하며
새들의 지저귐
피는 꽃들로만 말을 하는
한 하느님
사람의 모습을 한
한 하느님
　　　　　　　　　— 「한 하느님」 중에서

기독교와 무관한 자리에서 진술되는 이 시인의 새사람은 "사람의 모습을 한/한 하느님"이라는 표현을 통해 창조적 질서에의 순응을 제시한다. 세기말이 노상 불안한 것만은 아니다.

이미 대중문화 시대인데

　대중사회 혹은 대중문화는 우리의 경우 1970년대 후반에서 1980년대 전반에 이르는 시간 문화적인 핫이슈의 하나였다. 우리 사회가 대중사회인가 아닌가 하는 논의에서, 대중사회에 이미 진입해 있다는 견해와 여러 가지 조건이 아직 적합해 보이지 않는다는 견해가 갈라져 있었다. 대중문화 현상이 바람직한 것이냐는 논의는 사실 본질적으로 새삼스러운 것이 아니었다. 그것은 처절하게 문제 제기된 서양의 19세기부터 두 가지의 의견으로 무겁게 대립되어 왔으며, 우리의 경우로 옮겨 와서도 그 속내는 달라질 것이 없었기 때문이었다. 말하자면 오르테가이가세트(José Ortega y Gasset)류의 엘리트주의와 도도하게 부상하는 대중주의의 대결은 숱한 이론가들과 유파를 미상불 둘로 갈라놓았으며, 우리에게서도 사정은 비슷하였다. 1970년대에 이르기까지 우리 문학은 전통적으로 엘리트주의에 근접해 있었는바, 물론 여기에는 사대부 사회의 문반(文班) 우월주의가 잠재되어 있었다. 문학은 순수해야 했으며, 문사(文士)는 청빈해야 했고, 그것은 곧 높은 가치로 평가되었다. 요컨대 소수의 귀족적 지성에 의해 문학은 그 질의 수준이 지켜지는 것으로 암묵리에 사회적 동의가 이루어져 왔다. 따라서 대중이라는 말로 대체될 수 있는 백성은 으레 무지한 계층으로 치부되었고, 여기에 영합하는 일은 가치 없는 일일 뿐 아니라 비굴하고 비문화적인 일로 비판되었다. 대중문학이 통속문학의 다른 이름일 수밖에 없었던 것이, 내가 글을 쓰기 시작한 1960년대까지의 일반적 현실이었다. 1960년대까지 우리 문학은 그 추구하는 가치나 이념은 물론, 작품에 등장하는 인물들의 직업이나 성격마저 선험적으로 이미 고상하여야 했다.

그러나 지금은 다르다. 아주 다르다. 순수주의와 엘리트주의를 거의 무의식적으로 답습해 오던 우리 문학이 동요하기 시작한 것은 소설 주인공들이 창녀나 깡패, 적어도 그 비천한 계층으로 인해서 거론되기조차 터부시되던 인물들의 모습으로 등장하기 시작한 1970년대부터다. 최인호의 '경아'는 그 대표적 인물이다. 술집 여급을 주인공으로 한 소설들이 물론 그 이전에도 없었던 것은 아니지만(가령 1940년대 박태원의 소위 '여급소설'을 상기할 수 있을 것이나, 식민 체제 안에서의 왜소화·무력화되어 가는 민족의 사회적 상징체계와 관련된 그의 문학적 성격은 별도로 살펴져야 할 것이다), 장편 『별들의 고향』의 여주인공은 대중문학 논의의 시발점을 이루는 폭넓은 의미를 띤다는 점에서 중요하다. 무엇보다 경아는 그 직업이 술집 호스티스일 뿐, 그 사고방식과 언동에 있어서 다른 직업의 어떤 여성(혹은 남성)과도 큰 차이를 갖지 않는다. 이 사실은 물론 경아라는 일정한 개인의 특정성으로만 설명되지 않는다. 그보다는 오히려 훨씬 더 많은 원인이, 경아 이외의 다른 부분으로부터 유래하고 있다는 점이 지적되어야 한다. 말하자면 경아는, 경아 아닌 다른 많은 인물들과의 차별성을 이 소설 속에서 이미 상실하고 있는 것이다. 그녀는 외롭고 상처받고 가난하지만, 외롭고 상처받고 가난한 사람이 그녀만은 아니었다. 그렇다기보다는 차라리 그녀는 외롭고 상처받고 가난해진 동세대의 넓은 대중들을 대변하고 있다는 점에서 넓은 사회적 공명을 몰고 왔다는 해석이 정당할 수 있다. 말을 달리한다면, 그 이전까지의 관습과 제도 속에서 고상함과 비천함의 계층적·신분적 가치의 갈림길을 이루었던 호스티스라는 사회적 존재가 그 갈림길의 의미를 잃게 되었고, 따라서 구분되었던 양쪽의 사회적 범주는 서로 큰 차별성 없이 혼류하는 양상을 띠게 되었다. 1970년대 중반 이후 '경아'는 더 이상 호스티스만의 특징 속에 갇혀 있지 않고 대학생의 모습으로도, 주부의 모습으로도 뜬금없이 나타났다가 사라지게 되었다. 더 나아가 젊은 여성의 성격적 특징만을 고집하는 어떤 범위 안에 갇혀 있지도 않게 되었다. 남성을 포함한 모든 사회 구성원들의 외로움·가난·쓸쓸함의 민감한 대변자일 따름이었다. 산업화·도시화의 거센 격랑 속에 부유하게 된 '소외된 인간'의 왜소한 얼굴을 그녀는 일찍 드러낸 것으로서, 곧이어 그 얼굴은 『난장이가 쏘아 올린 작은 공』에서의 난쟁이 일가로 확대되게 된다.

흔히 1970년대를 개발 독재로 이름 붙이면서 정치적 폭력에도 불구하고 경제 발전이 이루어진 시기로 평가하곤 한다. 절대 빈곤의 해소는 이 시기의 가장 큰 성취로 지적된다. 그러나 이 시기에 우리 사회에 대중사회론이 본격적으로 제기되었고(나 자신의 몇몇 글 이외에도 사회학자들을 중심으로 활발한 토론이 있었던 것으로 기억된다. 강현두 교수의 『대중문화론』에 수록된 많은 논문들이 당시의 현황을 잘 설명해 줄 것으로 보인다), 대중문화론 역시 그 논의가 증가되었다는 사실은 무엇을 말해 주는 것일까. 무엇보다 먼저 생각할 수 있는 점은, 계층과 직업, 성별과 성분 사이의 온갖 빗장들이 모두 풀어지게 되었다는 사실일 것이다. 산업화·도시화는 설혹 절대 빈곤의 해소에 기여했을지 모른다 하더라도, 서로 다른 사회적 범주들 사이의 급격한 유통으로 인하여 상대적 빈곤감을 오히려 증가시켰다. 빈곤감의 보편화라고 할까. 전통적인 양반 계층과 무의식적으로 그 상속인임을 자처해 온 계층(이른바 지식인이나 사회적 엘리트 계층도 여기에 포함된다)은 무력감을 한층 더 느끼게 되었고, 전통적 농민 계층은 좌절감을, 소작인 상속자들과 도시 노동자(잠재적인 실업 계층도 물론 여기에 편입된다)들은 소외감에 빠지게 되었다. 요컨대 소수의 신흥 상공업자(재벌이란 이름의 해당자들)를 제외하면 모두 '경아'가 되고 '난쟁이'가 된 것이다. 나로서는 초기 대중사회의 출발을 이 지점에서 관찰할 수 있지 않나 생각한다. 마찬가지로 대중문학론 역시 이와 관련하여 본격화된 것으로 판단된다. 고상함과 신성성(神聖性)의 붕괴는, 그것이 비록 사대부 엘리트 계층에 의한 명목론(名目論)의 틀 안에서 유지되어 온 것이라 하더라도, 더 이상 위풍스러운 힘으로 작용하지 않게 된 것이다.

 온갖 틀과 형식, 관념과 개념에 대한 격렬한 도전기로 특징지어질 수 있는 1980년대를 거치면서 모든 문화는 미상불 대중문화로 접어들었다. 이제 이러한 관찰과 판단은, 적어도 그 창출과 유통, 향수(享受)의 전 과정을 종합적으로 바라보고 있는 이에게는 조금도 낯설지 않은 것이 되어 버렸다. 시(詩)에서 황지우와 이성복, 기형도, 박남철 등의 활동은 이 현상과 무관하지 않을 것이다. 그 파괴적 기능은 1990년대에 들어와 소설 쪽에 불을 붙이면서 더욱 격정적으로 타올랐다. 무릇 인간은 그 파토스적 정열이 발화될 때에 정신→육체→정신의 과정을 거치기 일쑤여서— 니체의 경우처럼 — 1990년대의 그것은 섹스와 죽음을 화두로 거칠 것 없이 내달았다. 시에서 소설로 자연스럽게 옮겨 온 장정일의 경우, 80년대에서 90년대로 자연스럽게 옮겨 온 것과 함께 본격문학에서 대중문학으로도 옮겨 온 전형적인 작가라고 할 수 있다.

 장정일은 과연 이 세 가지 겹에서 괄목할 만한 의미를 만들어 온 작가이다. 우선 그의 소설 제목들은 창의적으로 작은 단위의 시대들을 열고 있다. 80년대에서 90년대 사이의 다리라도 되듯 바로 1990년 8월에 나온 장편 『아담이 눈뜰 때』의 제목부터 퍽 시사적이다. 아담이 눈뜰 때 이 세상은 대체 어떻게 되었는가. 하와가 준 과실을 그는 먹었으며, 그 죄과로 그는 하와와 더불어 에덴 동산에서 추방되었다. 그가 얻은 것이 있다면 섹스, 그리고 하나님과 맞설 수 있다는 교만이었다. 하나님 쪽에서 볼 때 그 세계는 죽음의 세계이다. 장정일은 이 소설에서 바로 이 세 가지 요소들을 모두 즐기고 있는데, 이 세 가지 요소들은 곧 이른바 90년대 작가들에게 전염되어, 그 요소들이 무궁무진하게 변주하는 어두운 드라마로 그들의 작품 세계를 꾸미고 있다. 고상함과 신성성을 본격문학의 금과옥조처럼 여겼던 전통에서 와도 와도 한참 온 것이다. 대중의 욕구에 부응할 때, 문화는 감각화·관능화된다는 숱한 엘리트주의자들의 예견이 적중하는 형국이 90년대 한국 문학에서 벌어지고 있으며, 이 기세가 새로운 세기의 문을 거세게 두드리고 있다. 기독교적 종말론을 고려에 넣지 않는다 하더라도 20세기를 충실히 생존해 온 많은 사람들에게 이 기세는 어차피 불안한 것이 아닐 수 없다. 90년대 시인·작가들이 한결같이 그려 내고 있는 죽음으로서의 섹스, 그 자체가 바로 종말론이 아닌가. 기독교의 종말론이 새로운 하늘과 새로운 땅을 예비하는 세계 쇄신론(刷新論)임에 비해서, 90년대 문학의 종말론은 죽음과 끝이라는 점에 훨씬 무서운 차이가 있다(물론 섹스를 그렸다고 해서 섹스 찬양을, 죽음을 그렸다고 해서 죽음 찬양이라는 우려만을 하는 것은 아니다. 그것은 문학의 깊은 본질과도 배반되는 단선적인 진단이다. 그러나 미메시스의 여러 국면을 논쟁점으로 불러올 수 있는 이 같은 현상이 상당한 우려도 야기할 수 있는 것 또한 부인되기 힘들다).

  중요하고 또 확실한 것은 이제 누구도 외면할 수 없는 대중사회·대중문화 속에서 우리가 호흡하고 있다는 사실이다. 민중문학을 줄기차게 옹호해 온 한 유력지에 "대중과 민중을 이분법적으로 나누는 낡은 발상의 문제점"이 진술되는 현실(『창작과 비평』 1998년 겨울호, 278쪽 참조)로 크게 바뀌었다. 유력 일간지에서도 그것은 더 이상 유효한 논의가 아님을 보여 주기도 한다(「조선일보」 1998년 1월 11일자 참조). 20세기는 고급문화와 대중문화의 구별이 없다는 것이다. 실제로 민중문학론의 산실이었던 '창작과 비평사'에서 1994년 간행된 시집 『서른, 잔치는 끝났다』라는 시집은 이러한 시각에서 장정일과 더불어 대중문학 시대를 돌연 격렬하게 촉진한 의미 있는 문학적 사건으로 기록될 만하다. 최영미라는 무명의 시인을 독서계의 화제 인물로 떠오르게 한 이 시집은 장정일의 『아담이 눈뜰 때』와 비견할 만한 몇 가지 요소를 갖고 있다. 그중 가장 중요한 것은 물론 섹스다. 대중시대로의 촉발을 더 이상 유보 없이 선언하고 있는 이 시집의 다음과 같은 표현들.

물론 나는 알고 있다
내가 운동보다는 운동가를
술보다도 술 마시는 분위기를 더 좋아했다는 걸
그리고 외로울 땐 동지여!로 시작하는 투쟁가가 아니라
낮은 목소리로 사랑 노래를 즐겼다는 걸
그러나 대체 무슨 상관이란 말인가
　　　　　　　　　—「서른, 잔치는 끝났다」 중에서

우리의 시간과 정열을, 그대에게

어쨌든 그는 매우 인간적이다
필요할 때 늘 곁에서 깜박거리는
친구보다도 낫다
애인보다도 낫다
말은 없어도 알아서 챙겨 주는

그 앞에서 한없이 착해지고픈
이게 사랑이라면

아아 컴—퓨—터와 씹할 수만 있다면!
　　　—「Personal Computer」 중에서(고딕체 강조는 시인)

　아, 아, 인간과 그에 의한 문명·기계·욕망 들, 그것들에 의해 썩어가는 세계를 한없이 쓸쓸해했던 정현종과 최영미는 얼마나 다른가. 1990년에 장정일의 아담이 뛰쳐나오고 1994년에 최영미의 컴퓨터 성교론이 과감하게 제기되었을 때 우리 문단은 사실상 대중문학의 저 자동화된 어둠의 세계로 진입한 것이다. 전통적인 잡지나 출판사든, 신진 잡지나 출판사든 가릴 것 없이 이 거대한 노출 행진의 대열에 가담하였으며, 각종 문학상들은 이 어두운 감각주의자들을 앞세워 화폐를 수집하고자 동분서주하였다. 이러한 현상은 심지어 '보수적'이라는 평판 아래 있는 잡지사나 출판사에도 스며들어 오늘에 와서는 거의 일반화되었다고 해도 지나치지 않은 현실이다. 컴퓨터로 매개되는 영상 문화의 압도적인 지배 가운데에 활자 문화의 눈물겨운 추격이 슬프게도 영상적 이미지를 통한 경쟁의 모습을 보이고 있는 것이다. 중요한 것은 가치 판단 아닌 생산과 소비의 회로뿐이다.

대중문학의 영양가
　평소 나는 모든 책들이 양서라는, 다소 극단적인 생각도 사양하지 않는 입장이어서 『드래곤 라자』가 서점가를 휩쓸고 있다고 해서 크게 우려하는 처지는 아니다. 이 책이 그 나름의 독자들을 지니고 있다는 사실은, 무언가 그들에게 공급하고 있는 영양가가 있기 때문일 것이며, 그것은 모든 음식물들이 그 나름의 영양가를 지니고 있으리라는 평범한 우리의 상식과도 자연스럽게 걸맞는 일이다. 그러나 이 책이 소설인지, 만화인지, 복제양 돌리와도 같은 희한한 변종의 책인지는 나로서도 판단이 서지 않는다. 확실한 것은 대중들이 환영하는 대중독서물이라는 정도의 인식이다. 앞서 나는 대중문화 내지 대중문학 시대의 특징을 '어두움'이라는 말과 관련지어 말하였는데, 이 말은 니체에서 릴케에 이르는 전통적 비의주의자(秘義主義者)들의 시각에서 바라본 세계라고 할 수 있다. 이들은 기본적으로 엘리트주의자들이라고 할 수 있으나 모더니즘을 형성하면서 감각파를 폭넓게 개발했으며, 근자에 이르러서는 이른바 포스트모더니즘에 큰 영향을 미치고 있다. 포스트모더니즘과 대중문화/학, 그리고 '어두움'의 관계는 동전의 안팎과도 같은 양상에 있다고 할 수 있을 것이다. 섹스와 죽음에의 탐닉은 그 대표적인 현장이라고 할 만하다. 그런데 바로 이 섹스와 죽음이 대중들에게 맛있는 영양가를 제공하고 있는 것이다. 대중들이 무엇을 좋아하고 즐기고 있는가 하는 것은, 매일같이 쏟아져 나오는 스포츠 신문의 만화와 비디오의 홍수 속에 이미 그 결론이 나와 있지 않은가. 문학 역시 시와 소설이라는 이름으로 거기에 가까이 가려고 직·간접적 제스처를 보내고 있다.

　그러나 대중문학이 이 같은 부정적 영양가만을 지니고 있는 것은 아니다. 맛있는 모든 음식이 반드시 높은 영양가를 보장하지는 않지만, 그렇다고 해서 맛있는 음식이 반드시 몸에 해로운 것만은 아니라는 논리와 비슷한 것이다. 섹스와 죽음에의 유혹은 달콤해서 김영하의 소설이 극명하게 보여 주듯이 「유디트」 그림의 관능적인 모습은 환상 조작을 통한 삶에의 새로운 의욕을 자극하기도 한다. 섹스와 죽음은 또한 높은 감염성·휘발성을 발휘하면서 비교적 둔감한 문화 감각을 갖고 있는 대중들에게 문화 통로의 기능을 하기도 한다. 특히 섹스는 생명 아닌 죽음과 연결되는 자학적 몸짓 속에서도 결국은 소멸 아닌 '창조의 환상' 역할을 한다. 프로이트에서 확인받고, 고트프리트 벤에게서 이미 그 훌륭한 임상 결과를 경험한 바 있는 이 같은 기능은 확실히 대중문학이 폭넓게 작용하고 있는 긍정적 의미의 영양가라고 할 수 있다. 고도로 섬세해진 기계 문명의 발전된 감각 앞에서 전통적 위의(威儀)와 고상함만으로 문학의 자장(磁場)이 유효한 떨림을 지속하기는 힘들기 때문이리라. 그런 측면에서 본다면, 섹스는 전통과 새로움을 잇는 감각의 매개 기능을 원활하게 해주는 제도의 자리에 놓여 있다고 할 수 있으며, 그 의미 역시 평가되어 좋을 것이다. 죽음 역시 세기말에 길게 드리워져 있는 죽음의 그림자에 대한 감각적 포착과 이에 대한 저항적 메커니즘의 반영으로 이해된다면, 섹스와 더불어 환상 공간의 구축을 위한 요소로서 받아들여질 만하다. 나로서는 긍정적·부정적 양면에 걸친 이 같은 영양가의 작용을 '신표현주의'(20세기 초 이와 비슷한 양상을 보였던 독일 표현주의의 발전적 재현이라는 뜻에서)라는 이름으로 불러 본 일이 있다. 이러한 명명 속에는 다소간의 긍정적 수락과 이보다는 조금 짙은 우려가 포함되었는바, 특히 경계하고 싶은 것은 문학 저널리즘의 무분별한 대중문학 수용이다. 전통의 변화가 느리게 진행되는 유럽에서처럼 문학 저널리즘이 가치 판단의 메커니즘을 유지한 채 대중문학의 영양가를 식별할 수 있다면, 우리의 문학 식단은 오히려 풍성할 수도 있으리라.

남는 문제들

많은 대중들이 문학 작품을 향유하게 되었고, 작가 역시 많은 대중들을 독자로 갖게 되었다는 사실은 대단히 즐거운 일임이 틀림없다. 그럼에도 불구하고 무언가 석연찮은 구석이 남는다면? 그 어느 때보다 많은 대중들이 손쉽게 독자층으로 연결될 수 있는 시스템의 발전과 그들 중 어느 누구라도 역시 손쉽게 작가의 자리로 옮겨 앉을 수 있다는 가능성의 보편화. 이러한 상황에서의 석연찮은 감정이란 단순히 많은 대중들이 즐길 수 있도록 쉽게 쉽게만, 재미있게 재미있게만 문학 작품이 씌어지게 된다는, 이를테면 대중에 의한 질적 하향 평준화 때문에 생겨나는 것만은 아니다. 섹스와 죽음에의 탐닉이라는 감각주의의 극대화에서만 비롯되는 것도 아니다. 작가의 양산에 따른 문학 전통의 범속화에 기인하는 것도 아니다. 중요한 것은, 대중문학의 확산이 마치 문학의 민주화로 등식화되고, 그것은 곧 좋은 것, 바람직한 것이라는 인식이 만연하고 있다는 사실이다. 과연 정보화가 무비판적으로 찬양되고 PC문학의 등장과 일반화를 포함한 대중문학의 보편화 현상이 문학의 민주화로 가는 길일까. 아니, 문학은 민주화되어야 하며, 그것은 가능한 일일까. 대중문학론이 우리에게 심각하게 남겨 놓는 질문은 오히려 이런 것들이다.

　대중문학론이 아직은 실감나지 않는, 책상 위의 것이었을 때—예컨대 1970년대의 논의—문학의 민주화는 그저 바람직한 명제였다. 민중문학론도 이와 같은 심리 구조 및 사회 현실과 무관하지 않은 것이었다. 민주화란 민주주의가 된다는 뜻일 터인데, 대체 민주주의란 무엇인가. 정치적 민주주의를 포함한 모든 의미의 민주주의 논의들은 우리 사회에서 '모든 일을 마음대로 한다'는, 제한 없는 자유의 의미로 읽히는 경우가 대부분인 것 같다. 문학의 경우도 마찬가지다. 문학의 민주화라고 하니까, 문학 창작과 발표, 그 수용에 따른 일체의 제도적 간섭이 배제된 상황이 곧 연상되곤 한다. 컴퓨터를 통해 아무나 작품을 띄우고, 접속하고, 읽는다. 물론 컴퓨터를 통한 독자들의 반응이 일어나고 비판 또한 칭찬과 마찬가지로 생겨난다.

그러나 작자와 독자는 일단 '마음대로' 쓰고 '마음대로' 만난다. 말하자면 문화라는 이름의 축적과 세련, 제도의 개입이 원천적으로 배제된다. 예컨대, 이 경우 문학 비평이라는 장르는 그 존재 자체가 희미해진다. 정치에 있어서의 직접 민주주의, 혹은 현장 민주주의와 비견된다고 할까. 이렇게 될 때 문학은 언어 질서라는 섬세하면서도 거대한 조직의 의미가 무력화되고 단순한 메시지 기능의 지시적 언어로 퇴화될 수도 있는 위험을 만나게 된다. 그것은 문학이라는 사회적 기호와 제도에 대한 위협이다.

대중은 많고, 많은 것이 한꺼번에 움직이는 것은 소박하다. 그 움직임에는 섬세한 다양성이 끼어들 자리가 비좁다. 대중은 섬세한 조직과 기능을 가진 기계에 의해 큰 영향을 받지만, 그 영향을 받는 방법과 파장은 소박하다. 문학은 근본적으로 소박한 것을 섬세한 것으로 바꾸는 조직이다. 오늘의 문학은 과격하다고 할 정도로 대중화의 양상을 띠고 있고, 그 문학은 많은 대중들을 섬세하게 감각화하고 있다. 그러나 그 섬세한 감각화는 거의 아무런 비판의 매개 없이 대량화·획일화된 상태로 진행된다. 대량화·획일화된 섬세성을, 그런데 나는 여전히 섬세한 그 어떤 것으로 부를 자신이 없다.

대중문학에 대한 의문

「대중문학 논의의 제 문제」라는 글을 써서 발표한 것이 1978년의 일이다. 그 글에서 나는 『별들의 고향』이라는 신문소설을 비롯하여 일련의 '새로운' 소설들로서 1970년대 소설계에 선풍을 일으킨 최인호를 집중 분석하면서 '대중문학론'을 제기해 보았다. 1970년대의 이 시기는 비단 최인호뿐 아니라 김주영·박완서·조해일·조선작 등 일군의 새로운 작가들이 나타나서 그 이전—그러니까 1960년대까지의 소설들과는 사뭇 다른 모습의 작품들을 쏟아 냄으로써 매우 풍성한 작단 분위기가 조성되고 있는 상황이었다. 이들은 황순원·김동리·서기원·선우휘·최인훈·최일남 등은 물론, 비슷한 연배의 1960년대 작가들, 이를테면 김승옥·이청준·이문구·박상륭과도 아주 다른 작품들을 발표함으로써 새로운 시대를 열어 가는 듯 보였다. 이들 소설들의 특징을 범박하게 한마디로 요약한다면, 현실과의 밀착이라는 점에서 찾아질 수 있을 것이다. 현실을 다루지 않는 소설이나 문학이란 엄밀히 말해서 물론 존재하지 않으며, 1960년대까지의 문학 역시 현실과의 관련성이 배제된 채 논의될 수 없을 것이다.

특히 전쟁의 허구성과 비인간성을 고발하고 있는 대부분의 1950년대 소설은 현실의 한복판에 위치하고 있어, 1970년대 소설들만을 유독 현실과의 밀착이라는 관점에서 바라본다는 것은 다소 그 표현이 적절치 않아 보일 수도 있다.

따라서 70년대 작가들의 현실 밀착은 70년대적 현실이 주는 독특한 현실감과의 관련 아래에서 생각될 수 있는 것인데, 그것이 바로 대중사회론을 야기하게 된 산업화의 현실인 것이다. 잘 알려진 대로, 또 우리 스스로가 체험해 온 바와 같이 우리 사회는 해방과 독립, 건국과 전쟁을 통하여 봉건 사회·식민 사회·농촌 사회로부터 그 와해를 죽 치러 왔다. 그러나 전후의 피폐와 궁핍, 정치적 혼란의 와중에서 그것을 극복할 수 있는 정체와의 만남은 쉽사리 이루어지지 않는 형국이었다. 군부 정치에 의해 추진된 경제 계획은 70년대에 급격한 산업화를 가져옴으로써 이러한 현실에 낯선 변동을 초래하였다. 이 산업화는 태생적으로 두 개의 얼굴을 지닌 것으로서 지금껏 이에 대한 평가를 양분화시키고 있는바, 특히 70년대 당시에는 그 평가의 양극화로 사회 전체가 격심한 갈등 구조를 만들어 냈다.

산업화는 우선 경제 발전을 가져옴으로써 전후 사회의 절대 빈곤을 극복하는 데 크게 기여하였고, 단기간 내에 기계 문명에 대한 실감과 더불어 서구 사회에서 체험된 인간 소외의 문제까지 몰고 왔다. 어쨌든 경제적 부의 증가에 의한 중산층의 형성 가능성이 높아지면서 이 현실은 자연스럽게 긍정적인 현실로 굳어져 갔다. 그러나 여기에는 결정적으로 부정적인 요소 두 가지가 끊임없이 매복·작용함으로써 산업화 현실의 어두운 면이 불식될 수 없는, 말하자면 운명적인 한계가 드리워져 있었다. 그것은 수행 주체인 군부 독재에 대한 정치적 정통성의 문제, 그리고 산업화가 재벌 중심과 열악한 노동 조건을 기반으로 하여 이루어진 데 따라서 불가피하게 야기된 사회 문제였다. 그리하여 한편으로는 고소득의 경제 발전이 가져다 주는 일면 풍요로워 보이는 현실 옆에서 끊임없이 계속되는 학생 소요와 노동자들의 봉기에 따른 사회 불안을 모든 사회 구성원들은 함께 경험해야 했던 것이다. 1970년대 우리 문학은 이러한 현실의 중심에 들어가 있었으며, 적어도 유능한 작가들의 경우 이에 따른 어떤 현실 문제도 그들의 작품에서 회피되지 않았다. 앞서 거론한 작가들 이외에, 예컨대 황석영·조세희·윤흥길과 같은 작가들은 산업화의 부정적 측면에 날카롭게 조준된 안목으로 현실의 핵심을 포착하고 이를 고발한 탁월한 소설가들로 문학사는 기록하게 될 것이다.

대중문학론은 이 가운데에서 전자, 즉 산업화의 근본적인 맹점과 한계에 대한 비판이 접어진 채, 산업화가 유발하고 있는 새로운 현실과 풍속에 대해 민감하게 반응하고 있었던 작가들과 보다 긴밀하게 관계된다. 최인호·김주영·조해일·조선작 등이 관심의 전면에 떠올랐으며 나 역시 이들에게 관찰과 분석을 할애하였다. 그 까닭은 다음 두 가지 배경에서 비롯된다. 무엇보다 산업화와 경제 발전은 대량 생산·대량 소비·대량 고용을 가져오고, 이에 따른 소비 체제와 문화 기구의 개방과 다양화는 수많은 열린 대중들을 양산하게 된다. 그 결과 학생을 포함한 지식 계층에 한정되어 있던 독서층은 대중 일반으로 광범위하게 확산되게 되며, 그들의 지적 호기심과 독서 경향 또한 협소한 전문성 대신 이른바 평범한 교양성으로 대체된다. 그러나 이러한 변화는 전문성에 따른 비판 의식 대신 수동적인 독서 관습에 의한 현실순응주의를 배태함으로써 대중사회의 무비판적 대중문화, 좀 더 부정적으로 표현한다면, 소비적 대중문화의 향수라는 측면을 파생시킨다. 실제로 70년대 현실은 이러한 측면을 노정시키고 있는, 적지 않은 행태를 보여 준다.

그러나 보다 중요한 측면은 작가와 작품 안에 내재한다. 문학의 전통적인 정신과 본질, 그리고 그 양식이 일체의 비인간적인 억압과 기존 질서, 그 체제에 대한 비판에 있다면, 작가와 작품은 당연히 이 같은 비판 정신의 구현자이어야 할 것이다. 현실에 대한 순응성과 수동적 자세는 이러한 의미에서 전혀 바람직스럽지 못하다. 하물며 문학이 소비적이라면? 불행하게도 대중문학은 이러한 행태와 관련되기 쉬운 논리적 불가피성과 개연성을 지니고 있다. 최인호의 단편 명작 「타인의 방」이 산업화에 따른 인간 소외에 대해 날카로운 비판 의식을 보여 주고 있음에도 불구하고, 산업화에 수반된 물질적 풍요에 대한 근본적·사회적 성찰의 결여 때문에 대중문학의 부정적 측면과 관련된 비난에 노출되었던 것은 이러한 차원에서 매우 안타까운 일이었다. 더욱이 장편 『별들의 고향』이 공전의 인기를 얻고 베스트셀러가 되자 유능한 작가의 대중작가화에 대한 우려와 불만은 이 시기의 문학 전반에 관한 재고와 더불어, 상대적으로 황석영·조세희 등 이른바 민중작가들에 대한 평가를 더욱 높여 주었다. 파행적 산업화가 낳은 도시의 미아인 경아라는 여주인공에 대한 깊이 있는 천착이 있었음에도 그것이 여성적 감수성에 의한 감각적 쇄말성 정도로 치부되었던 사실이 오늘에 와서도 뼈아프게 기억된다.

뼈아프게 기억되다니! 이러한 나의 진술은, 『별들의 고향』쯤은 너무 점잖은 고전이 되어 버린 1990년대 말의 시점에서 되돌아본, 그 시절에 대한 그리움과 모든 판단과 평가의 안타까움, 그리고 모든 판단과 평가를 거부하듯 달려가는 세기말의 문학에 대한 두려움 등이 복합되어 뱉어 놓는 기이한 신음일지도 모른다. 그로부터 20여 년이 지난 오늘의 작단에서 아예 대중문학은 없어진 것이 아닌지 오히려 묻고 싶어진다. 아니, 문학이 없어진 것인가. 하여튼 둘 중 하나는 없어진 것 같다는 것이 나의 감각이다. 말하자면 모든 문학은 대중문학이며, 모든 대중문학이 그대로 문학의 자리에 있어 보인다.

우리 사회가 대중사회냐 아니냐 하는 논란은 1990년대에 와서 슬그머니 의미 없는 논쟁거리로 물러가 버렸다. 무엇보다 PC의 등장으로 창작은 고뇌하는 창조적 개인의 산물이라는 오랜 통념이 일순간에 무너져 버린 듯하지 않은가. PC와 손가락이 있는 사람이라면, 그리고 최소한의 문자를 터득한 사람이라면 누구나 작가일 수 있고, 또 실제로 그렇게 되고 있다. 인터넷에 '뜨는' 작품이 베스트셀러이고, 잘 팔리는 작품은 그대로 좋은 작품 행세를 한다. 성찰과 비판이라는 '인간적 개입'은 제거되고 기계라는 창작과 감각이라는 독자가 그대로 만난다. 대중이라는 낱말 자체가 차라리 낯설다. 왜냐하면 작가를 포함한 모든 사람들이 이미 대중이기 때문이다. PC를 거부하고 있는 몇 안 되는 작가들을 나는 알고 있을 뿐이다.

물론 PC와 인터넷 안에 있는 모든 작가들을 대중작가로, 이에 의한 문학을 대중문학으로 단정짓는 일은 아직은 석연찮은, 때로는 위험한 가설의 인상을 남기고 있다. 실제로 PC에 의해 씌어졌으면서도, 전통적인 소재와 감각에 머물러 있으면서도 베스트셀러의 자리를 지키고 있는 김주영의 『홍어』와 같은 장편소설은 PC 속에서 명멸하는 섹스와 죽음을 다룬 많은 다른 소설들과 구별되는 이상한 매력을 뿜고 있다. 많은 대중들에게 오히려 먼 향수와 서정을 유발하고 있는 이 같은 소설을, 단지 잘 팔리고 있다고 해서 대중소설의 범주에 덩달아 포함시킬 수는 없지 않은가. 그렇다면 대중사회처럼 보이는 저 시끄러운, 저 부박한 소용돌이 가운데에서도 우리 사회는 여전히, 혹은 좀처럼 바꾸기 싫어하는 어떤 끈질긴 전통의 힘을 자신도 모르게 사랑하고 있는지도 알 수 없다. 문학은 온갖 피상의 변모 속에서도 이 힘의 흐름을 놓치지 않아야 할 것이다.

문명은, 디지털은 슬프다
― 김주영 문학의 시대/비시대성

어릿광대의 사랑과 슬픔―초기 소설들

　21세기 들어서서 읽어 보는 김주영의 1970년대 소설들, 즉 초기작들은 촌스럽기 짝이 없다. 「여름사냥」, 「마군우화(馬君寓話)」, 「악령」 등 단편 10여 편들을 나는 다시 읽었는데, 이른바 세련미와는 먼 거리에 있는 그의 소설들이 끊임없이 웃음을 자아내게 했다. 그런 만큼 그의 소설들은 시간을 뛰어넘는 특유의 재미가 있다. 그 시간이 30년 저쪽의 시간, 투박하기 이를 데 없는 소위 '근대화' 소용돌이 속의 옛 시간임에도 불구하고, 여전한 현실감을 느끼게 하기 때문일 것이다. 지금의 젊은 독자들이 느끼기에 고리타분하다고 할 정도의 그 옛날 그 시절의 이야기 자체가 재미있을 리는 물론 없다. 그렇다면 김주영의 초기 소설들이 여전히 재미있는 까닭은 무엇일까. 나로서는 다음 세 가지로 그 이유를 일단 추려 보기로 한다.

　김주영 단편소설은 흡사 탁월한 콩트가 그렇듯이 반전(反轉)의 명수다. 이 점은 그가 많은 장편소설들을 쓰면서도 간단없이 그 사이사이에 삽입하는 특유의 기법으로서, 긴 장편을 지루하지 않게 만드는 요소이기도 한데, 초기작에서 이미 그 천부의 솜씨가 번득인다. 고아원의 거친 악동이 어떻게 부잣집 젊은 부인의 양자로 선택될까 예상이나 할 수 있겠으며, 다시금 고아원으로 되돌려지게 될 줄 알 수 있었겠는가(「모범사육」). 선택된 이유라는 것도 계집애 같은 사내애들을 사내답게 기르기 위해서이며, 되돌려지는 이유 또한 이제는 계집애 같은 놀이만 하는 악동이 오히려 사내애들에게 방해가 되기 때문이란다. 악동 자신은 고아원으로 가지 않고 그 집에 머물기 위해, 즉 자신의 필요성을 부각시키기 위해 일부러 계집애 같은 짓으로 사내애들을 유인하였는데, 결과는 그 반대로 나타난 것이다. 뜻밖의 방향에서 나타나는 소설의 결말은 「도둑견습」에서 더욱 눈물겹게 드러난다. 고철을 수집하거나 멀쩡한 쇠붙이 기구를 훔쳐서 살아온 의붓아버지와 소년……. 그러나 필경에는 그들이 살던 고물 마이크로버스가 당국에 의해서 분해되는 마지막 모습을 맞게 되지 않는가! 이 같은 반전은 「도깨비들의 잔칫날」에서도 우리를 웃기면서 슬프게 한다. 일정한 직업과 주거지가 없이 남의 잔칫집(피로연이나 전람회, 연회장 등)에서 케이크나 술 따위를 얻어먹으며 사는 룸펜이 어느 사업가로부터 진짜 예술가 대접을 받게 되자, 즐거운 사기 행각 대신 자신은 사기꾼이라는 고백을 처절하게 내뱉는다. 의뭉스럽게 거짓을 행하던 자의 돌연한 변신이다. 창녀의 기둥서방이 계집을 다른 남자와 통정케 하고 간통 운운하며 돈을 뜯으려고 하다가 거꾸로 들통나는 이야기(「달밤」)도 소재는 진부하지만, 반전의 전개 방식에서는 역시 정석의 자리에 있다. 그런가 하면 젊은 남녀가 강가에서 데이트하다가 풍기문란 혐의로 즉심대기소에 붙잡혀 온 풍경 묘사(「즉심대기소」)는 인간성에 대한 깊은 성찰을 불러오는 의미 깊은 반전을 담고 있다. 요조숙녀 같던 애인이 아침이 되자 대기소에 있던 창녀와 함께 내빼다니! 그것도 빨간 혓바닥을 날름거리면서…….

인간의 위신과 품위란 과연 상황과 무관하게 결정되어 있는 것인가, 아닌가 하는 질문이 문득 우리를 아득하게 한다.
  그 다음으로 꼽을 수 있는 재미의 이유는 익살과 해학이 얽힌 만연체의 그 특유한 문체이다. 동세대의 작가 이문구에서도 발견되는 문체상의 이 같은 특징은, 경우에 따라서 지나치게 늘어지는 감이 없지 않으나 역시 재미 제공의 일급 공로자다. 몇 대목을 예시해 보자.[1)]

  1) 아이들이 가리키는 손가락 끝에 그 뱀이 있었다. 아침의 정색(正色)한 햇볕 속에 대담하게 전라를 노출시키고, 일광욕을 즐기고 있는 뱀의 암자색 껍질에는 도전적이며 본능적인 충동감이 오들오들하게 묻어 있었다. 뱀은 우리들이 모여들자, 태엽처럼 감고 있던 몸뚱이를 천천히 풀었다. 그리고 휴식 후의 허탈을 메우듯 몸을 한 번 뒤치더니, 열없는 듯이 둑길의 경사면을 타고 스르르 움직이기 시작했다. (11쪽)

  2) 종일을 이 집 저 집 울타리나 기웃거리다가 노인들 바둑이라도 두는 곳이 있으면, 처억 들어가서 싸가지없이 담배나 빠끔거리고 피워 쌓다가 다 둔 바둑 집 수나 헤아려 바치는가 하면 남 돈 헤아리는 앞에 막고 서서 한 장씩 넘어갈 적마다 실없이 고개나 주억거리고, 어쩌다 신문지 조각이라도 한 장 얻어 들면, 오대양 육대주 속 썩고 겉 맑은 것 제 혼자 다 아는 척 육갑을 떨다가 집구석에 들어오면, 여편네는 아랫목 데워 놓고 흡사 낙타 새끼처럼 버티고 앉아 끄르륵, 무트림이나 긁어 올리고 앉았으니 간혹가다 혹독히 밀려오는 성욕을 해결하는 상대 외엔 내 계집이라고 여겨 본 적 신혼 초기 몇 달뿐이었다. (105쪽)

---

1) 아래 인용문들의 출처 표시는 김주영 중단편전집 제1권 『도둑견습』(문이당, 2001)에 따른 것임.

3) 이놈의 도시는 잠도 안 자고 버티는지 벌써 꼭두새벽에 광장 건너편의 로터리에는 택시들이 즐비하였고 영등포요, 면목동 가요 하는 운전사들의 목소리가 사방에서 들려와 솔직히 말해서 한여름 논바닥에서 서로 지악스럽게 대거리해 쌓던 개구리 소리를 떠올리게 했습니다. 그리고 광장 건너편 저만치 마주 보이는 큰 건물의 맞바래기엔 남진이 웃통을 시원스럽게 벗어 던지고 요조숙녀 같은 웬 젊은 여자 턱주가리를 제 코 앞으로 바싹 치켜들고 금방 요절을 낼 낌새로 보이는 그림이 붙어 있었는데 나중에사 알고 보니 그게 영화 선전 간판이더군요. 사방으로 뻗어 있는 도로 주변에 길길이 솟아 있는 빌딩들 턱에 매달린 아크릴 간판들이 꺼물꺼물 졸고 있었습니다. (160쪽)

4) 더운 때라서 어머니와 의붓아버지와 나는 보통 풀기가 깔깔한 홑이불을 함께 덮고 자는 게 예사였는데, 그놈의 풀먹인 홑이불 한쪽 귀퉁이가 내 목덜미를 쉴 새 없이 문지르고 있어 결국 내 모가지가 쓰려오게 되고 그래서 잠이 깨어 보면, 싸가지없는 어머니가 의붓아버지 가슴 위에 올라가서 맷돌치기를 하고 있기 십상이었습니다. 나는 처음에, 달밤의 유난체조라는 게 바로 저런 거로구나 싶어 두 사람의 동작을 실눈을 뜨고 누워 바라보고 있었지요. 〔……〕 그들은 내가 실눈을 뜨고 보고 있는 것을 아는지 모르는지 키들키들 웃음을 쥐어짜면서 체조를 열심히 씨루어 대는 것이었습니다. (267~268쪽)

이상 몇 부분을 인용해 보았는데, 사실상 이 작가의 소설 거의 전부가 이런 의미에서 인용됨직하다. 단문보다 장문을 즐기는 문체는 인용 2)의 경우 그 긴 문장이 완전히 한 문장이다. 이처럼 긴 문장은 형용사들의 겹겹 묘사에 의해서는 한계를 가질 수밖에 없는, 재래의 신파극 변설이 보다 더 어울리는 형태이다. 거기에는 작가의 체질적인 익살이 깊이 개입되어 있다. 익살은 여기서 그와 비슷하지만, 그 기능이 보다 사회적인 해학과 연결된다. 해학은 필연적으로 풍자로도 이어지는바, 이에 대해서는 뒤에 살펴보기로 한다.

재미와 관련해서 끝으로 지적해야 할 점은, 이야기 전개의 그 호방성이다. 도대체 이 작가의 소설은 막힘이 없다. 풍경 묘사나 심리 묘사에서 뛰어난 섬세함을 보여 주고 있음에도 불구하고, 그 섬세함은 그 자체로서 만족하는 일에 머물지 않는다. 섬세한 묘사는 앞의 인용 1)에서 탁월한 보기를 보여 주고 있는데, 김주영 묘사의 섬세함에는 중요한 특징이 있다. 그것은, 그 묘사의 대상이 머물러 있는 상태보다 움직이는 상태의 포착과 관련지어 있다는 점이다. 말하자면 상태의 묘사 아닌 움직임의 묘사라는 사실인데, 이 때문에 그의 섬세함은 정태적이라기보다 역동적이다. 역동적 섬세함―김주영 소설의 특징을 아마도 이 같은 표현 이상으로 잘 나타내는 말도 없으리라.

섬세하되 역동적인 그의 문체가 그의 소설을 막힌 데 없이 이끌어 가면서 그의 소설을 활기차게 한다. 이 활기는 생명의 활기이다. 그러나 생명의 힘은 그 전개가 인간 사회 속을 지나갈 경우 필연적으로 마찰을 유발하게 마련이다. 생명은 자연이며, 자연은 본능이다. 그러나 사회는 본능을 억제하며 자연을 조정한다. 물론 생명도 절제와 동반될 때 그것이 오히려 보호될 때가 많지만, 생명력 그 자체는 제한 없이 뻗어나가기를 지향한다. 금기와 도덕, 규제와 법으로 무장한 사회는 그 지향에 대항한다. 문학은 본질적으로 생명의 편이지만, 문학적인 질서가 미학이라는 일정한 규범을 요구받고 있는 것도 사실이다. 마찰이라는 앞에서의 내 표현은 사회와 문학의 이 같은 만남의 양식에 대한 이름이다. 생각해 보라. 끝 간 데 없이 용솟음치는 생명을 추구하는 문학과 사회라는 억압의 부딪침을. 이 부딪침과 더불어 많은 문학 작품들은 제 몸을 가다듬고 화해와 극복을 모색한다.

그러나 김주영의 소설은 다르다. 아니, 정확하게 말한다면, 그 화해와 극복의 방법이 다르다. 다소 역설적으로 들릴지 몰라도 그는 그 부딪침 속에서 부딪치지 않는다. 피해 간다는 말인가? 정반대다. 그는 그 부딪침을 부수어 버린다. 미학의 고전적인 규범 대신, 그는 즐겨 생명의 야성적인 약동을 택한다. 그의 소설에 자연스럽게 나타나는 금기·도덕·규범·법의 와해는 이 같은 힘이 작동한 결과이다. 이 과정에 개입되는 섬세한 기술에 대해서는 뒤에 언급하기로 하고, 여기서 우선 지적해 둘 것은 그 힘의 구체적 내용으로서의 섹스, 그리고 욕설이다. 혹은 섹스가 매개된 질펀한 욕설이다. 그것은 전통적인 의미에서 이 나라 백성들 삶의 현장의 가감 없는 반영이기도 하다. 한두 군데만 인용해 보자.

1) 「여봇, 좋지 그치? 기분 좋지? 대답혀.」
어머니는 의붓아버지에게 기분이 좋으냐고 몇 번이고 족쳐 대며 되묻고 있었지만, 의붓아버지는 소 죽은 넋이라도 덮어씌었는지 아가리를 두고 말을 않고 있었습니다. 나 또한 다급하긴 마찬가지로 이대로 조금만 더 오래가다 보면, 내 모가지가 성한 채로 아침까지 가긴 글렀겠으므로,
「이 새꺄, 기분 좋다고 칵 뱉어 부러. 내 모가지 작살내고 말 텨?」
내가 느닷없이 버럭 소리치고 일어나 앉아 버렸으므로 어머니는 너무 놀란 나머지 썩은 통나무처럼 뒤로 벌렁 나자빠지고 말더군요.
(268~269쪽)

2) 황씨가 아무 데나 서숙을 내놓고 오줌 깔기는 것을 보고 나는 간혹 말리기도 하였습니다만, 「야, 이 새꺄! 내 집에 내 좆으로 오줌 싸건 똥 싸건, 이 새꺄 니가 왜 출래를 떨고 나서니? 이 마루 밑에 흐르고 있

는 건 똥오줌 아니고 무릉도원에서 흘러오는 복사꽃인 줄 아니?」
　새끼가 그렇게 문자를 쓰는 데는 나도 할 말이 없었습니다. 〔……〕 옛날 불알 발갈 적 이야기부터 시작되어 이 밤 이때까지 얘기를 밤새도록 편찬해 엮어 내는 것이었습니다. (168쪽)

　3)「야, 이 몸도 왕년엔 순정 때문에 눈물 한번 짭짤하게 흘렸다아.」
　지독한 곰보딱지인 그녀는 이렇게 너스레를 떨며 담배 한 개비를 꺼내 척 꼬나 물었다.
　「니년에게도 죽고 못 사는 골 빈 수캐가 있었더랬니?」
　「어언니! 사람 괄시 단숨에 하지 말어. 그땐 나도 개×지가 아니었다우.」
　「식구통 닫아 둬. 쌕 웃는다, 얘.」
　「웃는 건 언니 자유지만서두, 언니 하는 말씀이 내 가다찌가 틀려 먹었다 이건데에, 당장 여기서 날 보구 있는 저 바지씨 한번 꼬셔 보일까? 볼 테?」
　「이 화냥년아, 의리 부도내지 말고 그만두시지. 임자 있는 몸 같으니께.」(203쪽)

　섹스와 욕설이 함께 흥건하게 배어 있는 이 같은 장면 묘사는, 사실상 우리네 밑바닥 삶에서 쉽게 만날 수 있는 현실의 단면이다. 그러나 그 묘사는 현실보다도 훨씬 전형화되어 있고 현실감 또한 현실보다 탁월하다. 현실을 미학적으로 반영하는 것 대신, 현실 반영을 막는 미학에 작가는 도전한다. 섹스와 욕설은, 현실에서든 미학에서든 그 표현이 가능한 한 기피되는, 전형적인 금기이기 때문이다(물론 섹스에 관해서는 그같이 일의적으로 단정할 수 없을뿐더러, 오히려 이와 반대되는 견해와 미학이 이른바 근대 이후 얼마든지 있을 수 있으며 실제로 존재한다. 따라서 여기서는 한국 사회에서의 전통적인 보수 미학과 관련된 부분에 대한 언급으로 이해되기 바란다).

그러나 김주영의 호방성이 반드시 섹스와 욕설의 구사에만 의존해 있는 것은 아니다. 호방성의 가장 큰 부분은 현실을 총체적으로 수용하는 그의 넉넉한 자세에 있다. 그의 초기 소설들을 일관해서 지배하는 가난과 무지렁이들의 생태에 대해서 그는 어떤 경우에도 한탄과 분노의 묘사를 행하는 일이 없다. 대신 그는 눈물과 웃음으로 그것을 수락하는데, 이 수락과 더불어 그의 소설은 앞으로 쑤욱쑤욱 나간다. 하인리히 뵐이 주장한 '절망 대신 유머를!'이라는 문학의 덕목에 그는 태생적으로 붙어 있는 셈이다. 그것은, 가난과 핍진한 삶의 고통을 그가 즐겨 인정하고, 순응하고 있다는 이야기와는 전혀 다른 말이다. 오히려 그 숨김없는 묘사와 적시, 장애를 받지 않는 진행 속에서 가난과 핍진은 그 생살을 그대로 드러내고, 작가의 개입 없이도 독자는 강렬한 현실 의식에 포박당한다.

김주영 소설은 그렇다면 이 같은 재미로만 만족되는 수준에 머무르는가. 소설의 매력이 재미에 있는 것은 틀림없으나, 그 재미의 지속성은 당연히 그 재미의 의미와 연결된다. 소설이 인생의 반영이라면, 그 의미는 필연적으로 인생의 의미일 수밖에 없다. 일찍이 신칸트학파는 '정신'을 가리켜 '삶에 의미를 부여하는 힘'이라고 했는데, 말하자면 그 의미는 정신이다. 이렇게 볼 때 김주영 소설의 재미를 지나서 도달하게 될 의미의 땅은 그의 정신이다. 나는 그 정신이 풍자와 사랑이라고 생각한다. 언뜻 보면 풍자는 방법 정신, 사랑은 테마, 즉 메시지이므로 서로 다른 범주에 속하는 것 같지만, 결국은 상통하는 테마를 이룬다. 앞서 언급된 모든 재미들은 넓은 의미에서 이 풍자를 형성하는 요소들이다. 익살과 해학, 섹스, 욕설, 반전 등은 모두 풍자인 것이다. 풍자란 비판인데, 사랑이 담긴 비판이다. 연민이 담긴 비판이다.

  사랑과 연민이 담긴 비판은, 작가가 작중 화자 혹은 주인공과 일치 상태를 이루는 상황에서 가능해진다. 작가와 작중 화자가 분리된 상황에서 씌어지는 많은 소설들은 이러한 비판의 행복을 좀처럼 누리지 못한다. 그러한 소설들은 독자들로부터 '작가여, 당신은 어디에 있는가' 하는 질문을 받을 뿐이다. 소설을 포함한 모든 문학이 궁극적으로는 비판이며 궁극적으로 또한 사랑이므로, 사랑이 담긴 비판이란 지극히 당연한 당위의 세계이다. 그러나 이 당위는 쉽게 성취되지 않는다. 가령 이데올로기 소설은 가열한 비판을 담고 있으나 사랑 혹은 연민의 눅눅한 습기는 얼마나 자주 생략하는가. 사랑으로 뜨거워진 침대 위의 소설들이 그 사랑을 안고 있는 사회적 콘텍스트에 비판의 눈길을 돌릴 여유가 있을 것인가. 물론 이 경우 사랑은 이성 간의 에로스를 넘어선 인간애 전반을 포괄하는 개념과 연관되지만, 거기까지 나아가기 이전에 종종 사랑은 연애와 정욕에서 그 발길을 멈춘다. 정녕 사랑과 비판은 함께 가기 어려운 모양이다. 그 호방성 때문에 별로 어렵게 성취된 것 같아 보이지 않는 김주영의 소설들은, 그러나 이 양자의 절묘한 공존을 자연스럽게 즐기고 있다. '풍자'는 그 중심에 있다.

  이제 좀 분석해 보자. 편의상 다음 몇 대목을 뜯어본다. '~우화', '~동화'라는 제목들이 퍽 암시적인 작품들.

  1) 우리들의 황만돌은 옥자를 찾기 위해 4일을 회사에 무단결근하였고, 그리하여 그 4일을 몽땅 그 여자 대학가의 주변 다방, 음악 감상실을 순례하는 데 홀랑 소비해 버렸던 것이다. 그러나 그의 노력은 헛되지 않아서 4일째의 마지막 날 오후에 옥자를 발견해 내는 데 성공했던

것이다. 〔……〕 그녀들은 대학으로 들어오는 긴 보도를 거슬러 올라가 서대문 쪽으로 근 1킬로의 거리를 그렇게 떠들며 웃고 걸었다. 저만치 사설 학관인 영심학원(永心學院)의 4층 건물이 희멀쑥하게 서 있었다. 그녀들은 그 건물 안으로 깡충거리고 들어간 것이었다. (147~148쪽)

2)「형님, 이젠 좀 사리 판단도 할 줄 아세요.」
그때, 형은 놀랍게도 동생 앞에 허리를 곧바로 세우고 단호히 말했던 거였다.
「이런 좋은 날 한번 안 하고 언제 하노?」
순간, 형의 눈동자가 양미간에 똑바로 박혀 들어가는 걸, 마 군은 보았다. 그런 형의 얼굴 두 눈에서 마 군은 말할 수 없는 신선한, 가을날 새벽 우윳빛 안개에 잠긴 녹색의 배추밭처럼 시리도록 신선한 한 인간의 진실이 도사리고 있음을 보았다.
우리들의 마 군은 드디어 교활한 그의 전의가 어깨짬에서부터 벗겨져 내려가는 허탈감에 빠져 찬물 먹다 체한 때처럼 아득해지는 시선을 발 아래로 떨구었다. (81~82쪽)

3) 쥐는 처참한 몰골로 주둥이를 땅에 처박은 채 새까맣게 타 죽어 있었다. 숨을 돌린 맹호가 그때 손으로 자기의 앞가슴을 가리키면서 말했다.
「이것 봐, 이 새끼들아. 새까맣게 타 죽었지? 이 맹호가 바로 페스트란 거란 말야.」
정말 새까맣게 타 죽은 시체를 본 아이들은 놀라서 입을 다물지 못했다. 그랬다. 선생들은 순 엉터리라는 것을 그들은 그제서야 깨달았다. 페스트균은 쥐에서 사람에게로 옮겨지는 것이 아니고 사람이 쥐에게로 옮기고 있다는 산 증거를 맹호 녀석으로부터 터득하게 되리라고

는 정말 미처 몰랐었다. 〔……〕 아이들도 맹호를 따라 휙휙 휘파람을 불었다. (312쪽)

인용 1)은 「이장동화(貳章童話)」에서의 첫 장, 즉 '장손이 동화'의 한 부분이다. 인용이 보여 주고 있듯이 주인공 청년 황만돌은 아냇감을 구하기 위해 여자 대학 앞을 배회하다가 한 여대생을 만난다. 그녀와 데이트도 한다. 그러나 알고 보니 그녀는 대학생 아닌 재수생이라는 것. 통속적 반전을 기초로 한 전개이지만 사랑과 비판이 있다. 사랑이란 물론 젊은 남녀의 그것인데, 그 사랑은 두 사람만의 순수한 감정에 의해 진행되는 기쁨과 슬픔이 아니다. 황만돌이라는 청년의 구애 뒤에는 "세상을 살아가는 동안, 적어도 출세라는 걸 감히 염두에 두고 있는 사람치고 똑똑한 마누라 맞아들일 것이 각별히 신경" 써졌다는 분명한 이유가 있다.

"꿀같잖은 구공탄 가게 안주인과 꼭두새벽부터 싸움이나 벌여, 온 동네 골목 망신 치맛자락에 혼자 꿰매 차고 다니는 그런 여자를 아내로 맞이할 수는 도저히 없었"기 때문이다. 말하자면 그 자신은 비록 두메 출신일지라도 아내만큼은 세련된 교양 여성을 얻고 싶었던 것인데, 그 방법과 결과가 당최 가당찮다. 불문곡직하고 여자 대학 앞을 어슬렁거림으로써 여자를 만나겠다는 발상부터가 이른바 순리를 뛰어넘어 엉뚱하다. 결과는 어떤가. 겉보기에만 젊은 도시 여성이었을 뿐, 그가 만난 여자는 그가 그토록 타기하고 회피하고자 했던 '교양 없는' 인간이었다. 대학생도 아닌데 대학생인 척하고 캠퍼스를 드나드는 재수생 처녀는 바로 예비 '치맛자락 골목 망신' 이외 무엇인가. 결국 이들의 사랑은 맹목적인 출세주의가 낳은 우스꽝스러운 좌절의 기록이다. 이들의 웃음 반 눈물 반의 사랑을 통해 작가는 이 시대의 출세주의를 비판한다. 그 허위와 허망에 대한 비판인데, 중요한 것은 작가 스스로 황만돌을 작가와 무관한 자리로 팽개쳐 놓고 있지 않다는 사실이다. 여기서 작가는 사랑으로 되돌아온다. 이 사랑은 황만돌과 옥자 사이에 일어나는 젊은 이성 간의 그것이 아니다. 그 사랑은 황만돌, 옥자, 더 나아가 이 사회를 포함한 모두를 품에 안는 작가의 그것이다. 황만돌과 옥자는 허망한 꿈을 꾸는 허위의 인간상들이다. 그 허위와 허망은 마땅히 비판의 대상이 된다. 그러나 작가는 도저히 그들을 미워할 수 없다. 작가 스스로 그들과 자신이 분리되지 않는다. 여기서 비판은 사랑이 되며, 사랑은 비판이 된다. 가장 좋은 의미에서 그것은 문학의 자기 성찰이라는 기능을 수행하고 있는 것이다. 도시화·산업화가 시동되고 있던 1970년대의 초기작이라는 점을 감안할 때, 김주영의 당시 소설들은 프랑스의 19세기 소설들이 보여 주었던, 왜곡과 허위의 출세지향적 사회에 대한 풍자의 리얼리즘을 방불케 하기도 한다.

한편 2)의 경우는 「마군우화」에서 두 번째 삽화 '사팔뜨기 바로잡기'의 끝 부분 인용이다. 이 작품의 내용은 이렇다 : 주인공은 마규달, 마규식 형제. 그러나 동생 규식이 원래 주인공이다. 여기서 '원래'라고 나는 썼는데, 그것은 뒤에 가서 주인공이 형 규달로 바뀌기 때문이다. 형 규달은 눈이 사팔뜨기인데 그가 어느 날 상경한다. 동생 규식은 이미 서울에 살고 있는 직장인. 비록 지금은 밀려난 상태이지만 도시의 매너를 갖추고 있다고 자처하는 가운데 형을 우습게 안다. 그러던 차 아버지가 와병, 규식은 자동차 편으로 아버지를 서울의 대학병원으로 모시게 된다. 다행히 아버지는 병세가 호전, 퇴원하는데 이때 형이 서울에 올라온 것이다. 요컨대 형은 아버지 머리맡을 지키는 일 이외엔 시골에서나 서울에서나 아무짝에도 쓸모없는 위인이라는 것이 규식의 생각이다. 사팔뜨기 주제에 도무지 형은 사리 판단의 능력이 없는 주책이라는 것이다. 그 형이 지금 아버지의 병세가 차도가 있다고 해서 아내보고 방사 한번 하자고 유혹하고 있는 장면이다.
　이런 장면은, 굳이 따지자면 익살과 해학이 어우러진 풍경이다. 그러나 그 풍경은 사랑과 비판을 주제로 하는 김주영의 풍자 정신과 잘 어울린다. 이 소설에서 형은 농촌에 머물러 있는 무지렁이를, 동생은 순발력 있게 도시로 올라와서 도시인의 생태에 적응해 가는 인간을 표상한다. 산업화·도시화 과정에서 산업화·도시화는 선(善)이 되고, 농촌의 행태는 극복·지양되어야 할 구습으로 타기된다. 여기서 약삭빠른 이기주의가 오히려 정당화되고, 형은 바보로 동생은 바람직한 시민상으로 때로는 공공연히, 때로는 은밀하게 얼마나 자주 강조되는가. 시대에 뒤떨어지고, 물색마저 없는 사팔뜨기 무지렁이 형이 "이런 좋은 날 한번 안 하고 언제 하노?" 하고 내뱉었을 때, 대부분의 독자들은 아마도 그가 약간 모자란 사람이 아닌가 하고 놀랄 것이다. 그러나 작가는 여기서 무어라고 말하는가. 순간, 형의 사팔뜨기 눈동자가 양미간에 똑바로 박혀 들어가는 걸 동생이 보았다고 하지 않는가. 김주영의 사랑과 비판은 이런 것이다.
　그 사랑은 형과 형수의 방사를 의미하는 사랑이 아니다. 중요한 것은 그 같은 얼뜨기들에게서 '가을날 새벽 우윳빛 안개에 잠긴 녹색의 배추밭처럼 시리도록 신선한 한 인간의 진실'을 발견하는 작가의 인간 사랑이다. 또한 그것은 그 사랑을 우스꽝스러운 것으로 만드는 사회에 대한 비판이기도 하다. 이 비판은 주인공 동생이 도시의 허위의식을 반성하는 자기비판을 동반하고 있다는 점에서, 작가의 사랑과 비판이 얼마나 동전의 안팎을 이루는지 짐작게 한다.
　인용 3)은 「악령」의 끝 부분인데 다소 끔찍한 모습을 보여 주면서 삶의 단면과 허위를 섬뜩하게 비판한다. 이 작품의 무대는 서울의 신흥 부촌. 주인공은 노점상 황씨와 그가 데리고 있는 소년이다. 둘은 이 동네 아이들을 상대로 군것질용 음식 장사를 한다. 깨끗한 부자 동네에 어울리지 않는 장사인데, 장사가 잘 안 되자 소년(그의 이름이 맹호다)이 나서서 아이들을 협박하여 강매한다. 그들은 처음에 물론 저항하였다. 그러나 아이들은 결국 그 더러운 음식들을 사 먹게 되었을 뿐 아니라, 악동인 맹호와 어울리게 된다. 동네는 불안한 분위기로 바뀌어 가기 시작했다. 거칠어진 아이들 때문에 주부들은 안절부절못하게 되었고, 남편들의 술푸념도 늘어 갔다. 요컨대 질서가 깨져 갔다. 그 반대편에서 아이들은 맹호 쪽으로 기울어 갔는데, 그러던 어느 날 맹호는 쥐 한 마리를 잡아 가지고 아이들 앞에 나타났다. 아이들은 질겁하지 않을 수 없었다. 쥐가 페스트균을 옮겨 순식간에 수만 명이 새까맣게 타 죽는다고 배운 아이들의 공포감이었다. 그러나 맹호는 오히려 쥐를 불에 새까맣게 태워 죽였다. 실로 엽기적인 사건이었다. 그러나 더욱 놀라운 사실은, 아이들이 그러한 맹호를 무서워하기는커녕 재빨리 뒤따라갔다는 점이다. 휙휙 휘파람까지 불면서……

작가가 여기서 맹호의 편인지 아이들의 편인지는 분명치 않다. 한 가지 분명한 점이 있다면, 그가 조용하고 안정된 부자 마을을 흔들었다는 사실이다. 그것은 분명한 도전이며, 그 마을이 감추고 있는 허위의식에 대한 비판이다. '악령'이라는 제목이 내보이고 있듯이 맹호는 악동이며, 그 뒤의 황 노인 역시 악마인지 모른다. 그러나 작가는 그들을 통해 거짓 안정의 중산층에 일격을 가한다. 두 사람의 악령이 흔들자 무너지는 모래성 같은 부와 편안. 그러나 다른 한편 이 소설은, 인간은 악에 의해 얼마나 쉽게 감염되는지, 혹은 아예 인간성 속에 은폐된 본질은 악에 지나지 않다는 것도 비판적으로 경계한다.

디지털 시대로 접어든 21세기에 김주영이 옹호하고자 했던 순박한 농심(農心)은 이제 더 이상 무조건 옹호의 대상으로 남아 있지 않다. 아예 농심 그 자체가 존재하지 않는지도 모른다. 촌 가방에 볼펜 몇 자루와 대학 노트를 담아 가지고 다녔던 작가 자신, 이제는 멋진 슬림 노트북으로 원고를 쓰고 있다. 세상에 시간과 더불어 변화하지 않는 것은 없다고 했는가. 세상도 변하고 작가도 변했다. 그 변화는 대체로 작가가 비판했던 그 세상을 더욱더 자동 발전시킴으로써 비판을 무력화시키는 방향으로 진행되어 왔다. 한갓 어릿광대일 수밖에 없었던 마규식과 황만돌은 이제 도시뿐 아니라 전국 어느 거리, 어느 골목에도 가득가득 차 있다. 어릿광대는 그들이 소수일 때 그 기행(奇行)이 기행일 수 있고, 조소와 박수를 함께 받을 수 있다. 이제는 온 사회가 어릿광대가 되었다. 인터넷 게임에 매달리고 있는 청년·소년 들 ― 그들은 어릿광대와의 일체감 속에서 자신의 정체성을 느낀다.

어릿광대는 따라서 더 이상 슬프지도 않다. 사회 전체가 슬픔을 잃은 사회가 되었기 때문이다. 생각해 보면 슬픔과 기쁨 같은 전통적 인간 감정은 인간관계가 정직하게 수용될 때 가능한 일 아니었을까. 이제는 모든 인간관계가 소피스티케이트되어 버려 슬픔을 슬퍼하는 자는 소외된다. 마규식과 황만돌, 맹호는 더 이상 없다. 거의 모두 그들이기 때문이다. 그런 의미에서 김주영의 초기작들은 더 이상 유효해 보이지 않을 수 있다. 실제로 적지 않은 독자들은 그의 눈물과 웃음에 동조하지 않을는지 모른다. 그러나 김주영의 소설은, 그렇다고 해서 시대 소설은 결코 아니다. 우리가 주목해야 할 것은 어떤 소설 속에서든 숨 쉬고 있는 그의 사랑과 그의 비판 정신이다. 계층과 신분·성별·사상에 상관없이 그 모두 그저 인간적으로 보듬어 안고 사랑하는 작가를 나는 김주영 이외에 그리 많이 알지 못한다. 그의 모든 비판이 자기 자신으로부터 출발하고 있는 참된 까닭은 바로 여기에 있다. 디지털 시대가 되었다고 해서 이런 사람 된 이치가 달라질 수 있을까. 김주영은 그 존재만으로 우리 문학의 앞날에 대한 긍정적 예시이리라.

떠돌며 사랑하며 ― 『새를 찾아서』

1987년에 나온 김주영 소설 선집 『새를 찾아서』는 그 시점까지 20년 가까운 시간, 이 작가의 활동을 꽤 요령 있게 정리해 놓은 좋은 책이다. 이 책에는 이 작가의 대표 장편소설이라고 할 수 있는 『객주』의 요약 이외에 열네 편의 중·단편소설이 실려 있는데, 이들에는 모두 김주영 문학의 본질이라고 할 수 있는 어떤 것들 가운데 가장 눈에 띄는 요소인 등장인물들의 저 한미성(寒微性), 작가가 잘 쓰는 표현에 따르면, 저 '무자리'적 성격이 드러나 있다. 권력과 금력으로부터 소외된 채, 오히려 그것들로부터 유형무형의 억압을 받아 온 사람들에 대한 작가의 끝없는 연민과 따뜻한 시선은 마침내 『화척(禾尺)』, 『야정(野丁)』과 같은, 1990년대의 대작을 낳게 되지만, 장편소설이 아닌 중·단편소설에 있어서도 그 저류를 형성하는 기본 관심이 되고 있다. 『새를 찾아서』에 수록된 작품들의 주인공들을 살펴보면 이 현상은 놀랍게도 한결같은 모습을 하고 있는 것으로 발견된다. 자, 보자: 행랑아범 황 서방(「휴면기」), 보육원의 고아(「모범사육」), 고물 장수(「도둑견습」), 넝마주이(「즐거운 우리 집」), 백정의 아내(「천궁의 칼」), 피난길 고아 소녀(「익는 산머루」), 까막눈 촌부(「겨울새」), 과부 2대(「천둥소리 1」), 야바위꾼들(「외촌장 기행」), 도부꾼의 아들(「달맞이꽃」) 등.

이들은 거의 대부분 농촌 출신의 인물로서 남자도 있고 여자도 있으며, 어른도 있고 아이도 있다. 그러나 한 가지 공통된 것은 그들 모두 사회적 신분에 있어서 이른바 한미한 계층에 머물러 있다는 점이다. 이 점은 한국 소설에 있어서 매우 특이한 부분이다. 소설이 한 인간에게 있어서의 좌절과 소외, 절망을 다루는 일은 문학의 의미와 깊이 연관되는 일이기에 보편적인 작업이라고 할 수 있다. 이때 그 인물들의 신분이나 직업은 직접적으로 매개되지 않는 경우가 대부분이다. 신분이나 직업의 매개를 중요시한 나머지 그것을 이념적 수준에서 관찰하고자 하는 민중문학적 시각이 이와 관련하여 주목될 수 있다. 그러나 한국의 민중문학 계열에 있어서도 이 작가의 경우처럼 그 주인공들이 한결같이 가난한 범주 안을 맴도는 일은 별로 많이 찾아지지 않는다. 그만큼 김주영 소설의 특징은 등장인물의 한미성과 깊은 연관성 아래에 있다고 할 수 있다.

김주영 소설의 또 다른 특징은 그 질펀한 듯하면서도, 때로는 눈물겹기조차 한 에로티시즘에 있다고 할 수 있다. 다음과 같은 몇 장면은 이러한 우리의 해석에 썩 잘 들어맞는다.

    그래도 옛날 대방동 꼭대기에서 살던 판잣집보다는 훨씬 윗질입니다. 사라호 할배가 불어 닥친대도 루핑 자락이 날아갈 염려도 없고 집적소 안이라 퇴거령이다, 도시 계획이다, 해서 완장을 찬 구청 말짜들이 들이닥쳐서 거드름 피우는 꼬라지도 없고, 〔……〕 미치고 환장할 노릇입니다.
    〔……〕 나잇살이나 처먹었다는 어른들이 천사와 같은 어린 나를 옆에 두고 밤마다 거르는 법 없이 그 짓들이니 글쎄 난들 신경질 안 났다하면 그건 곰 새끼지요. 하여간 그런 일이 있은 후부턴 그들은 체조를 시작하기 전에 어머니 편에서,
    「이 원수덩어리가 자나 안 자나 보고 합시다.」
    어쩌구저쩌구 하며 바로 내 눈두덩 앞에 바싹 갖다 댄 손가락을 야바위판 돌리듯 팽글팽글 돌려 대는 것이었습니다. (「도둑견습」, 70쪽)

〔……〕 우리는 냄새나는 방이었지만 가지런히 두 다리를 뻗고 머리끝까지 담요를 뒤집어썼습니다. 자리에 눕자마자 아버지는 어머니의 속바지를 까 내렸고 어머니의 한쪽 볼기짝이 내 어깨를 슬쩍 건드려도 나는 깊이 잠든 아이들이 흔히 그러하듯 피곤에 잠긴 잠꼬대 같은 걸 연출해 내어 그들의 밤 이야기가 나로 인해 방해되지 않도록 신경 써주었습니다. (「즐거운 우리 집」, 97쪽)

비슷한 예문은 그의 모든 작품들에 두루 편재해 있다고 할 수 있는데, 힘없고 돈 없이 가난한 사람들이 벌이는 이 정사 장면들은 때론 해학스럽고 때론 지저분하며 때로는 처절한 느낌마저 줄 때가 있지만, 대체로 유머러스한 인상으로 남는다. 무릇 에로티시즘이 문학에서 그 주요한 관심의 대상이 될 때, 그것은 여러 가지 측면과 관계된다. 가장 극단적인 경우, 에로티시즘은 소위 외설과의 경계를 공유하는 위험과 만나며, 가장 바람직한 상황으로서는 인간 구원의 비장한 몸짓으로 이해되기도 한다. 이 둘 사이의 거리는 꽤 먼데, 그 먼 거리 사이에 에로티시즘이 갖는 섬세하면서도 다양한 분화(分化)가 자리한다. 그렇다면 김주영의 에로티시즘이 움직이고 있는 위치는 어디쯤일까. 내가 이해하고 있는 한, 그의 에로티시즘은 사람들 사이의 상호 연민의 확인이라는 기능을 수행하는, 소설문학의 매우 중요한 측면과 깊이 맺어져 있는 것으로 보인다. 연민의 감정이란 문학의 원초적 요소라고 할 수 있는바, 그것은 인간에 대한 사랑의 구체적 실천이며, 그 변용의 핵심 부분이라고 할 수 있다. 말하자면 소유로서의 사랑이 아닌, 타인의 아픔에 대한 동참으로서의 사랑이 바로 연민이다. 그렇기 때문에 라틴 어의 어원이 말해 주듯이 연민의 원래 뜻은 '눈물기'라는 것이다(사실은 '촉촉하다'는 뜻이라던가!). 김주영의 소설은 밑바탕에 에로티시즘을 짙게 드리우고 있고, 그 기본

성격이 연민이라는 사실은 아마도 김주영 문학의 주제가 걸려 있는 문제일 것이다. 짧게, 범박하게 이 문제에 이런 식으로 접근한다면, 우리는 이 작가가 에로티시즘을 통해 인간에 대한 저 눈물겨운 사랑을 거듭 확인해 나가고 있다고 말할 수 있을 것이다.

김주영의 에로티시즘이 지닌 연민의 성격은 두 가지 방향에서 은밀하게 발현되고 있다. 그 하나는 소설의 주인공들이 갖고 있는 상황과 신분 속에서 에로티시즘은 인간적 위로라는 서로 감싸기 기능을 하고 있는 것이다. 이 작가의 주인공들은 현실적인 온갖 조건으로부터 소외된 한미한 계층임에도 불구하고, 어떤 종류의 정치 의식으로 각성하고 무장된, 이념 매개의 인물들이 아니다. 그렇다고 해서 이들이 현실에 만족하고 아무런 불만과 비판 없이 현실을 받아들이는 수동적인 수준에만 머물러 있는 것도 아니다. 이들은 여러 가지 형태로 불만과 비판의 목소리를 내놓고 있으나, 많은 경우 섹스를 통해 그 근본적인 분노와 원망이 완화되고 수렴되는 것을 볼 수 있다. 이때 섹스, 혹은 그 행위를 즐기는 인물들을 퇴영적 내지 퇴폐적이라고 욕하고 헐뜯는 일은 별로 유용하지도 않으며, 재미도 없다. 또 다른 하나는 이렇다 : 섹스는 이때 신분이나 재산과 관계없는, 원초적인 놀이로서 이른바 현실 원칙에 대항하는 문화적인 의미와 연결된다. 그것은 단순히 놀이로서의 적극적 범주를 지향한다. 『객주』와 『야정』 등에 질펀하게 깔려 있는 에로티시즘이 모두 이와 무관하지 않은데, 예컨대 중·단편소설에서 다음과 같은 예를 뜯어보면 문제는 쉽게 이해된다.

가령 「달맞이꽃」에서 주인공 사내는 어린 시절 그가 칼로 얼굴을 그은 소녀가 박복한 팔자의 여인이 되어 있다는 것을 알게 된다. 그는 그녀를 찾아간다. 옛 추억에 잠긴 그에게 도부꾼 새우젓 장수였던 그의 아버지가 떠오른다. 소녀를 찔렀던 분노는, 바로 그녀가 그를 가리켜 도부꾼 자식이라고 업신여기는 말을 뱉은 데에서 비롯되었던 것이었다. 세월은 그 뒤 수십 년이 흘렀으나 이 사건은 한과 비극으로 남아 있는 것이다. 중요한 것은, 이때 그녀를 찾고 난 다음 주인공 사내의 반응이다. 그는 그녀를 찾는 여행길에 들렀던 여인숙을 다시 찾는다. 이하 다음 장면이다.

「웬일이세요?」
수돗가에 앉아서 겨울 빨래를 하던 여자가 가재처럼 두 팔을 벌리고 마주 서며 놀랐다. 나는 방으로 들어갔다. 그리고 여자를 손짓으로 불렀다.
「술 좀 사와.」
여자가 쿡 웃으며 내가 내민 돈을 받으면서 낮은 목소리로 말했다.
「다시 올 줄 알았어요. 내가 한번 찍은 남자를 놓쳐 본 적이 없으니깐.」
그녀는 벌써 정욕으로 가득 찬 내 시선을 눈치 채고 있었다.
(「달맞이 꽃」, 275쪽)

여인숙 여인과 주인공 사내는 여기서 바야흐로 섹스 행위를 앞두고 있다. 그러나 곧 벌어질 이 행위의 동기는 어디에서 유발되고 있는가. 적어도 그것은 섹스를 위한 섹스놀이로만 벌어지고 있는 것이 아님이 명백하다. 먼저 여자 쪽에서 그 사내는 벌써 '한번 찍혀진' 존재로 그려져 있다. 한번 찍혔다는 것은, 여자에 의해 섹스 파트너로 정해졌다는 의미를 물론 일차적으로 가지지만, 조금 더 들여다보면 거기에는 놀랍게도 권력적 배려가 숨겨져 있는 것을 볼 수 있다. 찍는 자와 찍히는 자. 찍는 자는 자신의 임의대로 그 일을 행하며, 찍히는 자에게는 선험적으로 이미 자유 의지가 결여되어 있다. 그럼에도 불구하고 그 일, 곧 섹스 행위는 벌어진다. 다른 한편 남자 쪽으로 가보면 문제는 훨씬 본질적인 부분과 맞닿아 있다. 사내는 워낙 그 여인숙에서 하룻밤을 잔 일이 있으며, 그것도 그 여인과 한방에 있었다. 그래도 그는 그때 섹스 행위를 그녀와 가지지 않았다. 그러나 자신의 과거의 상처를 현실로 확인한 다음, 그는 그녀를 다시 찾고 섹스의 의욕으로 충만한 것이다. 대체 이 의욕, 소설의 표현 속에 '가득 찬 정욕'으로 나타난 그 욕망은 어디서 유발되고 있는가. 이 욕망, 혹은 '정욕'은 이미 순수하지 않다. 그것은 무엇인가에 의해 재촉되고 있는 공격성으로 무장되어 있으며, 그렇기 때문에 불순하다. 이 권력성·공격성이야말로 눈물겨운 연민 뒤에 감춰진, 혹은 그것들과 함께 가는 김주영 에로티시즘의 절묘한 비밀이라는 것이 나의 생각이다. 이것은 또한 앞서 내가 말한, 현실 원칙에 대항하는 문화적인 의미이기도 하다.

김주영의 많은 소설들이 한미한 계층의 인간들을 다루면서 그들의 애환을 아주 일상적인 생활에 밀착해서 묘사하고 있다는 점은, 근본적으로 이 작가가 정통적인 리얼리즘의 문법을 존중하고 있다는 사실을 입증해 준다. 에로티시즘은 그 일상과 애환의 핵심적 내용이면서 동시에 그 비인간적 굴레를 벗어나고자 하는 소설적 공작이었다. 그러나 그렇다고 해서, 작가의 공작이 에로티시즘에만 맹목적으로 매달려 있는 것은 아니다. 시각을 달리한다면, 얼마든지 또 다른 공작들, 혹은 원초적인 모티프들을 만날 수도 있다. 예컨대 끊임없이 어디론가 떠나가고 또 돌아오는 여행과 방랑의 모티프는 이 작가의 세계를 밝혀 주는 중요한 다른 열쇠일 수 있다. 무엇 때문에, 어디로 그의 주인공들이 떠돌고 있는지, 이에 대한 분석도 반드시 한 가지일 필요는 없다. 그러나 「새를 찾아서」와 「쇠둘레를 찾아서」, 즉 '찾아서' 시리즈 두 편은 이와 관련하여 의미심장한 시사를 던진다. 무엇을 그는 찾는가.

이 두 편의 '찾아서' 시리즈에서 그가 찾는 것은 '없는 것'이다. 「새를 찾아서」에서 주인공은 새를 찾는다. 그 일은 주인공이 어렸을 때 누나와 같이 놀았던 놀이의 하나였지만 어쨌든 찾지 못했다. 그 기억은 그가 이미 성장한 어느 날 절터 관광에 나섰을 때, 시간에 늦어 일행을 찾지 못하고 헤매는 일과 겹쳐진다. 결국 그는 그보다 오히려 늦게 도착한 일행과 만날 수 있었는데, 이 과정에서 어렸을 때 찾아다녔던 새를 본다. 그러나 그 새는 소나무 가지에 내려앉아 솔방울로 변한 채 다시 날지 않는 새다. 이 메시지는 매우 상징적이다. 거기에는 방랑과 여행의 무위함, 모든 떠도는 것들의 지향점이 압축되어 있다. 김주영 소설의 이러한 변화와 상징은 「쇠둘레를 찾아서」로 이어지며, 그 정신이 확인된다. 철원을 찾아갔으나, 막상 '철원'이라는 이름의 도시를 만날 수 없다는 간단한 내용으로 된 작품이지만 여기에는 이름과 그 내용, 관념과 실재라는 사뭇 거창한 주제가 숨어 있다. 우리는 사실 이름과 관념의 유혹, 그 깃발 아래에서 얼마나 헤매는가. 지식인, 혹은 그 이름을 함께 껴안고 있는 문학 역시. 대부분의 경우 그것들은 꿈과 이상이라는 아름다움이지만, 또 다른 많은 경우 인간 스스로의 이념이나 허상일 때가 적지 않다. 김주영 소설에는 벌써 그것을 알아 버린 자들의 소박한 달관이 있다. 그가 끊임없이 장바닥을 기웃거리는 것도 바로 이 까닭이다.

『화척』의 살벌함과 따뜻함

김주영의 역사소설은 거의 언제나 내게는 하나의 교육 현장이다. 10여 년 전의 『객주』가 그랬는데, 이번의 『화척』도 마찬가지다. 돈도 권세도 없이 역사의 뒷길을 떠돌았던 무지렁이라는 뜻을 가진 '화척'이라는, 다소 생소한 이름이 소설의 제목으로 나와 있는 것부터 나는 배우고 들어가야 했다. 『객주』에 달린 낱말풀이는, 그중 어느 것 한 마디가 빠진다면, 나로서는 제대로 된 독서가 불가능한, 소중한 길잡이 구실을 한다. 문학 평론을 30년간 해왔다는 위인으로서도, 아득한 배움의 길이 여전히 앞에 널려 있음을 『화척』은 우선 실감시킨다. 이렇듯, 민족의 민속을 작가 김주영의 손을 지나서야 비로소 만져 보는, 어떻게 보면 행운을, 그러나 또 달리 보면 불운일 수밖에 없는 어떤 것을 나는 먼저 느끼지 않을 수 없다. 행운과 불운이 겹쳐진 얼굴을 하고 있는 이 상황은, 소설에 한정해 살펴본다면, 과거의 많은 소설들이 지나치게 왕족·귀족 중심으로 서술되어 왔다는 점에 그 원인이 있을 것이다. 많은 논자들이 이미 지적해 온 사실인데, 그 때문에 소설이 역사 속으로 들어가기만 하면 우리는 무식해지고 혼란스러워진다. 김주영의 역사소설은 이 시점에서 우리를 이끌어 주는 구원의 방주 기능을 하고 있다는 것이 나의 소감이다.

『화척』은 고려조의 무신란을 다루고 있는 장편소설이다. 우리 역사상 최초로 성공한 군사 쿠데타라고 할 수 있는데, 문학적 접근은 이 작품이 처음이다. 내가 알기로는 역사학에서도 이 부분에 관해 연구가 활발한 편은 아닌 것 같다. 그런 의미에서 우선 작가의 동기에서부터 패기가 느껴진다. 전 5권으로 되어 있는 소설을 읽으면서 나는 이 작가가 역사학의 도움 이외에 스스로도 많은 연구를 동반하면서 이 대작을 완성하였다는 사실을 발견하게 되었는데, 이러한 모티프 부분은 자칫 지루하기 십상인 이런 종류의 작품에 있어서 그 성패를 가름하는 초석이 된다고 할 수 있다. 무자리들의 삶을 역사적으로 조명하겠다는 강렬한 작가 의식과 그 현실적 배경을 정밀·섬세하게 재현하겠다는 단정한 의지는, 작품 전 과정을 통해 그대로 성취되고 있다. 동기 부여의 중요성이 새삼 인식되는 부분이라고 할 수 있다. 전 5권의 장편이 시종 긴장감을 띠면서 진행되는 까닭도 이와 관련될 것이다.

  소설의 내용은 크게 3단계로 구분된다. 첫 단계는 고려조 의종의 실정과 동반, 즉 문반 중심 정치에 대한 서반, 곧 무반의 반란이다. 반란의 주모자들은 정중부·이의방·이고·채원 등인데, 이들은 어느 날 의종이 보현원으로 거둥하는 길에 왕이 보는 앞에서 수많은 문신들과 환관들을 무참히 척살하고 사실상의 정권을 장악한다. 그들은 의종을 폐위하여 거제도로 유배시키는데, 그의 희첩 무비를 동행시킨다. 그러나 정권을 잡은 무반들은 폐정을 바로잡고 올바른 정치를 하겠다는 생각을 애당초 갖고 있지 않았다. 그들의 거사 동기 자체가 문반 우위 정치에 대한 반감이었기에, 대부분의 문신을 도륙하거나 축출하고 권력욕을 만끽하는 것이 하는 일이었다. 이러한 탐욕은 필경 거사 주동자들 사이의 불신과 알력, 암투를 가져오게 마련이다. 주동자들 중 가장 과격하였던 이고가 동지였던 이의방의 손에 죽고, 그 이의방 또한 천하의 권세를 좌지우지하면서 학정과 황음을 누리다가 마침내 정중부에 의해 피살된다. 이 과정은 대략 소설 제1권부터 3권 사이에서 벌어진다.

  두 번째 단계는, 무신들 사이의 이러한 권력 투쟁의 와중에서 전개되는 노비들의 애환, 각성, 그리고 마침내는 그들의 은밀한 투쟁과 그로부터의 해방이다. 역시 소설 1권부터 3권 사이에서 그 초기 단계가 성숙되고, 소설 끝 부분에 이르기까지 그 전진이 추구된다. 이의방의 노적에 올라 있던 거칠이 한편 주인에게 충성을 다하면서도, 다른 한편 방량(放良), 즉 노비로부터의 해방을 모색하다가 결국 주인에게 죽음을 당하는 과정은, 아마도 역사적 사실이겠지만, 이 소설 속에도 의미 깊은 기능을 하고 있다. 개경 땅이 아닌 저 변두리 압록

강 수자리에서 노비들끼리의 인간적 유대와 결속을 다짐하고, 보다 나은 삶을 위해 발버둥하던 거칠. 그가 아우처럼 아껴 온 걸보. 조카 같은 만적. 그리고 도금과 그의 처 윤소. 노비는 아니라 하더라도 기적에 올라 있는 기생 비연 등의 인물들은 이른바 사회 상부 구조의 영일 없는 권력 싸움의 소용돌이 속에서 인간으로서의 자각과 최소한의 생존을 위해 눈물겨운 싸움을 벌여 간다. 이의방이 죽고 난 다음, 그 부인 조씨가 노비 도금과 윤소의 노비 단자를 내놓는 대목은, 피비린내 나는 살육으로 얼룩진 조정의 내막을 세밀하게 묘사하고 있는 이 작가의 시선이 부정적인 비판에만 머물고 있지 않음을 보여주는, 함축적인 장면이다.

「이것은 도금이와 윤소의 노비 단자이다. 이것을 네가 갖다 줘라. 그것을 불태우게 되면 너희들은 방량이 된 것이다.」
조씨의 눈에는 눈물이 맺히기 시작했다.
「〔……〕 그러나 이제 우리 가문에선 수하에 두고 부릴 노비들이 필요 없게 되었고, 노비를 두고 있을 수도 없게 되었다. 또한 내가 그 단자를 지니고 있다가 또다시 빼앗기게 된다면 평생의 환난을 얻게 될 것이다. 너희들을 방량시켜 설분이라도 하려 한다. 또 마침 서군에 가담하고 있다니 이제 나와 너희들은 한통속이 된 셈이 아니냐. 언제 서경으로 가려느냐?」
〔……〕
조씨가 나가라고 손사래를 쳤다. 만적은 허둥지둥 대청으로 나왔다. 밖에서 기다리고 있던 집사가 잽싸게 다가와서 만적을 감싸 안았다. 그때 난데없이 닭이 홰치는 소리가 들린 것이었다. 시각으로 봐선 아직 초저녁이었다. 그런데 난데없이 닭이 홰를 치고 있었다. 좋지 않은 징조였기에 집사의 밝던 표정이 잠시 어두워졌다. 그러나 집사는 말했다.

「이제부턴 고개를 숙이고 다니지 말거라.」 (제3권, 320~321쪽)

　세 번째 단계는, 소설 4~5권을 구성하고 있는 내용이다. 3권에서 이미 등장한 사건이지만, 무신 정권은 조위총을 주모자로 한 반란군을 맞아 내전을 치르게 된다. 서북 변경의 주진군(州鎭軍)의 지휘관들인 도령을 주축으로 한 난군의 세력은, 그 일대 백성들의 광범위한 지지를 받고 있기에 그 진압이 수월치 않았다. 그러나 결국 난군은 섬멸당하고 정중부의 권력은 더욱 강화된다. 바로 이 때문에 정중부와 그 아들 정균 등의 세력은 더욱 방자해지고 백성들의 원성도 다시 높아진다. 이러한 명분을 엎고 정중부 일당에 대한 반란이 다시 일어나는데, 경대승을 주모자로 한 허승·김광립 등이 그들이었다. 칼이 칼을 죽이고, 또 칼을 죽이는 악순환의 연속이었다. 경대승 역시 자신을 중심으로 한 도방을 꾸미고 소위 도방 정치를 하면서, 거사 동지였던 허승·김광립 등을 차례로 제거한다. 다른 한편 노비 신분에서 방량된 도금은 이제 경대승 휘하로 들어가 향도가 되면서 이들 무신들의 권력 투쟁의 일선에 동원되기도 한다.

　그런 가운데 압록강 수자리 마을에 살고 있는 받년이라는 처녀는 그 지역 병마사로 와 있는 이의민의 아들 이지영 일당에게 끌려가 난행을 당한다. 받년이는 어린 시절 만적과 한 마을에서 장래를 약조한 사이였다. 결국 자운선이라는 이름으로 기적에 오른 그녀는 이지영의 기첩이 되어 그를 따라 개경에까지 와서 총애를 받는 등 큰 변화를 겪는다. 거물 정중부와 그 일당을 쓸어 버린 경대승은, 그러나 밤마다 겪게 되는 악몽과 가위눌림으로 서른 살의 나이에 병사해 버린다. 그러자 그 밑에 있던 도금은 피신한다. 그 다음의 권력자로 등장한 이는 의종을 유배지에서 죽인 이의민과 그의 아들 이지영. 이들의 행패는 이지영의 두 동생까지 포함, 네 부자가 조정을 좌지우지하는 형세에 이른다. 그러나 이들 부자 역시 앞의 비극적 전철을 그대로 밟아 최충헌·최충수 형제의 칼을 맞고 비명횡사함으로써 그 영달을 끝낸다. 세 번째 단계의 정점이라고 할 수 있는 부분은 최충헌 등이 명종을 몰아내고 신종을 옹립하는 사건이며, 이러한 방자와 패역은 마침내 형 충헌이 아우 충수를 척살하는 것으로 발전한다. 그러나 이 마지막 단계의 핵심은 노비에서 방금 방량된 만적의 모역이다. 최충헌을 제거하고자 한 이 모역은 실패로 끝나지만 무신 사이의 암투 아닌, 노비 계층의 저항이었다는 점에서 그 의미가 크다. 만적은 척살당하고 자운선은 스스로 두 눈을 찔러 소경이 된 후, 길을 떠난다.

  장편소설 『화척』의 무대는 고려의 수도 개경과 변경인 압록강 삭주 및 근처의 수자리다. 개경에서는 조정 안의 권력 투쟁이 이루어지고 있고, 수자리에서는 짐승이나 다름없이 취급되어 온 화척들의 삶 같지 않은 삶이 이어지고 있다. 소설은 이 두 지역을 왕래하면서 하나의 소설 공간으로 그것을 묶고 있다. 권력을 잡고 민초들을 들볶으면서 가렴주구로 자신의 영달만을 추구하는 지배자들과 그들의 폭정 아래 허구한 날 개죽음을 당하면서 모진 목숨을 부지해 가는 노비들이 어떻게 한 시대의 역사를 함께 형성하고 있는지, 그 공간을 처절하게 보여 준다. 처절성의 전형적인 성격은, 물론 꼬리를 물고 반복되는 정변과 살육에서 발견된다. 정중부 등이 문신을 죽이고, 죽인 자들 사이에서 또 동료들을 죽이고 죽이는, 끝없는 살인은 처절한 한 시대를 시작하고 끝내 주는 시대 인식의 한 징표가 되고 있다. 처절성으로 점철된 소설 공간이 보여 주는 또 하나의 장면은, 추달과 추적으로 압축될 수 있는 불안한 삶이다. 하루아침에 고관 현직에서 쫓겨나 정적의 추적을 받는 일은 너무나도 비일비재하며, 그 와중에서 자신과 아무런 관계도 없이 쫓김을 당하는 노비나 양민의 신세는 간단없이 소설의 대목 대목으로 오르내린다.
　『화척』의 첫번째 주제는 권력 투쟁의 잔혹성과 저질성이다. 이 소설을 주의 깊게 읽는 독자라면 우리 선조가 이토록 잔인하고 어리석었는지 전율을 느낄 것이다. 그러나 우리 역사의 사실이 그러하였으므로, 이러한 주제는 새삼스러운 것이 아닐 수 있다. 특히 귀족 중심의 소재나 관점인 경우, 이러한 사건 전개는 아예 전통적인 것이 되어 버렸다고 할 수 있기 때문에 이 소설에서의 관심 대상이라고 할 수는 없을 것이다.
　따라서 이 소설에서 주목되어야 할 주제는 화척들 자신에 관한 부분이라고 해야 옳을 것이다. 서북 변경 압록강 주변으로 설정된 공간에서 그들의 삶에 대한 묘사는 한계점을 가는 척박한 생존 조건, 그럼에도 불구하고 집요하게, 끈질기게 일어서는 생활에의 의지라는 두 가지 측면으로 요약된다. 강국과 외세 들에 시달리면서 민족의 생존과 끈기를 지켜 온 우리 민족 전체의 상징적 구도를 화척민들은 갖고 있는 것이다. 거칠·걸보·만적·받녀이를 포함하는 화척, 즉 천예 중의 천예들은 굶주림으로 인한 생존의 위협뿐 아니라 인간으로서의 최소한의 인격마저 능멸당하는 삶을 이어 가면서도 그 자리에 그대로 머물고자 하는 식물적 반응을 거부한다. 그들은 기다리는 이 없는 개경 땅을 향해 생명을 걸고 나아가는데, 그 무모한 진보의 발걸음 역시 인상적이며, 또한 상징적이다.
　그러나 이러한 환경을 더욱 악화시키는 것은 문반·무반이라는 이른바 양반 세력들에 의한 탄압과 착취이다. 말 한마디로 생사여탈의 권리를 갖고 있는 지배자들에 의해 무자리 백성들은 그들의 가난하고 불쌍한 삶을 더욱 비극으로 몰아갈 수밖에 없었던 것이다. 이렇게 볼 때, 소설 『화척』의 감추어진 주제는 어쩌면 보다 본질적인 문제를 지향하고 있는지 모른다. 즉 고려조나 무신란을 배경으로 하고 있으되, 그러한 역사적·사회적 조건이 삼제(芟除)될 경우에 있어서도, 누추한 모습으로 드러날 수밖에 없는 인간 존재의 잔인함과 교만함이다. 그것이 인간의 본성임을 이 작품은 그 구석구석에서 보여 준다. 권력과 제도는 오히려 그러한 성격을 강화시킴으로써 사정을 악화시키고 있다. 희망으로 제시된 거칠이나 만적도 새로운 전망을 완전히 획득하지 못하고 있다는 점에 역사적 한(恨)뿐 아닌, 실존적 슬픔이 놓여 있다.

어느 명작에 대해서도 불만이 있을 수 있듯이, 그러나 이 소설에 대해서도 나는 약간의 욕심이 있음을 토로 달아 놓고 싶다. 그것은 거칠의 너무 때 이른 죽음이다. 내가 보기에 그는 이 소설의 주인공으로서 보다 오랫동안 활약을 보여 줄 것으로 기대되었던 인물인데, 그만 소설 중간에서 죽어 버렸다. 그는 압록강 수자리 마을과 개경의 조정 사이를 오가면서, 제 주인인 이의방과 그의 정적들 사이를 오가면서, 그리고 도금과 윤소 등 노비 사이를 오가면서 소설의 새로운 전망을 개척하기에 알맞은 자리에 있는 인물이었다. 말하자면 분열과 갈등을 조정하는 통합의 기능으로 그가 숨겨지고 남아 있었으면 하는 아쉬움이 남는다. 역사적 사실에 충실하고자 하는 작가의 정직성으로 말미암아 희생된 느낌을 주는데, 이제는 보다 과감한 상상력의 도입도 필요하지 않을까 싶다. 『객주』에 이어 내놓는 대작이 공연한 위세나 이념으로 독자를 기죽이지 않고, 그 내용의 살벌함에도 불구하고 언제나 푸근하게 우리를 감싸는 그의 소설적 매력이 사랑스럽다.

왜 여전히 신비주의인가
— 『한승원 중·단편전집』

I

　한승원은 신비주의자다. 이때 이에 대한 긍정과 부정, 그 어느 쪽 평가도 그에게는 별 의미가 없어 보인다. 중요한 것은 그가 엄청난 분량으로 그의 이러한 사상을 필생에 걸쳐 추구해 왔다는 점이기 때문에, 그는 사실 신비주의자라는 표현 이상의 어떤 것, 그렇다, 무당 소설가라고 다소 과감하게 불려도 무방해 보인다. 그러나 이러한 지칭은 그가 무당에 대해 일방적 추종을 보여 준다거나 더욱이 그 자신이 무당에 가깝다는 뜻은 아니다. 짧은 표현이 허용된다면, 그는 신기(神氣)에 관심이 많은, 신기 있는 작가라는 뜻이다. 굿 이야기나 귀신 이야기가 많이 나오고, 성(性)에 관한 소재들이 질펀하고, 죽음이나 죽음 이후에 관한 문제가 뜬금없이 돌출하는 것 등이 모두 이 신기와 관계된다. 남녀평등 아닌 남녀유별의 사회성도 그의 소설의 중심에서 그리 멀지 않은 곳에 있는데, 물론 무속 정신과 같은 뿌리를 갖는 사상이다. 이런 점들을 보다 확실히 하기 위해서 몇몇 작품들을 중심으로 한 다음과 같은 분석이 아마도 가능할 수 있을 것이다.

분석 대상 작품은 우선 「새터말 사람들 1」, 「새터말 사람들 2」, 「새터말 사람들 3」, 이를테면 연작 세 편이다. 이 작품들은 모두 새터말이라는 한 시골 마을에서 일어나고 있는 사람들 이야기라는 공통의 기반 위에서 그들의 사고방식과 발상의 구조를 열어 보이고 있다. 그것은 새 천 년을 눈앞에 둔 오늘의 포스트모더니즘 문화에서 시대착오적 노후성과 연결된 낡은 문화지만, 다른 한편 여전히 현실의 밑뿌리를 붙잡고 있는 부인할 수 없는 마을의 모습이다.

그들은 최신형 버스를 타고 관광 여행을 즐기지만, 여전히 화투놀이에 짝짓기가 어색한 촌사람들이며, 자식들이 도회지에 나가 출세를 하더라도, 그 출세의 진위(眞僞)조차 제대로 판별할 줄 모르면서 자랑만 일삼는 촌사람들이다(「새터말 사람들 1」).

그런가 하면 「새터말 사람들 2」에서는 그저 술 마시는 재미로 사는 사람들이 아무리 건강하고 성실하게 살아 보았자 그 보상은커녕 아들로 인해 자살하는 부조리한 비극이 나오는가 하면, 시골 밤길에서 추행당한 여인과 그 상대인 시댁 남자와의 또 다른 비극이 소개된다. 문제는 이런 비극이 장엄한 갈등 구조가 동반되지 않은, 거의 일상화된 시골의 숨겨진 행태라는 사실이다.

그리하여 「새터말 사람들 3」에 이르면 이런 시골 마을에 들어온 외지인이 좀처럼 그 행태에 동화되지 못하고 빠져나갈 궁리만 하는, 그런 마을이다. 이런 마을에선 이웃끼리의 다정한 상부상조 대신 적대감과 갈등이 고질화되어 있고, 빚 잔치와 음험한 색정만이 넘나든다. 「새터말 사람들 3」에 나오는 김성근과 서울댁의 짧은 재혼, 김달근과 박건수 사이의 김 양식 문제와 아들딸의 통정을 둘러싼 적의가 바로 그것이다. 자, 새터말의 이러한 현실을 무엇으로 요약할 수 있겠는가. 한마디로, 샤머니즘의 늪에 빠져 있는 취락 사회(聚落社會) 현실이라고 정리될 수 있을 것이다. 분석은 다음 작품들로 확대된다.

작 품	주인공	소재(사건)
섬	장승호/장경애	흑산도 기행
오른씨름	박재근/임수일	집 방화(放火)
와불을 찾아서	나	와불찾기
바늘	나/쌍열	바늘을 삼킨 이후
사랑 혹은 환몽	ㅎ/그 여자	혼외 사랑
황소개구리	그/젊은이	혼외 사랑
검은댕기두루미	모녀/그	삶의 비극적 본질
순천행	그/여승객	한밤중의 질주
유자나무	거지 아버지/아들	할아버지의 바다 투신

주인공과 사건(소재 혹은 행동)만을 간추려 본 위의 도표는, 이른바 주제를 중심으로 보다 깊은 곳으로 들어갈 때 더욱 흥미 있는 일들과 만나게 된다. 가장 먼저 주목되는 사실은, 거론된 열두 편의 작품 가운데 절반 이상(「섬」, 「오른씨름」, 「사랑 혹은 환몽」, 「황소개구리」, 「검은댕기두루미」, 「순천행」)이 성 문제에 그 주제들을 집중시키고 있다는 점이다. 성 문제는 여러 각도에서 그 접근과 해석이 가능한 인간 본질의 문제인데, 한승원에게 그것은 그야말로 본질적인 관심이 된다. 이제 그의 이 대주제에 가까이 가보자.

한승원의 섹스는 본질적으로 샤머니즘의 그것이다. 이미 널리 알려지고 있는 일이지만, 샤머니즘은 섹스를 그 발생학적 동력으로 삼고 있다. 잠시 샤머니즘 자체에 대한 짧은 리뷰를 반복해 본다면 이렇다: 퉁구스 족의 샤먼(Shaman)이라는 말에 어원을 두고 있는 이 민간 신앙에는 샤먼이라는 사람이 등장해서 춤추면서 제사를 지낸다. 중앙아시아와 북부 시베리아의 원시 종교였던 그것은 우리나라에 와서 여자 무당과 샤먼이 거의 동의어가 되어 왔다. 이 신앙의 특징은 크게 두 가지, 즉 샤먼이 저승으로 간다는 것과 몰아적 황홀경

(Ekstase)에 있다.[1] 그리하여 무당이 황홀경에 빠져 천지 세계를 왕래하는 것을 샤머니즘으로 풀이하는 통설이 성립되어 왔다. 엘리아데(M. Eliade)는 샤머니즘, 곧 엑스터시의 기교라고 말하고 있으며 슈미트(W. Schmidt)는 흰 샤먼을 불완전 엑스터시, 검은 샤먼을 완전 엑스터시라는 말로 구분하기도 했다. 또 슈레이더(D. Schrader)는 아예 '엑스터시가 없으면 샤머니즘이 아니다'라고 극단적인 규정을 짓기도 했다.[2] 그렇다면 대저 황홀경, 혹은 몰아적 황홀경이란 무엇인가. 그 가운데 가장 중심을 이루는 것이 이른바 '신을 지피는' 순간을 전후한 성적 엑스터시라는 것이 통념이다. 이러한 엑스터시 경험은 접신(接神) 혹은 강신(降神) 이전의 기질론과도 관계되며, 무당이 되고 난 다음에도 그녀들의 비교적 많은, 활발한 성 경험 내지 성생활로 이어진다. 물론 샤머니즘 역시 지역에 따라 그 양태에 적잖은 차이를 보이고 있으며, 무당과 굿과의 관계 등 그 풍속이 일정한 것은 아니나 엑스터시와 성의 관계는 매우 긴밀하다. 굿에서의 춤의 개인적·사회적 기능도 여성 욕망의 발산이라는 측면에서 해석될 수 있을 것이다. 그러나 엑스터시와 성과의 관계는 한승원의 다음과 같은 진술에서 가장 명료한 표현을 얻는다.

저는 그것을 확실하게는 알 수 없었지만, 느낄 수는 있었어요. 무당기나 신기 같은 것, 어릿광대기 같은 것일 거라고요. 무당굿이나 풍물굿이나 사물놀이굿을 보곤 했는데, 그때마다 어질어질해졌고, 가슴이 들끓었고, 그들을 따라 미친 듯이 뜀박질춤을 추고 싶은 충동을 느끼곤 했어요. 좌우간 사장님의 이야기를 들으면서 가슴속에 호기심이 일어

---

1) 박용식, 『한국 설화의 원시종교사상 연구』(일지사, 1988), 24~28쪽 참조.
2) 같은 책, 같은 쪽.

나기 시작했고, 그날 바닷가에서 사장님을 막 대하는 순간 가슴으로 전류같이 번져 오는 파동이 있었어요. 저는 운명적으로 사장님을 짝사랑하지 않을 수 없게 점지된 모양이어요. 오늘 그림그리기에 몰두해 있는 사장님의 모습을 보면서 저는 궁합을 생각했어요. 남녀의 궁합에 나이 차이가 무슨 상관 있는가. 사랑하는 남자에게 이미 한 아내가 있든지 두 아내가 있든지, 그것이 무슨 상관이란 말인가. 제 의식은 더욱 분명해졌어요. 어떤 두 남녀의 지향하는 바, 감지하는 바, 사랑하는 바, 몸에 오른 신명…… 이런 것들이 똑같다면 가장 잘 맞는 궁합이지 않겠는가. (「사랑 혹은 환몽」, 254쪽)

주인공 처녀의 이러한 진술은 매우 중요한 몇 가지 문제를 함축한다. 첫째, 무당기나 신기 같은 것이다. 샤머니즘의 핵심을 이루는 에너지가 바로 그것인데, 그것이 결국은 엑스터시, 즉 몰아적 황홀경의 다른 이름이라는 사실이다. 그 에너지는 "어질어질하고, 가슴이 들끓고, 미친 듯이 뜀박질춤을 추고 싶은 충동"으로 소설에서는 묘사된다. 그 결과 — 엑스터시의 결과 — 어떻게 되었는가. 여자는 남자를 보는 순간 "가슴으로 전류같이 번져 오는 파동"이 일어나고 "운명적으로 짝사랑하지 않을 수 없게 점지"되어 있다고 생각한다. 이러한 일련의 과정은 엑스터시와 성과의 발생적 구조를 리얼하게 확인시켜 준다.

앞의 소설 인용 부분은 여기서 더 나아가 무당기와 신기로 인한 성적 엑스터시가 개인의 범주를 넘어 사회적 범주에 던지는 파장까지 숨김없이 보여 준다. 성적 엑스터시에 빠지게 되면, 그 사람은 상대방의 존재 그 자체에만 몰두할 뿐, 그가 지닌 다른 사회적 조건에는 도무지 개의치 않는다는 사실이 그것이다. "남녀의 궁합에 나이 차이가 무슨 상관"이며, "사랑하는 남자에게 이미 한 아내가 있든지,

두 아내가 있든지 그것이 무슨 상관"이냐는 논리가 자연히 성립된다. 중요한 것은 "몸에 오른 신명"일 뿐이다. 실제로 무당들의 성생활, 혹은 결혼 생활에 관한 다음과 같은 보고가 참조될 만하다.

 비교적 흔히 볼 수 있는 그들 생활의 형태는 여자 무당이 일반인 남자의 첩이 되는 것이다. 〔……〕 그들의 사랑이라는 것은, 체면이나 지위를 별로 상관하지 않는 자유연애 사상에서 비롯된 때문인지, 비교적 자유스럽게 이루어진다. 또 무당들에게 있어서 첩 제도가 비교적 잘 통용되는 경향이 있는데, 그것은 첩에 대한 그들 사회의 천시가 그다지 심한 편이 아니기 때문이라고도 할 수 있다.[3]

 한승원의 소설로 다시 돌아가 볼 때, 성 문제가 주제 혹은 주된 관심으로 떠오른 여섯 편 가운데 그 절반에서 이른바 유부남과 처녀와의 관계가 다루어지고 있으며, 그 나머지도 순수한 처녀 총각 사이의 연애는 아니다.
 「사랑 혹은 환몽」의 처녀 주인공이나 한 연구자의 보고에 따른다면 성적 엑스터시만이 중요할 뿐, 남녀의 사회적 혼인 관계 따위는 전혀 문제권 외에 밀려나 있다고 할 것이다. 60세가 다 된 사장과 젊은 여직원의 정사를 다루고 있는 이 소설은, 제목이 나타내듯 하나의 '환몽'으로 그 정사를 규정하고 있다는 점에서 성적 엑스터시에 다소 비판적인 입장을 보이고 있다는 해석도 가능하다. 그러나 정사 내지 여성의 몸에 대한 상당한 양의 서술과 관심은 성적 엑스터시에 작가 자신이 주관적으로 이미 깊이 매개되어 있다고 할 수 있다. 샤머니즘에 대한 객관적 비판일 수 있다는 견해는 그러므로 그에 대한 작

---

3) 최길성, 『한국의 무당』(열화당, 1981), 119쪽.

가의 경도를 바로잡는 데는 크게 미흡해 보인다.

「황소개구리」에 오면 성적 엑스터시를 경험한 남성의 계속되는 집착이 끈질기게 묘사된다. 나이 든 주인공 남성은 젊은 여성과의 관계를 한때의 환몽으로 치부하기는커녕 정력에 좋다는 황소개구리 잡기에 여념이 없다. 그것도 그의 정부의 남편인 젊은 남성과 경쟁을 벌여 가면서까지 그 일에 매달린다. 마침내 젊은 남성은 그의 부도덕성을 공격하고 황소개구리 역시 자신이 더 잘 잡고 있음을 과시하지만, 그는 젊은 여성과의 성적 엑스터시가 환몽이라거나, 젊은 남편과의 관계에서 그가 패배했다고 생각하지 않는다. 이때 그가 생각한 것은 무엇일까. 그 생각은 한승원 샤머니즘의 또 다른 국면과 연결된다.

자기는 죽었다고 생각했다. 그럼 내가 죽었다고 생각하고 있는 나는 무엇인가. 이미 완벽하게 파괴된 역사책 한 권. 나는 다시 태어났다. 다시 태어났다고 생각하고 있는 나는 무엇인가. (「황소개구리」, 308쪽)

II
섹스와 더불어 한승원 소설이 끊임없이 반복하는 소재와 주제는 죽음, 그리고 환생의 문제다. 이 문제는 성적 엑스터시와 달리 샤머니즘에만 연계되지는 않는다. 한국의 전통 사상에 대한 천착을 그 문학의 본령으로 삼아 온 이 작가에게서 이러한 문제들은 샤머니즘 이외에 불교와도 관련되는 양상을 보여 준다. 「황소개구리」 끝 부분에서 시사된 이 문제는 섹스와 합류하여 한승원 소설의 신비주의적 분위기를 강화시키는데, 그 바닥에 샤머니즘과 불교의 만남이 잠복해 있는 것이다. 소설 도처에 편재해 있는 그 모습들은 다음 장면에서 멋지게 표현된다.

「내 꿈이 무언지 알아? 실오라기 하나도 걸치지 않은 알몸으로 바닷물에 빠져 죽은 다음 흰 물새알 하나가 되어 둥둥 떠다니는 거야. 햇빛을 받아 부화하게 될 흰 물새알 말이야.」
 운전석 옆 자리에 앉은 여자가 혼잣말로 주절거렸다. 취해 있었고, 혀가 약간 굽어 있었다. (「순천행」, 339쪽)

 비 오는 밤 시골길을 달리는 운전사 앞에 나타난 낯선 여자 손님. 그 상황 설정만 해도 흡사 납량영화의 한 장면 같은데, 그녀가 뱉는 말 내용이란 것이 황당하고 스산하기 짝이 없다. 그러나 한승원 소설에서 이런 내용은 도처에 산재해 있을 뿐 아니라, 모두 단순한 소재 아닌, 한승원 문학의 철학적 기조를 이루고 있다. 그 귀신 같은 이야기들을 한번 모아 보자.

 1) 우리 작은어머니가 무당한테 알아보니까 시월에 하는 것이 좋겠다고 한다고 하면서, 혼례식은 미룬 채 그냥 살아 버리자고 했거든. 나 무지무지 나쁜 여자지야? 이렇게 살아 무얼 할까? 야아, 우리 차라리 이 바닷물 밖으로 나가지 말고 용궁으로 들어가 버리자. 자기 나하고 꼭 부둥켜안고, 야아, 정말 그렇게 하자. 용왕님이 어쩌면 자기하고 나하고를 두 송이의 큰 연꽃으로 변하게 해서 떠오르게 할지 모른다. (「순천행」, 362쪽)

 2) 이후 은밀하게 무수히 몸과 혼을 섞으며 살아왔다. 그것은 두 세계를 한데 어지럽게 섞어놓기였고 조화롭게 어우러놓기였다. 두 사람의 몸과 의식은 둘로 갈라져 있으면서도 늘 한 사람의 그것처럼 아픔과

외로움과 슬픔과 사랑과 즐거움과 신명과 열반 같은 깨달음을 함께 느꼈다. (「사랑 혹은 환몽」, 255쪽)

   3) 우리 어머니가 우리 아버지의 정자를 받아 알을 낳는 순간 너의 아버지의 혼백이 그 알들의 옆을 지나가고 있었다. 이승에서 죄를 무지무지하게 많이 지은 그 혼백을 삼신할머니가 우리 어머니의 알들 가운데서 가장 큰 것 속에다가 집어넣은 것이야. 물론 네 아버지의 혼령은 그 알 속으로 들어가지 않으려고 몸부림치고 발버둥치고 악을 써댔지. '여보시오, 삼신할머니, 이건 만물의 영장인 인간의 혼령에 대한 모독입니다' 하고 말이야. (「황소개구리」, 282쪽)

   4) 그 종이만 찾으면은 다시 예전의 착한 암여우로 둔갑해서 산골짜기로 들판으로 마을로 줄달음질쳐 다니고, 닭장 속으로 들어가 포동포동한 처녀 닭 총각 닭 잡아먹으면서 속 편히 살 터인데……. 그렇게 잘 먹어 가지고 기가 팔팔해지면은 진짜 양귀비 같은 미녀로 둔갑해서 내로라하면서 떵떵거리고 으스대는 놈들 유혹해서 은행돈 뭉텅이째 빼내다가 쓰기도 하고……. 야아, 얼마나 얼마나 좋겠냐? 안 그러냐, 김 군아? (「검은댕기두루미」, 318쪽)

   5) 장승호 자네 책임이 크네. 여자가 한을 품으면 오뉴월에 서리를 치게 하기도 하지만 이렇게 태풍이 일어나게도 하는 법이여. 밤새 독수공방을 한 강경애 씨의 한이 바다를 이렇게 발칵 뒤집어 놓은 것이라고……. (「섬」, 40쪽)

   6) 흙을 버무려서 벽을 쌓아 올리고 그 겉에 유약을 바르고, 그 소재로 지붕을 얹고 유약을 바르는 겁니다. 다음에는 그 집 안과 밖에다가

장작을 있는 대로 쌓아 놓고 불을 질러 버리는 겁니다. 그러면 분청 도자기의 집이 될 것 아니겠소? 세상의 모든 돌들은 일천삼백 도 이상의 불 속에서 구워 내면 모두 보석이 되는 겁니다. 나는 그런 보석으로 된 집에서 사는 것이 소원이오. 그 집은 나의 육체와 영혼이 한데 어우러진 작품일 터이니까. (「오른씨름」, 148쪽)

7) 그분은 한낮의 하늘에서 모습을 감추어 버린 별처럼 너의 머릿속 어디인가로 숨어 버리곤 한다. 그분을 찾으려면 가시덤불처럼 에푸수수한 네 속을 뒤져라. (「와불을 찾아서」, 183쪽)

8) 존재하는 모든 것들은 시간을 가지고 있다. 멀고 먼 과거로부터 현재에 이르러 있고 또 영원한 미래를 향해 흐르고 있으므로 그 모든 존재하는 것들은 신화적이다. 내 주위에는 신화적인 사람들이 많다. (「바늘」, 214쪽)

「(……) 치마에 불이 붙어서 죽은 즈그 고모가 똑 그랬더란다. 하루종일 방 안에 앉아 있다가 밤이면 혼자 어딘가를 나돌아 댕기고, 한곳에 우두커니 앉아 어디인가를 한없이 보고 있고, 아궁이불을 지피면서는 불이 밖으로 나오는 줄도 모르고 불만 멍청히 들여다보고 있고……. 쉬쉬 하고 덮고 있었지만 쌍열이네 집안에는 그것 하나가 삼켜 놓은 바늘같이…… 쯧쯧…….」 (같은 책, 232쪽)

9) 아니 사실은 제가 불(火)이 되기 위해 하고 있는 삶의 길들임 내막을 보고 드리는 것입니다. 불의 아버지는 나무이지 않습니까? 나무의 아버지는 물이고 물의 아버지는 땅이고 땅의 아버지는 금이고 금의 아버지는 불이고 불의 아버지는 나무이고……. (「유자나무」, 370쪽)

10) 물결이 밀려왔습니다. 지나가는 배가 일으킨 파도의 여파였습니다. 할아버지는 두 팔을 십자로 펼쳤습니다. 그리고는 황새가 껑충 뛰어오르면서 두 날개를 치듯이 그 두 팔을 위아래로 쳐댔습니다. 할아버지의 몸이 허공으로 떠올랐습니다. 검은 구름장들을 향해 날아갔습니다. 까마귀만 해졌다가 참새만 해졌다가 마침표처럼 작아졌다가 가뭇없이 사라졌습니다.
「눈곱만치도 옆 사람 성가시게 하지 않고 깨끗하게 사시던 느그 할아버지, 아마 지금 구름 속 어디에선가 신선이 되어 살고 계실 것이다.」
(「유자나무」, 384~385쪽)

11) 마침내 박정수네 아버지의 저주를 받은 사람들 셋이 정말로 천불을 맞는 날이 오고야 말았다. 그들 셋의 집에 불이 난 것이었다. 그것도 어느 겨울의 달 없는 깜깜한 밤에 때를 같이하여 일어난 것이었다.
(「새터말 사람들 1」, 60쪽)

12) 어떻게 나를 내 마음대로 할 수가 없구면요. 엊그저께 회진엘 나가니께 지나가던 스님 한 사람이 나보고 그럽디다. 술 때문에 죽을 것이라고. 그러더니, 죽고 싶지 않거든 큰재 우리 사대 조부모님 묘를 옮겨 주라고 그럽디다. 그 묏자리를 어떻게 알고 있는지, 그 스님이 그럽디다. 그 묏자리는 술주전자 주둥이 끝 부분에 있다고. 만일에 앞으로 그 묘를 그대로 놔두면은 나 같은 주정뱅이가 다섯은 더 나올 것이라고 그럽디다. (「새터말 사람들 2」, 71쪽)

거의 모든 작품에서 뽑힌 이런 진술들은, 그것들이 대화의 내용이든 지문이든, 단순한 배경으로서의 소재가 아닌 주제 형성의 핵심적인 부분으로 작용하고 있다는 점에 문제의 중요성이 있다. 공통된 요소들을 다시 정리해 본다면 그것들은 섹스, 죽음, 윤회/샤머니즘, 불교라고 할 수 있다. 이것을 다시 쉽게 풀이한다면 인간 욕망으로서의 성행위와 그로부터 시작되는 신생(新生), 그 끝으로서의 죽음, 그러나 영원한 끝을 거부하는 환생으로서의 윤회와 같은 원형의 둥근 세계이다. 이러한 생각은 부분적으로는 샤머니즘, 부분적으로는 불교에 빚지고 있는바, 어디서부터 어디까지를 그와 관련하여 정확하게 끊을 수 없게끔 양자는 혼재해 있다. 그 현저한 보기는, 인용 2)에 나타나는, "신명과 열반 같은 깨달음" 속에 압축적으로 표현된다. 신명은 샤머니즘의 세계, 열반은 불교의 세계 아닌가. 그러나 작가에게 있어서 양자의 분리는 무의미하다. 이 두 세계는 그의 작품 어느 곳에도 대체로 동행한다. 중요한 것은 오히려, 세밀한 눈으로 양자를 분석하거나 분리하는 일이 아니라 그것들이 합쳐서 만들어 내는 신비주의의 힘이다. 그 재미나 새삼스러운 긴 설명을 생략한다 하더라도 신비주의란 생명의 시작과 끝, 이 세상의 시작과 끝에 대해 신비한 태도를 갖는 일체의 사상이다. 그렇기 때문에 모든 신비주의들은 그 시작과 끝에 대한 일목요연한 논리성을 거부한다. 창조주의 섭리와 그 역사를 믿는 기독교의 로고스를 부인하는 뮈토스의 세계야말로 신비주의의 전형인 것이다. 유일신 아닌 수많은 신들의 무한한 점철로 이루어지는 샤머니즘이나 여러 가지 신들을 인간화하고 있는 그리스 신화의 세계가 바로 여기에 속한다. 한승원의 신비주의는 기본적으로 샤머니즘이지만, 윤회 사상을 대표로 한 죽음의 초월이라는 문제에 있어서는 불교가 끌려 들어와 있다. 인용 9)의 「유자나무」는 그것을 아름답게 그려 내고 있는 작품이다. 바닷물 속으로 걸어 들어가 죽은 할아버지. 거지가 되어 떠도는 아버지. 그럼에도 그들의 죽음과 삶을 아름답게 추상화하고 있는 아들(손자). 지극히 비현실적일 수밖에 없는 이야기가 환상적 현실감을 띠고 있는 것은, 이 같은 초월적 공간을 만들고 있는 신비주의의 깊은 형이상학 때문이라고 할 수 있다. 그 형이상학은 아래 작품에서 다음과 같은 원리를 내놓고 있다.

유자나무는 뿌리를 땅에 박고 살면서 날마다 밤마다 하늘로 달려가고 있습니다. 그것은 그 나무만 알고 있는 우주의 원리 같은 사유의 가락입니다. (「유자나무」, 369쪽)

그러나 거의 대부분의 신비주의가 그렇듯이 한승원의 경우도 하늘 자체에 대해서는 깊은 인식을 보여 주지 않는다. 왜냐하면 신비주의에서는 하늘보다 땅이 의미를 갖기 때문이다. 인용 9)가 명백히 밝히고 있듯이 주인공은 '불'이 되고자 한다. 불의 아버지는 나무, 나무의 아버지는 물, 물의 아버지는 땅이라는 그의 주장을 상기하자. 일반적으로 서양정신사에서 쟁점으로 제기되어 온 물/불의 관계는 기독교/신비주의의 구조로 유추되면서 물이 하나님의 속성과 연관된다면, 불은 인간적 속성으로 이해된다(「창세기」 1장 1~2절 : "태초에 하나님이 천지를 창조하시니라 땅이 혼돈하고 공허하며 흑암이 깊음 위에 있고 하나님의 신은 수면에 운행하시니라." 반면에 그리스 신화에서의 프로메테우스의 불씨를 참조해 보자). 기독교와 그리스 신화, 그리고 게르만 신비주의를 통합하고자 노력했던 괴테가 수성론과 화성론 사이의 갈등을 명쾌하게 해결하지 못했다는 사실도 이와 관련된 흥미로운 지식일 수 있다. 요컨대 '불의 아버지는 나무이고, 나무의 아버지는……'이라는 주장에서 두 가지의 견해를 분명히 천명한다. 그 하나는 불을 중심으로 한 화성론의 신비주의이며, 다른 하나는 그들 에너지의 돌고 도는 윤회의 세계다. 이 역시 전자를 샤머니즘의 소산, 후자를 불교의 소산이라고 해석할 수 있겠으나 이 작가의 문학 안에서는 별 뜻이 없으리라.

III

바닷가의 바지락처럼 널려 있는 한승원 소설의 숱한 섹스 장면들은 이 같은 화성론의 당연한 결과이다. 불의 아버지는 나무라는 인식이 말해 주듯이, 불은 나무와 나무 사이에서 일어난 마찰의 자식이다(이와 관련해서는 독일 낭만주의 작가 노발리스의 장편 『파란 꽃』이 주의 깊게 읽혀질 만하다. 제2부 '소피 동화'에서 나무들끼리 부딪쳐 생겨나는 불의 장면은 신비주의와 낭만주의의 본질적 에너지와 깊이 관계된다). 마찰이 무엇인가. 곧 섹스다. 그렇기 때문에 기독교에서 인간은 신의 자식(「창세기」 2장 7절: "여호와 하나님이 흙으로 사람을 지으시고 생기를 그 코에 불어넣으시니 사람이 생령이 된지라")이지만, 많은 신비주의들에서 인간은 인간의 자식, 곧 섹스의 자식(불의 자식)이다. 한승원의 많은 장·단편들에 돌출하고 있는 섹스들이 한결같이 성성한 생명력으로 충만해 있으면서도, 홀연히 다른 한편 죽음의 이미지와 부단히 연결되는 까닭은, 이처럼 그것들이 삶-죽음의 원초적 신화성을 띠고 있기 때문이다. 그러나 거듭 확인하지만, 이 작가는 샤머니즘의 신화성에만 안주하지 않고 여기에 불교적 초월성을 교묘하게 끼워 넣는다. 소설 「유자나무」는 이런 의미에서도 함축적이다.

평생 동안 내내 유자나무만 가꾸면서 살아오신 느그 할아부지가 꼭 그렇게 두루미처럼 구린내 풍기지 않고 향기롭게만 사셨는데, 결국은 구질구질하게 죽어 땅속에 묻히지를 않고 훌쩍 떠나 버리시더라.
(「유자나무」, 379쪽)

땅은 신비주의의 땅이다. 그런데 주인공의 할아버지는 땅에 묻히기를 거부하고 바다를 경유해 하늘로 가버린다. 마치 불교의 짙은 영향 아래 씌어졌다는 『구운몽』의 세계를 연상시키는 이러한 결론 부분은 샤머니즘의 원래 모습에서 상당히 떨어져 있다. 그곳은 불교적 환상의 자리이다. 그러나 그 환상 역시 로고스와는 무관한 신비적 환상이라는 특징을 갖는다. 그러면서도 초월은 초월이다. 문학에서 이 초월이 띠고 있는 의미는 크다. 무엇보다 인생을 이 지상적인 것에만 얽어매는 유한한 현세주의를 부숴 버리고 시간과 공간을 뛰어넘는 광활한 영역을 확보한다. 「유자나무」의 할아버지가 걸어간 바닷물 속으로의 죽음이 끔찍한 인생의 종말 아닌, 새 하늘로의 새로운 비상으로 느껴지는 까닭도 여기에 있다. 지속적인 바다의 이미지와 더불어 한승원 소설이 지닌 시원한 열린 공간의 분위기는 그러므로 이 작가의 최대 매력이 된다.

그러나 앞의 인용들이 보여 주듯 불과 섹스에 대한 지나친 탐닉은 그 자체로서의 무의미성과 함께 자칫 샤머니즘의 미신적 성향에 대한 동의라는 혐의에서 자유로울 수 없지 않을까 하는 우려와도 만날 수 있다. 「오른씨름」이 말해 주듯 불은 보석을 만들어 내는 원동력으로서의 긍정적 기능을 갖는 것이 사실이지만, 인용 4)와 8)이 보여주듯 부정적인 내포에 기울고 있는 것 또한 사실이다. 불과 동일한 외연(外延) 선상에 있는 섹스 역시 마찬가지다. 그것은 인간의 원초적 욕망으로서 생명의 출발이 되며, 인간 활동의 힘의 중심으로 부단히 작용한다. 그러나 그것이 윤리나 규범 등 사회적 조건과 무관한 자리에서 생물적인 힘으로만 용인될 때 로고스를 형성하는 건강한 긴장과 균형이 도전받을 수 있다. 따라서 자연으로서의 불과 자연으로서의 섹스는 문화의 카테고리 속에서 비판적으로 인식될 때, 그 일방적인 무의미성을 극복할 수 있을 것이다. 샤머니즘에 대해서도 우리는 비슷한 주문을 할 수 있다. 그것이 우리의 고유한 민간 신앙으로서 많은 순기능을 가져온 점이 인정된다고 하더라도, 오늘의 현대 사회에서 미신으로서의 보다 많은 역기능이 있다는 점을 정직하게 바라보아야 하기 때문이다. 똑같은 지적은 불교에 대해서도 할 수 있을 것 같다. 물론 「와불을 찾아서」에서 볼 수 있듯이, 오늘의 사찰이나 스님의 행태에 대한 불만과 함께, 참다운 부처 찾기가 얼마나 힘든 일인가 하는 고민이 없는 것은 아니다. 그러나 불교의 본질이 닿아 있는 문화적 측면에 대한 진지한 고려가 할애된 채 행해지는 불교적 요소의 등장은 자칫 불교 전체에 대한 오해로 연결될 소지가 없지 않다. 요컨대, 샤머니즘이든 불교든 그 속에 내재해 있는 본질적 속성이 오늘날 문학의 입장에서 볼 때 얼마나 진실하고, 또 인간을 위해 바람직스러운 것인가 하는 문제에 대해 구조적인 비판이 병행되었으면 하는 아쉬움이 남는다.

무릇 신비주의는 재미있다. 한승원의 소설도 따라서 재미있다. 질펀한 섹스가 간단없이 드나들고 죽음이 죽음으로 끝나지 않는 소설이 어찌 재미있지 않겠는가. 그것은 인간의 욕망, 불가피한 욕망의 반영이다. 신비주의는 이 욕망의 잠재된 의식을 끊임없이 건드린다. 그리하여 욕망에 기반을 둔 꿈을 부풀려 낸다. 신비주의가 지니고 있는 숱한 신화들은 그 부풀려진 꿈이며, 결국 인간 중심주의의 한 극점이다. 신비주의에는 많은 귀신들이 출몰하지만, 그들은 인생과 세상을 지배하고 창조를 섭리하는 신이 아니다. 그들은 그저 인간 욕망 실현의 편리한 하수인인 경우가 대부분이다. 신비주의 문학이 재미있으면서도 일정한 한계를 지닐 수밖에 없는 이유이다. 그런 의미에서 한승원의 인용 3)에서 황소개구리의 입을 통해 인간에게 던져 주는 메시지는 깊이 음미될 만하다. 다시 한 번 옮겨 보자.

우리 어머니가 우리 아버지의 정자를 받아 알을 낳는 순간 너의 아버지의 혼백이 그 알들의 옆을 지나가고 있었다. 〔……〕 물론 네 아버지의 혼령은 그 알 속으로 들어가지 않으려고 몸부림치고 발버둥치고 악을 써댔지. '여보시오, 삼신할머니, 이건 만물의 영장인 인간의 혼령에 대한 모독입니다' 하고 말이야.

세기말 감성과 신비주의 정신
— 남진우의 『타오르는 책』

> 붉은 저녁 해 창가에 머물며
> 내게 이제 긴 밤이 찾아온다 하네……
> 붉은빛으로 내 초라한 방 안의 책과 옷가지를 비추며
> 기나긴 하루의 노역이 끝났다 하네……
> 놀던 아이들 다 돌아간 다음의 텅 빈 공원 같은
> 내 마음엔 하루 종일 부우연 먼지만 쌓이고……
> 소리 없이 사그라드는 저녁 빛에 잠겨
> 나 어디선가 들려오는 울먹임에 귀 기울이네……

　시집 첫머리에 실린 「저녁 빛」을 읽으면서 잠시 나의 이마는 먼 튀빙겐의 하늘로 무겁게 돌아간다. 네카 강을 끼고 앉아 있는 저 작은 중세적 마을. 생의 절반을 정신을 내어 놓은 채 유폐된 시간을 살아야 했던 횔덜린의 쓸쓸한 목소리가 거기서 바람처럼 날아오는 것 같은 착각이 들어서일까. 남진우의 음성은 그렇게 그와 많이 닮아 있다.

도시 주변은 고요하다. 불 밝혀진 골목에는 적막이 흐르고
횃불로 치장한 마차가 덜컹거리며 사라져 간다.
사람들은 하루의 기쁨을 만끽한 채 집으로 돌아가며
영리한 머리로 득실을 가리면서 집에서 만족스럽게 쉬네.
포도가게 꽃가게는 텅 비었고,
분주하던 시장은 일손을 놓고 조용하구나.
하지만 먼 정원에서 들려오는 현(絃) 켜는 소리,
아마도 사랑을 연주하거나, 아니면 한 외로운 사내가 먼 곳의 친구,
혹은 젊은 날을 생각하는 게 아닐까.
샘물은 끊임없이 치솟고 향기 뿜는 화단 옆에서 새록새록 찰랑이
겠지.　　　　　　　　　　— 횔덜린, 「빵과 포도주」 중에서

「빵과 포도주」의 가장 앞부분인데, 횔덜린이 오히려 훨씬 상큼하고 경쾌한 분위기이지만, 전체적으로 두 시는 서로서로 연락되는 그 무엇이 있음이 감지된다. 무엇일까? 슬픔, 그것도 조용한 슬픔이다. 횔덜린의 슬픔은 바로 이 시 「빵과 포도주」 끝 부분에서 개탄하고 있듯이 그리스 신화의 신들이 사라져 버린 신성 상실의 슬픔이다(물론 기독교의 신도 부분적으로 함께 포함되며, 이 모든 것을 아우른 슬픔의 결정이 바로 이 작품이다). 그 슬픔은 관념의 이상성 안에서 이루어지는, 다소 현장감이 결여된 것이지만, 관념적 이상주의자였던 시인에게서는 그대로 현실 그 자체일 수밖에 없었다. 남진우는? 시대와 나라가 다른, 무엇보다 아직도 활발한 시작 활동을 벌이고 있는, 여전히 젊은 시인인 그와 18세기 독일의 횔덜린을 견주어 보는 일은 무의미하다고도 할 수 있다. 그러나 시는 언어로 된 공기이며, 우리는 시대와 장소를 넘어 그것을 함께 숨 쉰다. 맑은 공기는 맑은 공기대로, 탁한 공기는 탁한 공기대로……. 두 시인은 안개 낀 숲의 빈

집에 앉아 무엇인가, 누군가를 기다리는 것 같은 공통의 공기를 갖고 있다. 하기야 이런 공기를 마시는 사람들이 어찌 이들뿐이랴. 수많은 익명들이 이 같은 공기를 마시고, 그 속을 거닌다. 특히 시인의 이름을 단 많은 남녀들이 그러하다. 남진우는 지금 그 속에서 내 앞으로 걸어 나온다. 나는 그런 그를 보면서, 벌써 20년 가까이 시인으로서의 활동을 벌여 온 그에 대한 무언가 나 나름대로의 이름을 붙여 주어야 하지 않을까 하는 강박을 느낀다.

  내가 찾아낸 남진우의 이름은 신비주의자다. 신비주의자를 설명하는 방법은 여러 가지가 있을 수 있을 것이다. 그러나 가장 이견이 적은 길은, 그가 신을 믿으면서도 그 신이 유일신이 아닌 경우가 가장 대표적이다. 이런 경우는 사실 상당히 많다. 다신론자나 범신론자들이 모두 여기에 속한다고 할 수 있다. 우리의 샤머니즘도 대표적인 신비주의의 하나이다. 그러나 많은 경우 신비주의는 훨씬 막연하게 쓰여지는 것이 사실이다. 신이라고 생각되는 어떤 초월자가 있기는 있는 것 같은데, 꼬집어서 뭐라고 말할 수는 없는……. 사실상 대부분의 시인들이 이런 의미에서 신비주의자들이다. 남진우의 자리는 그 가운데쯤 있지 않을까. 그럼에도 불구하고 신비주의적 색채가 유독 그에게서 강하게 느껴진다면, 그것은 우리의 샤머니즘과 같은 토속적 정서와 철저히 무관한 곳에서 그가 비현실적 신비성을 시의 현실로 붙들고 있기 때문일 것이다. 서구 중세적 모티프에 대한 선호가 무엇보다 이 사정의 가장 비근한 단서가 된다. 많은 시들에 편재해 있는 그 모습들을 먼저 살펴보자(고딕체 강조는 필자).

    겨울, 대지의 관이 닫힌다
    서리 내린 길 위를 허기진 개들이 어슬렁거리고
    해시계는 더 이상 마을로 가는 길을 가리키지 않는다.

죽은 자의 눈꺼풀을 쓸어 내리며 다가오는 빙하기의 어둠
—「겨울 저녁의 시」중에서

영원의 풍경
— 르네 마그리트를 위하여   —「영원의 풍경」중에서

항아리 속의 시인
— 알리바바와 사십 인의 도둑을 위하여
—「항아리 속의 시인」중에서

족장은 미소짓는다
자신의 착한 신민들이 전부 꿇어 엎드려
목을 기일게 내밀고 있기에, 지금 막
부락을 빠져나가는 바람에 섞인 그윽한 피 냄새
—「족장의 가을 1」중에서

흑사병이 번지고 있다
집집마다 불을 끄고 문에 짐승의 피를 칠해야 한다
—「족장의 가을 2」중에서

가끔씩 떠오르는
내 마음의 지하 감옥   —「유적지」중에서

해시계, 빙하기, 르네 마그리트, 알리바바, 족장, 신민, 흑사병, 지하 감옥…… 이런 낱말들은 적어도 우리 주변에서 그 실체가 경험되거나 확인될 수 있는 이름들이 아니다. 그것들은 서양 내지 다른 나라

들, 그것도 한참 전 중세나 고대의 인명·지명 혹은 물건이나 현상의 이름들이다. 일견 우리와 아무 상관도 없을 법한 이름들이, 그러나 이 시인의 시에서는 심심찮게 출몰한다. 물론 이런 일이 남진우에게 서만 일어나고 있는 것은 아니다. 1950, 60년대를 올라가면 이 비슷한 모습의 여러 시인들을 만날 수 있다. 여전한 모습의 김춘수를 포함, 작고한 김수영·김종삼에게서도 흔히 발견되는 현상이다. 그러나 현존하는, 그것도 이제 마흔 살 안팎의, 여전히 젊은 시인에게서 읽혀진다는 일은 범상치 않다. 우선 무엇보다 그것은 남 시인의 상상력이 그의 젊은 나이와 상관없이 1950, 60년대적이라는 점을 언뜻 상기시켜 주는데, 그것은 아마도 조로 아닌 조숙의 어떤 경지와 체질을 반영하는 것이 아닌가 싶다.

중세적 이미지가 시의 모티프로 작용하곤 한다면, 그것은 그 연상 속에 시인의 현실이 사로잡혀 있다는 사실을 말해 줄 것이다. 시인 아닌 많은 사람들에게는 비현실, 심지어는 공상에 지나지 않을 그것들이 시인에게는 가장 지엄한 현실로 자리잡고 있는 것이다. 여기서 우리는 두 개의 질문을 던지게 된다. 첫째는 '중세의 그 무엇이'라는 질문이며, 다음으로는 '어떻게 거기에 이르는가' 하는 질문이다.

이 질문에 대한 해답을 나는 뒤의 것, 즉 시인이 거기에 이르는 길에 대한 추적으로부터 더듬어 보고 싶다. 왜냐하면 그 길은 비교적 단순하기 때문이다. 그 길은 '책'이다. 독서야말로 남진우가 중세에 이르는, 아니 이를 수밖에 없는 실제의 현실이다. 그의 많은 시들은 이 사실을 도처에서 확인해 주고 있다.

    그 옛날 난 타오르는 책을 읽었네
    펼치는 순간 불이 붙어 읽어 나가는 동안

재가 되어 버리는 책을

[……]

그 옛날 내가 읽은 모든 것은 불이었고
그 불 속에서 난 꿈꾸었네 불과 함께 타오르다 불과 함께
몰락하는 장엄한 일생을　　　　　　—「타오르는 책」중에서

여기 한 그루 책이 있다
책이 덩굴을 내밀어 내 몸을 휘감아 오른다
무수한 문장들이 내 몸에 알 수 없는 무늬를 새기며
사방으로 뻗어 나간다. 아무리 베어 내도
무성하게 자라 오르는 책나무

책나무 속에 들어가 눕는다
내 속에 뿌리 뻗은 나무에서 일제히 날아오르는
저 눈부신 새 떼　　　　　　—「책 읽는 남자」중에서

책에서 스며 나온 흥건한 핏물이
네 발등을 적시고 네 무릎을 적시고
마침내 네 온몸을 휘감아 버릴 때까지
　　　　　　　　　　　　—「공포소설을 읽는 밤」중에서

책이 김을 뿜는다
부우연 안개 같은 책무리가 책을 감싼다
사각의 관 속에서

흐느적거리며 솟아오르는 저 망령들

저승에서 마악 돌아온
죽은 저자들이
산 자의 귓가에 은밀한 주문을 속삭인다
책을 버리고 책 저편 아득한 곳으로 자기와 함께 떠나자고
아무리 읽어도 결코 도달할 수 없는
그런 세계로

죽은 저자가 뿜어내는 자욱한 입김을 헤치고
책 속으로 빨려 들어가면
메아리처럼 들려오는 산 자들의 아우성
—「비행접시」중에서

일찍이 한 철학자는
한 바구니의 책을 앞에 두고 다음과 같이 기도했다
— 오늘도 우리에게 일용할 굶주림을 주시옵고
—「도서관에서의 기도」중에서

책을 읽는다
책을 읽어 나감에 따라
책이 나를 읽는다
책을 읽을수록 나는 텅 비어 가고
책은 글자들로 한없이 부풀어 오른다
—「사라지는 책」중에서

조용히 시인 자신의 독서 과정을 적고 있는 이 시들은, 차라리 에세이와 같은 산문에 가깝다. 음악성이 거의 배제된 말투와 평이한 설명이 모두 그렇다. 이에 의하면, 남진우는 독서광이다. "펼치는 순간 불이 붙"고, "읽어 나가는 동안/재가 되어 버리는" 것이 그의 책이다. 여기서 불은 책읽기에 대한 열기와 함께 속도를 일컬으리라. 따라서 시인이 그 불과 함께 타오르고 불과 함께 몰락한다는 것은 지극히 자연스럽다. 그러나 책읽기가 가져다 주는 이 같은 불의 일생은 내게 니체의 저 「이 사람을 보라(Ecce Homo)」를 연상시킨다. 여기서 잠깐.

그렇지, 내가 어디서 왔는지 난 알지!
불꽃처럼 게걸스럽게
나는 나를 불사르고 소멸시킨다.
빛은 내가 잡고 있는 모든 것,
재는 내가 놓아 버린 모든 것,
정말이지 나는 불꽃이라니까!

사람의 일생을, 확 타오른 후 푹 꺼져 버리는 불꽃에 비유한 니체의 이 시는 그의 인간관을 극명하게 드러낸 작품으로 유명하지만, 불의 속성을 통해 불 비유를 일반화시키기도 한다. 그것은 불의 강력함, 그리고 완전한 소멸이다. 역사에 대한 무관심, 전망에 대한 거부라는 이름으로 그 앞뒤를 거두절미해 버린다면 다소의 비약이 될까. 어쨌든 그에게는 책만이 세계로서 존재한다. 책은 시인의 "몸을 휘감아 오"르며 "아무리 베어 내도/무성하게 자라 오르는" 나무이다. 급기야 책에서 핏물이 스며 나오고, 김까지 뿜어 댄다. 이즈음은 인터넷에 함몰된 사이버 세계 속만을 부유하는 가상족들이 있지만, 책 역시 가상 속의 세계다. 시인은 이 가상 속에서, 그 가상에 사로잡혀 꼼짝 못한다. 그렇다면 대체 책 속에서 시인이 할 수 있는 일은 무엇일까. 시인 스스로 그 세계를 가리켜 "아무리 읽어도 결코 도달할 수 없는/그런 세계"라고 고백한다. 거기가 어디인가. 꼭 집어서 규정할 수 있는 시대는 아니지만 그곳은 대체로 중세이다. 횔덜린이 고대 그리스를 갈망하듯, 구체적이며 명백한 이유를 업은 채 그가 중세를 지향하고 있지는 않지만, 심정적인 그리움의 대상으로 중세적 표상이 막연히 떠오르는 것은 사실이다.

  중세를 그리워하는 한, 시인이 만나기 쉬운 사람은 산 자보다는 죽은 자인 것이 당연하지 않겠는가. 실제로 시인은 "죽은 저자가 뿜어내는 자욱한 입김"에 대해 말하고 있다. 어떻게 보면 남진우의 시는 이 같은 자욱한 입김이라고 할 수 있다. 중세적 분위기를 풍기면서 죽음에 대해 간단없이 말하고 있는 그의 시는 확실히 '자욱한' 어떤 공기에 휩싸여 있다. 그 자욱함은 죽은 저자와의 만남이라는 분명한 사건 이외에 책을 통한 또 다른 만남에 대해 분명하게 밝히고 있지 않음으로 해서 더욱 조성된다. 그렇다면 독서 속을 지나서 시인이 도달한 곳은 어디일까. 그곳은 앞에 인용한 시들 가운데 끝의 두 편이 보여 주듯 허무와 책물림이라는 의외의 공간이다. "책을 읽을수록 나는 텅 비어 가고", 책을 앞에 두고 "오늘도 우리에게 일용할 굶주림을 주시"라고 기도한다. 여기서의 굶주림은 책을 읽지 않은 상태. 그러니까 책 좀 읽지 않고 살게 해달라는 기도다. "책들이 달려" 들지 않게 해달라는 기도이다. 책은 남진우에게 있어서 내부의 불인데, 책을 읽을 때마다 그 내부는 불타오르고, 그 내부는 결국 재가 된다. "책을 읽을수록 나는 텅 비어" 갈 수밖에 없는 당연한 이유이다. 그가 연금술사를 그리워하고, 허망할 수밖에 없는 중세 이미지에 매달리게 되는 이유이기도 하다.

널리 알려져 있듯이, 니체의 불로 상징되는 화성론의 세계는 신비주의의 핵심 사상이라고 할 만하다. 인간은 물로 이루어졌는가, 불로 이루어졌는가 하는 오랜 싸움에서 많은 사람들은 불 쪽에 서기를 좋아했고, 그것이 문명사 이해의 주류를 형성해 왔다. 프로메테우스의 불을 인간기원설로 믿기 좋아하는 문화, 특히 문학은 「창세기」의 수성론과 성령설을 짐짓 무시하는 경향이 있다. 특히 불의 엑스터시에 익숙한 신비주의인 샤머니즘을 민족 정서로 쉽게 받아들이는 우리 문학은 불의 문학이라고 불러 무방할 정도로 이쪽에 경사되어 있다. 니체와 후기 구조주의, 그리고 프로이트를 즐겨 현대 문학의 요체로 생각하는, 거의 일방적인 문화적 흐름은 문학의 주요한 재능들을 이쪽으로 몰아가곤 한다. 남진우의 경우도, 이런 큰 관점에서 볼 때 예외는 아니다. 아니, 그 중요한 반열을 이끌고 있는 편에 속한다. 반기독교적 범신론의 큰 틀 속에서 샤머니즘 대신 그리스 신화의 헬레니즘 문화를 알게 모르게 따르고 있는 일련의 시인과 작가 들 가운데 그는 비교적 그 기원과 빛깔을 명료하게 보여 주고 있다.

사실 그 숫자의 규모로 보거나 그 화려한 문학적 포즈로 보거나, 저 멀리 헬레니즘 문화에 바탕을 둔 이른바 모더니즘은 우리 문학의 중심부를 장악하고 있다고 해도 지나친 말이 아니다. 특히 많은 문학 청년들에게 문학에 대한 일종의 고정관념 비슷한 것을 만들어 주고 있는 것도 사실이다. 감수성—독서—서양 중세—모더니즘으로 이어지는 일종의 자연스러운 고리는, 많은 문학인들이 비록 의식하거나 의도하지 않고 있다 하더라도, 그 뿌리에 이 같은 역사를 갖고 있다. 그 결과, 시에 있어서는 언어에 대한 절망과 그로부터 유발된 현학성·난해성이 불가피한 현상으로 대두되고, 소설에 있어서는 서사의 상실과 왜곡이 정당화된다. 두 장르에서 모두 공통된 현상으로 빚어지는 것이 있다면 섹스와 죽음의 문제이다. 그것들은 모두

형이상학 내지 영성을 잃어버린 인간들에게 남겨진 마지막 실체들이기 때문이다. 남겨진 것은 육신뿐 아니겠는가. 섹스와 죽음이 우선 당장은 1980년대의 비극적 현실과 세기말의 전망 상실과 관련되지만, 그 깊은 곳에서는 이 같은 사정과 오히려 깊은 관계에 있다는 것이 부인될 수 없을 것이다. 그렇기 때문에 대부분의 모더니즘 문학은 슬플 수밖에 없다. 그러나 훌륭한 여러 모더니스트들은 이 슬픔을 즐기면서, 때로는 공공연하게 자랑스러워한다. 과연 그럴까. 나로서 조금 의아스러운 것은 바로 이 점이다.

  구원을 포기하고 사는 것이 문학의 구원이라면, 넓은 의미에서 그 문학은 센티멘털리즘이라고 나는 생각한다. 어떤 시인은 시 자체의 완벽한 구성과 질서(주로 음악성에 대한 기대이지만)가 바로 구원일 수 있다고 믿는다. 아마도 릴케가 전형적인 예일 것이다. 그래서 그를 실존주의자라고 불렀다. 제법 오래전의 일이다. 이러한 인식은, 그러나 결정적인 한계가 있다. 무엇보다 그 결론이 너무 슬프다는 것이다. 허무주의와의 벽이 너무 얇기 때문이다. 멋진 문학은 끊임없이 구원의 가능성에 대한 기대를 보여 주어야 한다는 믿음을, 따라서 우리는 쉽게 버릴 수 없다.

  자, 남진우의 시로 다시 돌아가 보자. 그 역시 허무와 슬픔에만 잠겨 있는가. 우선 중세에서 만난 죽은 저자를 통해 본 '죽음'이 일으키고 있는 죽음의 몇 가지 변주는 그의 허무와 슬픔의 위상이 무엇인지 보여 준다.

밤
몸속에 저장된 석탄이 조금씩 녹아내려
바깥으로 새어 나온다

납골당처럼 텅 빈
내 두개골에 음울하게 와 부딪는
조종 소리   ―「자정」전문

기다려라 기다려
내 시선이 머무는 곳 어디서나 달팽이가 웅크리고 있으니
죽음의 습기를 내뿜는 저들이
담장 속으로 스며 사라지기까지
나는 잠자코 지켜볼 뿐   ―「초록 달팽이의 길」중에서

죽음은 멀리서 온다
멀리서
아주 먼 곳에서 그는 어둠을 데리고 온다
(……)

죽음은 내 눈을 감기고
내 입을 틀어막고 가냘픈 숨결을 마저 불어 끈다.
차디차게 식어 가는 내 몸을 떠메고 이 밤
죽음은 다시 먼 길을 떠나리라   ―「멀리 먼 곳에서」중에서

물이 몸 밖으로 다 빠져나간 뒤
나는 사막처럼 하얗게 가벼워졌다

이글거리는 햇덩이만
머리 위에서 뜨겁다
낙타처럼 터벅터벅 걷는 길

멀리
신기루로 떠오르는 장작더미 위의
내 시체   ―「단식」전문

　네 편의 시에서 짧은 것은 그 전문을, 긴 것들 가운데에서는 죽음이 직접적으로 언급된 몇 부분을 인용해 보았다. 무엇을 느낄 수 있는가? 그것은 죽음이 설득력 있게 진술되고 있음에도 불구하고, 그것이 시인의 삶과 그다지 절실하게 연결되어 있지는 않다는 사실이다. "내 시체"라는 말로 시적 자아가 된 죽음에 있어서도 그 구체적인 현실감은 리얼하지 않다. "멀리/신기루로 떠오르는 장작더미 위의" 시체이기 때문이다. 이 진술은 남 시인의 죽음의 이미지, 나아가 시 전체 이해의 관건이 되는 부분이다. 시인은 자신이 죽는 것을, 자신의 죽음을 끊임없이 시 속에서 적고 있지만, 그것은 삶의 강박이나 요구에서 나온 불가피한 상관물은 아니다. 즉 삶의 현장이나 실체와는 무관하다. 죽음은 "먼 곳"의 일이며, "신기루"로 떠오를 뿐이다. 특히 그 죽음이 "장작더미 위"에 있다는 말은 의미심장하다. 그것은 불태워지기를 바라는 소멸의 욕망, 저 신비주의 지식의 소산이라는 점을 확실히 해둘 필요가 있다. 죽음은 남진우의 환상과 관념 속에서 진행되고 있는 일종의 지식사회학적 인식과 긴밀하게 결부되어 있는 것이다. 죽음이 멀리서 온다는 진술의 반복을 주목하라. 따라서 그 죽음은 시인의 가슴이나 배, 혹은 성적 욕망과 같은 직접적인 육체에 겨냥되어 있지 않고 "두개골에 음울하게 와 부딪는"다. 죽음의 지적 수용이라고 할까.
　그러나 죽음이 환상과 관념 안에서 인식된다고 해서, 시인의 시적 현실에 노상 '밖의 관념'으로만 머물고 있는 것은 아니다. 이와 관련해서「초록 달팽이의 길」이 세심하게 읽혀져야 좋을 것이다. 초록 달

팽이를 "잠자코 지켜"보다가 이윽고 초록 달팽이가 된 것 같은 동일화 착각에 빠진 시인. 거기서 그는 자신의 삶을 향해서도, 죽음을 향해서도 웅크리고 있는 달팽이가 아닐까 생각해 본다.

붉게 익은 벽돌담을 초록빛으로 덮으며
담쟁이덩굴이
나의 기억 속으로 밀려 들어온다.
내 입 안에 식도에 뱃속에 가득 찬 달팽이
무리지어 식탁에 오르고 잠자리에 기어드는

담쟁이덩굴과 달팽이가 서로 번갈아 만들어 가고 있는 이미지는 '기어듦'과 '휘감음'이다. 그것들은 안에서 혹은 밖에서 얽혀 드는데, 근본적으로는 달팽이나 담쟁이 모습 자체가 보여 주는 정중동(靜中動), 혹은 동중정(動中靜)의 그림이다. 시인은 그 그림 속에서 자신의 모습을 본다. 그런데 그들을 가리켜 "죽음의 습기를 내뿜는 저들"이라고 말하는 것은 다소 뜻밖이다. 그들의 절묘한 움직임을 생동감 아닌 "무성한 초록빛 암세포"라고 말하고 있는데, 여기에는 그야말로 죽음을 향한 시인의 기묘한 동경이 거의 무의식적으로 숨어 있는 느낌이다. 생명의 어떤 원초적인 색깔 속에서 오히려 죽음을 발견하는, 특이한 두뇌의 연상 작용이라고 할까. 시인에게 있어서 죽음은 더 이상 부정(否定)의 세계가 아닌 모양이다.

붉은 벽돌담 위로 번져 가는
저 무성한 초록빛 암세포 무더운 여름의
무서운 초록

죽음이 이 세속의 세계에 대한 부정이라면 시인은 마땅히 이 세계를 벗어나야 할 것이다. 기독교의 신을 지향하지 않으면서도 이 세계를 '지상'으로 규정하고 그 너머의 땅을 막연히 예감하는 그의 슬픔은 결국 이 같은 유래를 갖는다.

지상의 마지막 밤까지 걸어와
오늘 내 앞에 선 그대여
그 눈빛 그대로 나를 바라보아 다오   ─ 「차가운 눈」 중에서

비명이 다 빠져나간 몸은
침침한 어둠 속에 가라앉고
지상은 눈부신 달빛 아래 치솟아 오르는 비명의 소용돌이
비명으로 뒤덮인 세상은 참으로 고요하다.
                          ─ 「깊은 밤 깊은 곳에」 중에서

보라, 그의 뿔이 말해 주는 것을
그는 이제 지상에 있지 않다
저 은하계 저편 별과 별 사이
짧은 뿔을 흔들며 나아가고 있다
                     ─ 「은빛 달팽이의 추적」 중에서

자못 경건한 느낌마저 자아내는 시인의 '지상'은 창세기 이래 우리 인류가 온갖 죄악과 더불어 살아온 세상이다. 그의 '지상'은 그렇다. 앞의 인용에서 첫째와 둘째 부분은 모두 그런 의미에서 시인의 세계 인식이 매우 신학적이며, 상상력 또한 인류학적이라는 지적을 받을 만하다. 그러나 종말론적 세계관을 동반한 다음 나타나는 어떤 새로

운 세계에 대한 비전을 꿈꾸는 것은 아니다. 그의 관심은 이 세상에 대한 비관론에 깊이 침윤되어 있고, 이 세상을 넘어서는 "저 은하계 저편 별과 별 사이"를 바라다볼 뿐이다. 그 인식과 관찰은 슬프지만 바로 그 지상과 별 사이에 시가 있다. 그의 신학은, 말하자면 기독교적 세계 인식에는 이르지 않는다.

  오래 연옥의 시절을 맞아
  스스로를 태우고 있는 담쟁이 넝쿨
  비를 맞아도 꺼지지 않는 불길이
  슬프게 타오르고 있다   —「화려한 유적」중에서

 지상은 곧 연옥이다. 책 속에 묻힌 그리움의 시인은 불이지만, 연옥은 어차피 불길. 담쟁이덩굴도 스스로 타오를 수밖에 없다. 그나마 "짧은 뿔을 흔들며" "별과 별 사이"로 나아가고 있는 달팽이 시인을 바라보는 우리의 심정은 조마조마한 대로 행복하다. 달팽이 대신 새 한 마리로 환치된 시적 자아에서 느끼게 되는 불안한 충만과 더불어 그 행복은 어느 순간 시인의 행복이 되어야 하리라.

  새 한 마리
  내 머릿속에서 노래 부르고 있다
  그만둬! 닥치라니까! 아무리 고함쳐도
  매일 낮 매일 밤 내 머릿속 그 자리에서
  잎사귀를 젖히고 가지를 건너뛰며 노래하는
  새 한 마리   —「새」중에서

  새가 사나워지는 것은

내 피가 점점 뜨거워지기 때문이다

새가
하늘 높이 솟아오를수록
내 피는 조금씩 말라 간다 이윽고
새가 내 시선을 끊어 버린 채
허공 깊숙이 증발해 버리면

나는 내 피의 넝쿨 가득히
환한 죽음을 꽃피운다 　　　　　　　　　　—「정오」전문

　달팽이가 정중동의 시적 자아라면, 새는 격렬한 비상의 시적 자아이다. 시인은 달팽이를 연민과 동행의 감정으로 관찰하지만, 새에게서는 불화와 불안의 감정을 느낀다. 세계가 부정될 때 하늘로 날아야 하리라는 전통적인 서정은 시인의 마음을 차라리 불편하게 하는 것이 틀림없다. 시가 노래라는 오래된 관습도 그에게는 머리로만 익혀질 뿐 자연스러운 몸짓이 되지 않는다. 때론 그 같은 관습이 그리워질 때도 없지 않으나, 어디까지나 "머릿속 그 자리"에서일 뿐이다. 문득 세상을 차고 오르는 새의 능력에 대한 욕구가 시인에게 강하게 전달될 때 얻어지는 것도, 비상의 가벼운 힘과 초월의 기쁨 아닌 '증발되어 버린' 새로부터 남겨진 유리감이다. 새는 결국 그를 사납게 할 따름이다. 새가 사나워진다고 하는 것은, 날아가 버린 새로 인해 생겨난 절망감의 확인이 가져다 주는 시인 자신의 사나워짐이다. 마침내 그는 새가 될 수 없음을 깨닫는다. '환한 죽음의 꽃피움'이라는, 또 다른 죽음의 체험을 느끼게 되는 것은 이 까닭이다. 새처럼 날 수 없고, 그 대신 달팽이처럼 꿈틀거리며 나아갈 수밖에 없는 슬픔. 그 우주적 슬픔에 나는 '비애'라는 낱말을 쓰겠다. 그 말속에는 '운명적'이라는 뜻이 보다 진하게 숨어 있을 것이다. 또한 그 엄청난 우주의 거리에 스스로 '나그네'라는 표현을 쓴 시인 남진우는 결국 영원한 청년일 수밖에 없다. 그도 그럴 것이, 육신의 진화에 무심한 채 그 거리에 머물러 있기 때문이다.

자연 앞에서도 그대로 서지 못하고
— 신대철의 시집 『개마고을에서 온 친구에게』

I

나는 내가 있는 곳에 없고
그대는 그대가 있는 곳에 없고 　　　　—「아이오와 4」 중에서

내가 있는 곳에 내가 없다면 대체 나는 어디에 있는가? 네가 있는 곳에 네가 없다면? 이것은 역설도 아니고 아이러니도 아니다. 그렇다면 사실? 그렇다, 사실은 사실에 가깝다. 이런 정황을 이해하기 위해서는 가장 비근한 이런 말을 떠올려도 좋으리라. 자신으로부터 멀리 떨어져 갈 때 자신에게 가장 가까워진다는. 여행을 권고할 때 쓰는 말이다. 이때 앞의 '멀어진다'는 물리적인 거리이며, 뒤의 '가까워진다'는 내면적인 거리이다. 그러나 두 동사는 동일한 범주에 병치됨으로써 효과의 극적인 성격을 극대화시킨다. 신대철의 "내가 있는 곳에 없"는 나, "그대가 있는 곳에 없"는 그대도, 말하자면 이와 비슷한 방법론 위에 있다. 그러니까 두 가지의 '나'는 같은 범주에 있지 않음에도 불구하고 같은 범주에 병치되어 있음으로 해서 어떤 극적인 효과를 빚어내고 있는, 그런 성격과 관계된다.

자, 보자. 두 개의 나, 즉 주체인 '나'는 "내가 있는 곳"이라는 구체적인 장소에 없다. 두 부분은 주어와 술어로 연결되는 기능상의 차이 이외에 바로 그 장소의 특성 때문에 범주를 달리하게 된다. "내가 있는 곳"이라는 장소에 '내'가 없다는 것은 현실적으로 불가능하기 때문에 적어도 '나'와 "내가 있는 곳"의 '나'는 현실적으로 다를 수밖에 없다. 여기서 분명해질 수밖에 없는 것은, 두 가지 '나'는 필경 같은 '나'임에도 불구하고 그 정황이 다른 상황에 위치한 '나'이리라는 것이다. 그 상황은 다시 크게 두 가지가 된다. 그 하나는 다른 시간에 처한 두 개의 '나'이며, 다른 하나는 '나'의 양면성이다. 「아이오와 4」에서 그것이 어느 쪽인지 아직 불분명하다. 그러나 한 가지, 즉 끝 부분에 나오는 "내 영혼은 지금 아프리카에서/그대에게 가고 있다"는 대목이 강한 시사를 던진다. '나'는 규정된, 모든 고정된 어떤 자리 아닌, "가고 있"는 상황이라는 것이다. 그 '나'는 "내 영혼"으로 나타나는바, '나'의 존재 또한 육체적 실재 아닌 영혼이므로 그 자리의 유동성은 얼마든지 가능하다. 그렇다면 '내'가 향하고 있는 '그대'의 자리는 어디인가. 사실 가장 불분명한 것은 '그대'의 정체인데, 이번 시집은 바로 그 정체 찾기 이외에 다름 아니라고 할 수 있을 것이다.

　시집 제목이 된 '개마고원' 이외에도 이 시집에는 우리가 쉽게 가볼 수 없는, 또는 별 관심을 갖지 않는 여러 지역과 지명 들이 나온다. 아마도 시인 자신은 가보았음직한 그곳들은 고향 근처의 칠갑산에서 우선 시작하지만, 아이오와 들판을 거쳐 백야가 계속되는 북극에까지 이른다. 시인의 이 같은 방랑, 혹은 여행은 동경과 갈망이라는 시인 특유의 본원적이며 일반적인 욕구의 산물일 수도 있으나, 신대철에서 그것은 '그대'와의 만남이라는 보다 본질적인 문제와 관계된다. 그 몇 곳을 시인과 더불어 동행해 보기로 한다.

칠갑산에 오르면
금강 줄기를 타고 가다
아득히 시야 끝에서 은빛으로 반짝이는 강,
고향을 떠나서도 언제나
머리 위에 높이 떠 있는 강,

얼음 풀리면 그대
가슴을 향해 흐르리 　　　　　　　　　─「높은 강 1」 전문

　여기서 '그대'는 고향의 금강이다. 금강인 것은 분명하지만, 애매모호한 부분도 있다. 예컨대 "얼음 풀리면 그대/가슴을 향해 흐르리"에서 '그대'가 주어인지 목적어인지 확실치 않은 것이다. '그대'인 금강은 가슴, 즉 중심을 향해 흐를 것인가, 아니면 시인이 금강의 중심으로 가겠다는 것인가. 「높은 강」은 일종의 연작시로서 몇 편 더 있는데, 그것들도 이 같은 물음에 확실한 대답을 내어 놓지는 않는다. 그러나 아버지와 관련된 어린 날의 추억과 더불어 "그대/가슴을 향해 흐르리"에서 '그대'는 주어에 가깝지 않나 여겨진다. 그렇다면 "그대/가슴"은 '그대는' 가슴을 향해 흐른다로 읽혀질 수 있고, 이때 가슴이 상징하는 중심은 「높은 강 1-1」에 나오는 "가슴 위로 떠오르다 불시에 스며들어 무섭고 이상한 아픔을 반짝이는 강"으로 다시 읽혀진다. 다시 말해 이때 중심은 시인 자신의 가슴으로 환원되는 것이다. 그 가슴은 강이 보여 주었던 그 옛날(한국전쟁 직후)의 무섭고 이상한 아픔의, 시인 자신의 가슴인 셈이다. 결국 칠갑산이나 금강이나 시인에게는, 그곳이 고향임에도 불구하고 거의 상처이다.
　그러나 신대철에게 있어서 고향이 곧 상처는 아니다. 무엇보다 고향의 자연으로부터 그는 떠날 수 없기 때문이다. 떠나다니! 그는 아

예 자연 그 자체가 되고 싶어한다.

> 바위틈에 엉키는 잔뿌리들 얽으니
> 나는 고로쇠나무
> 나는 물푸레나무
> 나는 생강나무
>
> 산속이 잠시 나로 꽉 차 있다.
> 하나씩 나무로 되돌아가고
> 하나씩 나로 되돌아오고 　　　　　—「水刻畵 1—1」중에서

　자연과의 합일이 노래되고 있는 이 아름다운 시가 보여 주듯, 나는 나무이고, 나무 또한 바로 나다. 그러나 이 아름다움 속에는 한 가닥 아픈 사연이 숨어 있다. 앞서 내가 "과거의 상처"라는 말로 부른 저 전쟁 당시의 기억. 그것은 희미하지만 집요하게 그를 붙잡고 놓지 않는다. 그것은 「수각화(水刻畵) 1—3」에서 이렇게 빠끔히 얼굴을 내민다.

> 담비 떼에 바싹 붙어 슬며시 밤안이를 돌아드는 저녁, 삐걱이는 사립문 더 열어젖히고 가만히 내다보는 용복이 아버지, '살고 싶으면 때를 놓치지 말게'
>
> 불길과 나무 사이
> 모닥불 피워
> 혼자서 빙 둘러앉았다.

매운 연기에 눈 찔리고
눈물 불로 지지면서 　　　　　　　　—「水刻畵 1–3」중에서

　여기에는 과거의 상처와 현재의 자연이 교묘히 겹쳐져 있다. "살고 싶으면 때를 놓치지 말게"라는 용복이 아버지 말속에 숨어 있는 슬픈 비밀은 아마도 시인의 집안과 관계된 그 무엇일 것이다. 자연 속에서 일어난 그 비극의 기억은 "불길과 나무 사이"라는 말속에 상징적으로 함축되어 있다. 그것들은 그냥 그대로 자연이면서 동시에 비극인 '불길'과 자연인 '나무'를 대변한다. "내가 없는" 곳에 내가 있고 "그대가 없는" 곳에 그대가 있다는 기묘한 존재 감각은 이같이 일종의, 뒤집힌 시간과 관계된다는 추론이 여기서 가능해진다. 그렇기 때문에 고향의 자연과 어울리면서도 "나는 왜 아직 처마 밑에 깃들여/온몸으로/귀기울이고 있는가" 하는 자의식을 고백하게 된다. 과거의 시간과 현재의 시간이, 같은 장소임에도 불구하고 너무 다르게 다가오는 데에 따른 당혹감이다. 이 당혹감의 표출은 「무슨 일이지?」, 「또 무슨 일이지?」에서 은밀히 드러난다.

언 눈 언 햇빛, 뒤틀리는
가지와 가지 사이를
쇠박새가 들락날락하네

[······]

삐이, 소리만 가늘게 울리네

무슨 일이지?

자연 앞에서도 그대로 서지 못하고　99

내 안에서 길 안 난 길을
누군가 떠돌고 있네   ―「무슨 일이지?」 중에서

또 하루 지나
새는 보이지 않고
후르르르 리요
새 울음 소리 한줄기 손끝에 스치다 스민다.
손끝에 맺히는 울음, 한 방울.   ―「또 무슨 일이지?」 중에서

　두 편의 시는 모두 새를 대상으로 삼고 있는데, 첫번째 시는 쇠박새, 두 번째 시는 그냥 뜨내기새를 끌어 오고 있다. 그런데 쇠박새는 "뒤틀리는/가지와 가지 사이"를 들락날락하면서 "삐이, 소리만 가늘게 울"린다. 아마도 그 새는 그런 모양이다. 그러나 시인은 이때 "무슨 일이지?" 하면서 의아해한다. 소리만 가늘게 울리는 쇠박새가 이상하다는 것이다. 새의 그러한 모습에서 시인은 "내 안에서 길 안 난 길을/누군가 떠돌고 있"다는 인식을 이끌어 낸다. 내 안에서 나 아닌, 말하자면 낯설고 거북한 존재가 움직이고 있다는 것이다. 이 말은, 시인 자신이 스스로 평화로운 자기와의 일체감, 동일화를 느끼지 못하고 있다는 진술이다. 더구나 길 안 난 길을 헤집고 다니는 낯선 존재라니! 쇠박새로 표상된 어떤 자연은 시인에게 매우 불편한 그 어떤 것으로 느껴진다. 이 쇠박새는 다음 시에 이르면 뜨내기새일 뿐 아니라 "날개 다친 새", "눈빛이 뜨거운 새"로 묘사되는데, 그 새는 결국 손끝에 스치다 스민 "한줄기 울음소리"의 새이다. 왜 이토록 새는 신대철에게 있어서 가련한 울음소리나 내는 불편한 존재일까? 혹시 그것은 시간에 따라 뒤집힌 자연의 어떤 서로 어긋난 형상을 말하여 주는 것은 아닐까?

아마도 그것은 새 자체의 모습이라기보다 울 수밖에 없었던 시인의 정서 내지 상황 속에서 포착된 새의 모습이 아니었을까. 우는 자의 눈에 비친 새는 울고 있을 수밖에 없었다는 이야기다. 게다가 그 울음, 혹은 눈물은 "손끝에 맺히는 울음, 한 방울"이 말해 주듯 숨겨진 울음이었다. 따라서 자연은 아름답고, 그 자연과의 합일을 시인은 바라고 또 노래하지만, 시인은 차라리 그 자연 속에 몸을 감추고 숨어 있고 싶어한다.

평지 끝에서 산속으로 쫓겨 들어온 그해 겨울, 물소리도 끊긴 옻샘에서 얼음 숨구멍을 쪼던 까만 물까마귀와 마주쳤네. 물까마귀는 나를 깊이 지켜보았고 나는 한눈팔며 주춤거렸네. 더 쫓길 데 없어 아주 몸속으로 기어들고 싶었네. 몸속, 기어들면 영혼이 비치지 않는 곳에서 살고 싶었네.

겨울 가고 겨울
바위틈에 물까마귀 언 발자국만 남기고
사람도 산도 잊고 한데에서
나는 내가 있는 줄도 모르고 살았네.
 ―「나는 내가 있는 줄도 모르고 살았네」 전문

꽤 직접적인 진술에 의해 확인되고 있는 자연과의 친화와 교감은, 이 시인에게 있어서 어떤 종류의 전사(前史, Vorgeschichte)와 관계되었음이 드러난다. 이 역시 아마도 그 옛날 한국전쟁 당시의 일과 연관되었음직하다. 그토록 오랜 시간의 경과에도 좀처럼 해소되지 않고 있는 그 앙금이 시인에게는 심리적 위축이었겠으나, 시에서는 자연과 만나는 특이한 모티프로 성장해 있다. 사실 여기서 시적 자아

자연 앞에서도 그대로 서지 못하고

인 '내'가 과연 시인 자신인지, 아니면 어떤 타자의 대상화인지는 확실치 않다. 그러나 후자인 경우라 하더라도 마찬가지로 시인은 시적 자아와 간접적인 매개를 통해 결국 동일화에 이르게 된다는 점을 놓칠 수 없을 것이다.

II

시간에 따른 공간, 그곳에 존재하는 자아와 타자와의 관계라는 신대철의 철학적 관심은 그의 시를 탁월한 깊이로 몰아간다. 그 깊이가 그를 극지로 몰아간다.

　가을입니다
　땅이 울릴수록 하늘은 한없이 올라가 푸르러집니다. 우리는 하늘 위에 작은 얼음집 하나씩 지어 놓고 하루에도 서너 번 하얗게 앉아 있다 내려옵니다. 세상은 가을과 함께 깊어 가고, 이 세상의 깊이는 지금 우리의 깊이인지? 그 속에 누우면 아늑한 집인지? 불 바닥인지?
　어디서 패랭이꽃만 하게 소리가 트이고 있습니다.
　　　　　　　　　　　　　　　　　　　── 「얼음집」 중에서

이해하기 쉬운 낱말들로만 연결된 평이한 문장에도 불구하고 썩 잘 이해되지는 않는 이 시행들이 보여 주는 것은 삶의 추운 풍경이다. 가을이라는, 그토록 많은 시 작품들에서 결실, 혹은 몰락의 이미지로 끊임없이 애용되어 왔던 전통적인 표상이 신대철에게서는 스산한 추위의 전조로 인식된다. 가을이 되어 하늘이 높아 가지만 그 높아 간 하늘 위에는 "작은 얼음집"이 지어진다. 그 집은 우리를 편안하고 안락하게 하는, 세속적인 의미의 그 집이 아니다. "그 속에 누우면 아늑한" 집이 아니라, 오히려 '불 바닥'이라는 암시가 강하게 전달된다. 왜 시인은 지상의 집에 안주하는 것 대신 '얼음집'을 통한 '불 바닥'을 느껴야 하는 것일까. 그것은 바로 그가 천착하는 '깊이' 때문이다. 삶의 본질에 깊이 가지 않는 한, 모든 집은 적당히 편안하다. 그러나 시인은 그 편안함이 곧 불편함으로 다가온다. 깊이 내려갈 수밖에 없는 인식의 깊이 때문이다. 여기에는 어린 날의 상처에서 유발된 감수성의 여린 떨림과 그 오랜 자국이 원인이 된 감성적 속박이 작용하고 있을 것이다. 그렇든 어떻든 그는 삶의 피상에만 머물 수 없게 되었고, '깊이'로 내려가고, 또 '깊이'로 올라간다. 그 깊이에 대한 인식은, 아름답다고 말하는 것이 무서울 정도로 처절하다. 가령 「얼음집」 중반부에서의 다음과 같은 대목.

이 세상의 첫 그림자는 빛,
바람은 느닷없이 불고 싶은 대로 붑니다. 우리는
빛 쏠리는 쪽으로 휘어지며 이 세상 깊이깊이 들어가고 있습니다. 안개 낀 얼굴은 길거리마다 탈이 되어 걸려 있고 탈 벗은 자들 꿈같이 살아가는 집 안을 지나면 길은 시커멓게 그을리며 탔습니다. 우리는 햇볕 속을 따갑게 지나 정오를 지나 수직으로 올라갑니다.

"세상의 첫 그림자"가 '빛'이라는 진술은 「창세기」에서, "바람은 느닷없이 불고 싶은 대로" 분다는 진술은 「잠언」에서 만난 장면들이다. 성경적 세계관에 근접해 있는 이 같은 인식이 시인의 시 세계에 깊이를 부여하고 있는 것만큼은 틀림없어 보인다. 그러나 그 세계관은 하나의 발단과 맺어져 있을 뿐, 지속적인 발전과 연계되고 있는 것 같지는 않다. 예컨대 "우리는/빛 쏠리는 쪽으로 휘어지며 이 세상 깊이깊이 들어가고 있"다고 했을 때, 당연히 그것은 세속화를 연상시키는데, 그렇다면 이때 빛이 하나님의 빛, 빛과 소금의 그 빛은 아니기 때문이다. 여기서 중요한 것은 오히려 "꿈같이 살아가는 집 안"의 집이 말해 주는 안식의 허구성이며, "길은 시커멓게 그을리며 탔"다는 구절이 보여 주듯, 유통과 왕래의 상징이어야 할 길의 차단, 파괴됨이다. 그러므로 시인은 세속적인 행복의 기약처럼 보이는 햇볕 속에서 거꾸로 "정오를 지나 수직으로 올라"간다. 그것은 안락과 세속을 거부하는 고행의 길이다. 성경적 세계관은 이때 고행 대신에 감사와 기도를 권유하고 자의적인 선택이 갖는 교만에 대해서 경고한다. 그러나 시인은 세속적 안락의 허위성이라는 측면에서 성경적 세계관과 함께하면서도, 일종의 자결적 선택으로서 '얼음집'을 짓는다. 엄격한 이 자기 성찰과 고행은 마침내 "눈썹 하나만 하얗게 남"기는 처절한 결과와 만나게 되는 것이다. 그 눈썹 하나만 남은 세계에서 나는 문득 바흐만(I. Bachmann)의 저 「유예된 시간」과 방불한 스산한 이미지들을 본다.

춥지?

우리의 한 끝은 비탈, 새가 나는군. 지상에 집 하나 짓고 서향 창 빛 한 줄기로 날아가 버린 새. 불러 볼까, 저 새? 더 추워질 거야.
—「또 만납시다, 지구 위에서」중에서

세상은 더 추워질 것이라는 비극적 세계관이 곧 종말론적 인식이라는 단정에는 다소의 검토가 더 필요하다. 그러나 위의 인용은 분명히 자연이 이제 그 포용력과 치유력을 시인에게서 잃어 가고 있음을 보여 준다. 그 가장 결정적인 것이 새다. 지상에 집 하나 짓고 날아가 버린 새는 앞에서도 이미 울음만을 남기는 알 수 없는 흉조처럼 그려진 바 있거니와, 여기서는 "저 새? 더 추워질 거야"로 불길하게 예견된다. 그가 지은 집 역시 안주의 공간 아닌, "갇히게 되는" 공간으로 부정된다. 이렇게 되면, 시인은 결국 집을 나서게 되고 극지를 향해 발걸음을 옮길 수밖에 없다. 집에서 가장 먼 곳으로……. 이때 또 다른 자연인 나무가 나온다. 나무는 어떤 생각, 어떤 태도를 갖는 것으로 묘사되고 있을까.

흰 눈꽃을 피워 조용히 길을 밝히는 나무, 눈나무들, 다가서면 스르르 녹아내렸다. 〔……〕 우리도 눈꽃 한 송이 피우다 갈까? 잠시 망설이는 동안 그들은 우리를, 그들이 한때 살아 움직인 자기 자신이라 생각하고 있었다.   ―「또 만납시다, 지구 위에서」 중에서

나무 또한 힘을 잃은 자연으로 투영되지 않는가. 그 나무들은 "한때 살아 움직"였을 뿐이다. 그 나무들은, 뿐만 아니라 사람인 우리들조차 마찬가지의 눈으로 보고 있다. 즉 우리들도 죽은 바나 다름없다. 눈꽃 한 송이 피우고 싶은 마음 없지 않지만 부질없다는 생각에 곧 빠져 버린다. 그리하여 미래에 대하여 생각해 보지만, 그것도 스산하다.

우리는 갈수록 서로들 찬바람을 일으키고 있었다.

자, 이제 끝이군. 우리도 슬슬 날아오를까?
따스한 곳으로?
또 만납시다. 지구 위에서
자기 자신 혹은 스스로 미래인이 되어.
　　　　　―「또 만납시다, 지구 위에서」 중에서

III

신대철의 시는, 거칠게 요약한다면, 자연 속에서 자라나 자연과의 친화를 당연한 것으로 수용하고 싶은 마음이 자연으로부터 받는 기묘한 배신감에 관한 기록이다. 그러나 이 배신감은 자연 스스로가 만들어 낸, 자연 쪽에서 책임져야 할 배신감이 아니라, 자연에 의탁했던 인간의 개인적·사회적 절망과 비극이 자연을 바라보면서 느낄 수밖에 없었던 배신감이다. 그런 의미에서 그것은 커다란 틀 속에서 일종의 아이러니를 형성한다. '새' 표상이—다시 한 번 반복하지만—그 전형적인 경우다. 작품 「새」를 보자.

다른 길로 나가고 싶었습니다.
다르게 살아 보려구요.　　　　　　　—「새」 중에서

누가? 시인이? 새가? 새든 시인이든 마찬가지겠지만 여기서는 새일 것이다. 새가 다른 길로 나가고 싶다면 날지 않겠다는 것인지 어떤 건지 알 수 없으나 작품에 드러난 것은 뒤이어 나타난 다음 대목이 그 경과를 전해 준다.

〔……〕무심히 서 있는 동안 몸 몰래 둥지 튼 새는 몸 몰래 날아가고, 둥지에 드나드는 얇은 새털구름 떼,

새는 "몸 몰래 둥지" 틀고, "몸 몰래 날아"간다. 결국 몸은 놓아두고, 영혼만 둥지 틀고, 영혼만 날아간다는 격이다. 언뜻 이해하기가 쉽지 않은 이 같은 새의 모습은 이 글 첫머리에서 문제된 '나'와 "나의 자리"의 분리 현상의 반복 이외에 다름 아니다. 그것은 실재에 대한 불만·증오·한탄·절망으로부터의 탈출이며 그 희원(希願)이 아

니겠는가. 날지 못하고 이상한 울음만 토해 내는 새, 날아도 기껏 "몸 몰래" 나는 새로부터 벗어나고 싶은 숨은 욕망이 마치 새 스스로 시인을 배신한 것처럼 그리게 한다.

이제 시인은 자연스러운 자연성을 찾아보기 힘든 자연에서 벗어나, 그리고 닫힌 공간일 뿐인 집을 떠나서 '얼음집'을 짓고 '알래스카'를 찾는다. '얼음'이 주는 동결·비분리의 이미지가, 분리된 자연 속을 헤매야 했던 시인에게 강렬한 흡인력으로 작용했던 모양이다.

우리는 잠시 한 얼굴로 극광을 보면서 광륜을 단 두 개의 달을 굴려
극야에서 주야로, 다시 백야를 향해 가고 싶었던가요.

극야를 넘어 67일째, 마침내
15분간 떠 있던
금강에서 개마고원에서 동시에 떠오른 해.　　─「극야」 중에서

아, 얼마 만인가. 시인의 환한 얼굴을 볼 수 있게 된 것이. 앞의 시에서 시인은 금강과 개마고원에서 동시에 해가 떠올랐다는 감격적인 진술을 하고 있는데, 그것이 이루어진 구체적인 공간은 아이러니컬하게도 알래스카의 극지였다. 금강에서 분리되었던 하나의 자아는, 이 얼음의 극지에 와서는 오히려 둘을 하나로 만드는 엄청난 일을 가능케 하고 있다. 고향의 자연 속에서 불가능했던 일이 먼 얼음의 땅에서 피어난 것이다(고딕체 강조는 필자).

그날 나도 모르게 다가가 어디서 오셨느냐고 묻자 당신은 '개마고원요' 하고 얼어 있는 나와 갑자기 내 뒤에서 저절로 맞춰진 우리의 환한 얼굴까지 함께 보았지요. 그때 나는 비로소 우리가 서로 幻月이었다는 것을

깨달았습니다.   — 「극야」 중에서

 천사를 거부한 릴케가 결국 시에서 구원을 찾을 수밖에 없었듯이 시인 신대철의 자연 착종, 혹은 자연의 절망은 '환월(幻月)' 속에서 그 화해의 가능성을 전달받을 수밖에 없었던 것 같다. 그 동토의 땅 극지는 "툰드라엔 광물질만 남는 고독, 휘몰아치는 폭풍설"로 뒤덮인, "새도 나무도" 없는 불모지이지만, 그곳은 오히려 "당신의 아이"와 "내 아이"가 "마주 보고 웃는" 곳이 된다. 먼 얼음의 땅이 축복한 시인의 새로운 내적 통일과 안정을 나도 축하하고 싶다. 다음과 같은 감동적인 시구와 더불어.

 〔……〕 눈 속에 쓰러진 십자가를 세우며 나를, 당신을, 우리를 넘어, 쿵쿵, 쿵쿵쿵, 뜨거운 핏줄 속으로.
           — 「금강의 개마고원에서」 중에서

억압의 문명에서 바라보는 그리움의 문학
― 오생근 비평집 『그리움으로 짓는 문학의 집』

시인의 집은 현실성에 묶여 고정된 이미지가 아니라 커지고 늘어나는 신축성과 가벼움을 보이면서, 때로는 수직적인 존재로, 때로는 응집되고 확산되는 형태로 변용되는 성향을 보인다. 그러한 시인의 집처럼, 집으로 표상되는 우리의 마음은, 세계에 대해서 방어적으로 움츠러드는 폐쇄적 형태로 굳어져서도 안 될 것이고, 세계를 지배하듯이 거대한 욕망의 집을 만들어 배타적이거나 위압적이 되어서도 안 될 것이다. (29쪽)

오생근 문학 비평의 자리는 이 같은 진술 속에 은밀하면서도 단정하게, 그리고 단호하게 숨어 있다. 불문학자이기도 한 그는 과작에 속하는 평론가라고 할 수 있는데, 그 과작은 이 같은 폐쇄와 배타를 아울러 거부하면서 "집을 통해서 이 세계와 진정한 관계를 맺는 삶이 어떻게 가능한지를 생각"하는 그 산물로 생각된다. 여기서 가장 중요한 것은 '생각'이다. 흔히 문학은 '생각'보다는 '느낌', 혹은 인간에 내재하고 있다고 믿어지는 다양한 형태의 의식, 욕망, 환상 등의 발현으로 주장된다. 이 같은 견해의 배후에는, 갖가지 모습으로 존재하는 세계의 억압들에 대한 저항이 곧 문학이라는 공식의 관습적인 수용이 놓여 있다. 그것은 아마도 사실일 수 있으리라. 그러나 오생근의 '생각'에 의하면, 이 역시 다시 '생각'되어야 한다. '생각'은 시간을 요구하고, 또 시간에 의해 성찰의 깊이를 쌓은 '생각'이 올바른 '생각'으로 인도될 가능성이 당연히 높다. 생각이 깊은 창작 활동이 ─ 비평을 포함하여 ─ 다작으로 연결되기 힘들다는 논리이다. 어떻게 보면 평범할 수밖에 없는 이 논리는, 그러나 우리 문단에서는 매우 새삼스럽고, 또한 간단없이 상기되어 좋을 금언으로 이해될 필요가 있다. 그만큼 '생각' 없는 창작 활동이 '활발하게' 이루어져, 많은 경우 그것들은 그저 욕망의 분비물 정도로 보이기 때문이다. 오생근의 비평은 우선 이런 면에서 소중하다는 것이 나의 생각이다.

 오늘의 한국 문학, 특히 젊은 세대의 그것을 지배하고 있는 이론의 핵심인 욕망론은, 니체나 보들레르의 끊임없는 복창이라고 할 수 있다. 자연에 대한 인간 혹은 인간성의 우월로 특징지어질 수 있는 이 이론은 후기 구조주의, 포스트모더니즘이라는 이름으로 변형되어 세기말의 문학을 사로잡아 왔는데, 그 중간 결과는 유감스럽게도 씁쓸한 것 아닌가. 엽기성이라는 낱말 속에 포박된 그 욕망의 인간은, 자연 질서의 파괴라는 기이한 모습 이외에 다른 무엇일까. 예컨대 해체 이론 속에 드러난 남녀의 해체, 유니섹스의 상황은 남녀의 인격적 공존 대신 천부의 상이(相異)가 무시된 강요된 동형성(同形性)으로 우스꽝스러운 자연 왜곡을 가져오고 있다. 이것은 한 보기에 지나지 않을 터인데, 문학 비평이 이 과정에서 어떤 사명과 기능을 하고 있는가 하는 문제에 대한 검토와 반성은 거의 결여되어 있다. 그의 주장이 비록 강한 음조를 띠고 있지 않다고 하더라도, 오생근 비평은 바로 그 검토와 반성 자체라는 의미가 있다.

평론집의 주요 부분을 이루고 있는 '제2부 그리움과 시적 상상력'에서 그가 마종기·이태수·박라연·유진택과 같은 시인들에게 각별한 관심을 갖고 세밀한 분석을 시도하고 있는 것은 주목된다. 이들 시인들은 그 문학적 깊이에도 불구하고 오늘의 젊은 문학인들이 그리 쏠리고 있는 이들은 아니다. 특히 욕망론의 기반 위에서 성급하게 엽기성을 추구하고 있는 부류들에게는 무언가 답답하거나 싱겁거나, 아니면 그저 예쁠 뿐인 시인일 수 있다. 섹스와 죽음에 습관적으로 중독된 상태에서 일어날 수 있는 조건 반사이다. 이런 정서적 반응 아래에서 오늘도 그 모습 그대로 서 있는 자연은 그저 밋밋하리라. 그러나 그 밋밋함의 생명성은 이제 예민하게 회복되어야 한다. 오생근의 말투는 때론 예민함 대신 부드러운 어조로 되어 있으나 바로 이 부분을 겨냥하고 있다. '그리움'은 여기서 그의 키 워드로 등장한다. 그것은 섹스와 죽음에의 탐닉이 과잉 충족에 의한 권태와 피곤임에 비해서, 결핍에 의한 동경이라는 정서와 관련된다. 그것은 과잉 충족에 대한 경계이며, 권태와 피곤을 예방하는 생득적 주의보이기도 하다. 그러나 가장 중요한 것은 문학의 기능이 단순한 '즐김'이나 '진술' 혹은 '표현' 이상의 어떤 것, 즉 초월성을 지녀야 한다는 생각에 대한 동의이다. 이태수론에서 이 같은 논지는 기막히게 전개되면서 시인 자신의 작품들을 훌륭하게 보완해 준다. 가장 탁월한 의미에서 창조적 비평의 예라고 할 수 있다.

모든 것은 현재에서 시작하여 현재로 돌아온다. 과거의 추억이 환기되거나 미래적인 몽상의 전개가 주제일 경우라도, 시적인 시간은 시작도 끝도 없다. 마음은 끊임없이 방황하거나 흔들릴 수밖에 없는 숙명을 타고난 것이기 때문일까? 그러나 그 마음이야말로, 창조의 가능성을 계속 이끌어 낼 수 있는 상상력의 샘물이고, 육체의 유한성을 이길 수 있는 꿈의 자장일 것이다. (158쪽)

한 시인에 대한 작가론이 이토록 아름다운 문장을 품고 있다니! 감동과 더불어 나는 특히 "창조의 가능성을 계속 이끌어 낼 수 있는 상상력의 샘물이고, 육체의 유한성을 이길 수 있는 꿈의 자장"이라는 대목에 주목하게 된다. 비슷한 표현처럼 보이는 이 문장은 사실 두 개의 다른 문장으로 되어 있는데 그것들은 첫째, 상상력의 샘물이며, 둘째, 꿈의 자장이다. 이 두 가지는 어떻게 다른가. 앞의 것이 인간의 창의성에 대한 언급이라면, 뒤의 것은 초월성에 대한 갈망이다. 굳이 다른 말로 도식화가 허락된다면, 인간 능력의 한계에 대한 고백을 통한 신성의 바라봄이다. 이 둘은, 내가 '도식화'라는 거친 표현을 통해 불러 보았듯이 매우 대립적이다. 그러나 신기하게도 오생근에게서는 별로 대립적인 분위기가 느껴지지 않는다. 오히려 양자는 사이좋게 나란히 앉아 있는 느낌이다. 이것이 오생근 비평의 최대 매력이다. 그리하여 그는 서로 다른 작가의 세계를 기계적으로 절충시키거나 거짓 화해의 자리로 성급하게 나가지 않고, 모든 다른 것들이 서로서로 그리워하도록 하는 "그리움의 집"을 짓고 싶어한다. 같은 불문학자 출신의 비평가인 정명환이나 김화영에 대한 긍정적인 평가의 배경이 바로 이 같은 그리움의 역동성과 그것을 형태화하는 노력의 단호함, 엄격성에 있다는 점은 시사하는 바가 많다.

오생근 비평은 눈에 띄는 어떤 현란한 문체를 앞세우지 않는다. 그가 상상력과 꿈의 세계를 경시하는 것은 아니지만(아니, 앞서서 우리는 이 둘을 절묘하게 이웃해 놓는 그의 솜씨를 보지 않았던가. 게다가 그의 전공이 프랑스 초현실주의 문학이라는 점도 상기해 주기 바란다), 그에게 보다 중요한 것은 '생명'의 문제이며, '총체성'의 문제(물론 루

카치적 의미의 그것은 아니다!)라는 사실을 나는 지적해 두고 싶다. 거의 모든 시인론, 소설가론을 관류하고 있는 그의 이 같은 생각은 어떤 특정한 생명 사상 위에 기초하고 있는 것은 아니지만, 지배적인 톤으로 역설된다. 가령 신진 시인 이경임의 시를 분석하면서 "맑고 아름다운 삶을 꿈꾸는 열정과 경쾌한 목소리"를 발견해 내는 것은, 이 시인의 시의 표면이 일견 죽음과 슬픔, 쓸쓸함으로 채색되어 있다는 인상을 감안할 때, 오생근 비평의 독보적인 어떤 경지라고도 할 만하다. 역설과 반어를 헤쳐 내고 찾아내는 비평의 손길은, 최인훈의 『화두』론에서는 "여러 가지로 구성하기 힘든 요소들을 부자연스럽게 느낀 것 없이 종합"해 놓은 작가적 역량을 높이 산다거나 김원일론에서 "그의 작가적 의지는 결국 모든 방향에서 현실의 문제"를 탐색한다는 태도를 선취함으로써 확인된다. 이런 것들이 이를테면 총체성이다(고딕체 강조는 필자).

  오생근의 비평은 중후한 외관 속에 들어앉아 있는 섬세한 몇 마리의 새들을 연상시킨다. 집은 동요하지 않는 안식의 공간이다. 그러나 이 말은 잘못 들릴 때, 무사 안주의 왜곡된 관습의 땅을 지시하는 것 같다. 오생근은 집이라는 형태를, 견고한 그 형태를 중시하지만, 그 건축의 자재들은 그리움이라는, 끊임없이 어디론가를 바라보는 움직임의 생명체들이기를 원한다. 그리움 대신 직접적인 향수(享受)를 선호하는 오늘의 한국 문학에 그는 그 존재만으로도 큰 키의 이정표일 수 있다.

세기말 한국 시에 대한 질문

　30년 넘게 동시대인들의 시들을 읽고, 또 그것들에 대한 감상이랄까, 분석을 해온 덕분에 다양한 시 작품들을 나는 접해 온 셈이다. 1960년대 후반 이미 김수영과 김춘수를 비교해 본 글에서 나는 한국 시의 꽤 넓은 진폭에 다소 놀랐었고, 이 놀라움은 시간의 경과와 더불어 다양성에 대한 감각을 키워 주는 바탕이 되었다. 김수영과 김춘수는 동시대인임에도 불구하고 그만큼 달랐고 그 넓은 공간 사이에는 또 다른 동시대의 여러 시인들이 함께 있었던 것이다. 그 먼 거리를 왕래하고 섭렵하는 눈은 다소 어리둥절할 수도 있었으나, 넓은 거리가 감상의 깊이를 동시에 꾀할 수 있다는 자위도 가져볼 수 있었을 것이다. 어떻든 시는 다양할 수 있다는 사실에 대한 깨달음과 확인은 당연한 것이었으나, 그 당연함을 현장 비평 속에서 수행하는 일은 말처럼 그렇게 당연하지는 않았는데, 그 같은 불편함은 오늘에도 여전히 활동력을 지닌 것 같다.
　시의 다양성은 다른 장르, 예컨대 서사의 그것을 훨씬 넘어선다. 소설은 사르트르가 벌써 지적한 이후 별로 그 효력이 바뀌고 있지 않듯이 사회 현실에 대해 구속되어 있고, 그 구속은 넓은 상호 거리를 허락하지 않는다. 그러나 시의 경우, 그 다양성을 아주 래디컬하게 표현한다면, 시인 한 사람 한 사람마다 그 세계는 아주 다르게 나타날 수 있다는 것이다. 폐쇄적이라고까지 불러 무방할 그 독자적 완결성(Geschlossenheit)은, 말하자면 사회성이 거의 배제된 상태에서의 자족함마저 누릴 수 있다. 프로파간다에 가까운 현실참여시의 맞은편에 상징으로만 이룩된 언어의 성채가 앉아 있을 수 있는 논리는 여기서 합법화된다. 이러한 관점에서 최근의 시, 즉 1990년대 후반의 시 작품들을 일별해 볼 때, 이 같은 다양성의 결핍이 눈에 띄는 것을 볼 수 있다. 나로서는 지적 함몰의 인상을 주는 이 같은 현상을 비판적인 시각에서 하나의 문제로 제기할 수 있지 않을까 생각한다.

시를 포함한 우리 문학 작품들이 일반적으로 양극성의 두 축에 매달려 왔다는 것은, 그 지적의 온전한 적실성(適實性)에 상관없이 비평 일반에서 승인되고 있는 사실이다. 그러나 섬세한 다양성과 그 구분이 맛과 생명이라고 할 수 있는 시에서까지 이 현상이 거의 그대로 추수된다면, 우리 문학 전체의 수준에 관한 의문으로 문제는 연결되지 않을 수 없다. 그 두 축이 민중－참여 문학이든 모더니즘이든 그것은 섬세한 다양성의 표출이라기보다 양대 이념의 대행이라고 하는 비판 앞에서 자유로울 수 없을 것이다. 왜냐하면 양극으로의 수렴이 거부된 그 사이 공간의 수많은 섬세성이 아름다움이라는 이름 대신, 불명료성이라는 이름으로 비난·배제되어 왔다는 의혹이 짙기 때문이다. 시를 포함한 모든 문학 작품이 이념의 늪 안에서 크게 밖으로 벗어나지 못한 탓이 아닐까. 이런 의미에서 고무적인 현상이 있다면, 이 같은 양극적인 이념을 극복 혹은 외면하고 자신의 섬세성에만 매달려 온 몇몇 기성 시인들, 그리고 소장파라고 할 수 있는 또 다른 몇몇 시인들의 존재와 그들의 활동이다. 다만 여기서

한 가지 분명히 해둘 점은, 김수영과 김춘수의 성공적 예에서 볼 수 있듯이, 양극적으로 보이는 시의 세계가 모두 이념적은 아니라는 사실이다. 따라서 나의 문제 제기는 섹스와 죽음 같은 세기말적 소재를 물질화하려는 경향, 그리고 농촌 정서의 고착화를 통한 선(善)의 이념화 경향 등에 관한 불안한 감상기로 읽혀지기를 바란다. 그 첫 번째 감상은, 아름다움을 전통에 대한 허위의식으로 파악하고 있는 일련의 자기모멸 내지 파괴 의식에 관한 것이다. 다음 두 시인[1]의 예를 살펴보자. 먼저 죽음의 세계에 대한 탐닉을 통해 현실과 자기 자신, 그리고 그 관계에 대한 진지한 탐색을 보이고 있는 젊은 시인 김태동에게로 달려가 보기로 한다. 그는 피비린내를 풍기며 적는다 (고딕체 강조는 필자).

　개 한 마리 빛을 마시며 물을 물고 江으로 간다 강 밑, 감나무 한 그루 검은 가지 무수히 뻗고 하늘에는 땀, 흘리는 밧줄 뎅그러니…… 그 아래 푸른 물방울들, 운다 어느 추운 새벽 거리에서 언, 얼어 가던 시체 하나!　　　　　—「버드나무 가지 아래에서」중에서

　물가에 갔다 푸른 개와 놀았다 주검이 헤엄치더라 당신, 발밑 돋아나는 풀이더라 우연히 봤다 천둥이 쳤고, 까마귀 울었다 검은 울음 뒤 떨어지는 물, 가에 갔다 물빛 보았다 집, 헐은 산 주검이…… 둥둥 뜨더라 물가에 갔다 돌아보지 말고 몸속

　　떠나 다오 푸른 개야　　　　—「푸른 개와 놀았다」중에서

---

[1] 이 글에서 다루어진 김태동의 시집은 『청춘』(1999)이며, 김용택의 시집은 『그 여자네 집』(1998)이다.

핏덩어리! 핏덩어리! 일어서지마 새들이 가지 부러트리며

울고 있잖아, 목말라 혼에 절인 잎들 툭, 툭, 울고 있잖아!

꽃들, 천사들, 하늘에 피멍 든 상여가 출렁거려

하늘아, 하늘아, 피 흘리는 천사들 좀 살려 주라!
—「그 하늘 강 어귀」중에서

저 무덤 고기들을 죽이러 가오 저 원한의 고기들을 죽이러 가오.
—「원한」중에서

그러나 형,

> 풀 위에 물 있고 물 위에 棺 있고 棺 위에 하늘
> 있어 떼어 메고 가는 흙 있어 이 십자가 먹고
> 木漁 치며 율무꽃 부용꽃 둥 둥 떠다니니 이
> 게 生이냐 死냐 형 너희는 살고 나는 죽었나
> 너희는 살고 내가 죽었나 말이냐 거칠다 정말
> 거칠다 이 나쁜 놈아 이 죽일 놈아 왜 죽였어
> 왜? 왜 죽였냐 말이야아 —

이—이—풀, 이 거친 풀, , 이, 이, 거친, 왜?
—「한 시절에 우리가」중에서

웬 피와 웬 죽음이 이렇게 숱한 시들을 흥건하게 적시고, 썩은 냄

세기말 한국 시에 대한 질문 117

새를 풍기게 하는가 하는 역겨움이 우선 독자를 한편으로 사로잡으면서, 다른 한편으로는 진저리 치게 한다. 이 같은 역겨움의 시인을 나는 기억하고 있는데, 그는 고트프리트 벤이다. 죽음의 시인이라는 첫인상에서 김태동과 벤은 많이 닮아 있다. 그러나 벤이 해부학적인 차원에서 주검 그 자체에 대해 즉물적인 메스를 가하고 있다면, 김태동의 죽음은 시인의 기억 속에 각인된 죽음의 장면들과 그 억울한 역사에 대한 절규라는 점이 사뭇 다르다. 그러나 시인들은 그들이 처한 상황을 죽음의 상황이라고 생각하고 있다는 점에서 유사한 현실 인식 위에 서 있다. 김태동에 대한 글에서 정과리가 적절한 표현으로 지적하고 있듯이, 그 상황은 '절멸 이후의 세계'이다. 따라서 우리가 주목해야 할 사항은 여기서 세 가지다. 그것들은 ① 죽음의 현실이 유발된 배경, ② 죽음의 상황에 대한 묘사, ③ 시적 자아와의 관계이다. 이렇게 볼 때 김태동의 죽음은 첫째, 원한에서 유발된 억울한 죽음이라는 사실이 그의 시 전체에서 밝혀진다. 왜 억울한가. 여기에 1980년대에 학창 시절을 보낸 젊음의 저 깊은 상처가 다시 떠오른다. 그것은 광주이며, 절규이다. 일찍이 김정환과 이성복, 그리고 황지우가 토해 냈던 울분과 비탄을 듣고, 따라갔던 세대. 그 세대의 한복판에 김태동 죽음의 원초적 모티프가 드리워져 있다. 사건이 지난 지 10년이 지나 시를 쓰기 시작한 시인은 20년이 가까워 오는데도 그로부터 크게 벗어나지 못한다. 그런 의미에서 이 젊은 시인은, 그 극복이 참으로 오랫동안 추구되어 온 저 한(恨)이라는 끈질긴 정서의 운명 안쪽에 놓여 있다. "강물아 서러운 강물아" 하면서 시인이 눈물을 감추지 않을 때, 그 서러움은 차라리 박재삼을 닮아 있다.

이것은 아니다. 광주의 학살이 억울하기 짝이 없는 비극이고, 오늘의 현실이 문화와 생명의 온전한 의미에서 죽음의 시대라고 하더라도 한과 서러움의 미학에만 머물 수는 없는 것이다. 김태동의 시가 다만 그 머무름이라면, 그가 새로운 시인으로 주목되어야 할 이유는 없을 것이다. 여기서 앞서 ②, ③의 사항들, 즉 죽음의 상황에 대한 묘사와 시적 자아와의 관계가 당연히 검토되게 된다. 우선 죽음의 상황에 대한 묘사가 이 시인에게 있어서는 죽음답다. '죽음답다'는, 다소 부자연스러운 나의 표현은, 그것이 황지우 투의 과장·생략·단절·비약의 패러독스와 근본적으로 함께 가고 있다는 뜻이다. 죽음은 필연적으로 문장의 죽음을 동반하게 마련이며, 그런 의미에서 다다이즘의 몸짓을 능가하는 황지우의 많은 시들이 이미 수많은 독자들의 공명을 얻었던 것을 우리는 기억한다. 문법의 준수가 권력에의 순종이라는 초현실주의자들의 주장이 설득력을 얻는 것도 이 까닭이다. 김태동 역시 문장 질서에 대한 도전과 파괴로써 죽음의 현실에 동행하면서 그 파괴력을 입증하고자 한다. 그 진폭은 황지우의 격렬한 제스처에 이르지는 않지만 이성복과 기형도의 그것들은 넘어선다. 그러나 이들 시인들을 포함한 1980년대 시인들의 죽음 의식과 그 상황 묘사를 넘어서는 그 어떤 새로움에 도달하고 있는 것 같은 징후는 아직 선명치 않아 보인다. 이것은 단순히 시적 묘사의 문제라기보다는, ③에서 제기된 시적 자아와의 관계라는 측면에서 살펴지는 것이 유효할 듯하다. 다시 말해서 죽음과 죽음의 현실을 시를 통해서 받아들이는 시인의 태도이다. 더 정확히 말한다면, 자연인·사회인 김태동은 이 현실을 들고 어떻게 시인으로 재구성·탄생하느냐 하는 것이다. 죽음은 과연 김태동을 시인으로 만드는 일에 어떻게 개입·기여하고 있는가 하는 점, 분노와 슬픔, 서러움의 감정 이상의 질서가 구축되고 있느냐 하는 문제에 우리의 관심은 집중되어야 한다. 죽음으로 절망·파괴된 현실을 환상으로 재구성하고 절대시하는 저 단단한 성채를 쌓아 올린 고트프리트 벤의 눈물과 피, 그리고 정신의 땀 앞에서 우리가 숙연해질 수밖에 없듯이, 혹은 그 언어의 힘 앞에서 막막해질 수밖에 없듯이.

 김태동 시인의 죽음이 갖는 의미와 관련, 정과리는「제도 탄생 이전의 음향들」이라는 글에서 동시대의 여러 시인들이 겪고 있는 죽음 의식의 문제를 날카롭게 비교·분석하고 있거니와, 이 시대의 유수한 시인들이 거의 한결같이 마주하고 있는 이 문제에서, 보다 중요한 것은 죽음 의식 그 이후의 문제이다. 김태동을 포함, 남진우와 이윤학, 유하와 조은, 과연 그들이 이룩한 시의 결정은 무엇이던가 하는.
 김태동의 죽음은, 거기서 피하고자 하는 발버둥의 형태로 처음에 나타난다. 죽음 자체의 가증스러움, 공포, 그런 것이 있겠지만, 여기에 덧붙여 그 죽음이 억울하기 때문에 받아들일 수 없다는 거부 의식이 깊숙이 깔려 있기 때문이다.

   어디로 가나 형! 빨리 나 좀 구해 줘 응, 형!

   그러나 그러나 뱀과 나비가 나를 깨물고 한강 둥 둥 떠내려가고 있는데 형!

   어디로 가야 해 정말, 응, 형!   —「한 시절에 우리가」중에서

 그렇기 때문에 시인은, "살아야 한다고 생각하는 나는 너를 위해 살아야 한다"고 호소를 하는가 하면, 아예 "살려 달라!"고 절규한다. 저승에 가서는 "아부지 아부지"를 부르면서 운다. 요컨대 시인은 죽음에 압도당해 압사 직전에 처해 있다. 그 상황은 죽음도 삶도 아닌 기묘한 지대이다. 정과리는 다소 복잡한 분석을 통해, 시인은 죽음에의 귀의와 삶에의 귀환이라는 두 모순적 욕망이 느슨하게나마 결합

하고 있다고 보고 있으나, 정말이지 생시인지 꿈인지 분명치 않다. 나로서는 이 같은 혼돈이 시인 의식, 즉 시에 대한 투철한 인식의 동요와 관련된 것이 아닐까 짐작해 본다. 즉 시인에게서 중요한 것은 시보다는 여전히 죽음의 현실 자체가 아닐까 느껴진다는 것이다. 시인은 시를 통해 그 무엇이든지 이기는 자의 이름이므로, 시인은 죽음 의식에서 시를 들고 이제 나와야 한다. 죽음을 질료로 시를 만들어 내야 한다. 그것이 사는 길이다. 몸도 살고 시도 살고자 할 때, 혼란은 온다. 물론 "삐걱 문을 열고 검은 띠 두른 그 개가 영전처럼/ 뛰쳐나와 암놈을 쫓아간다 수런거리며 화닥닥 타는 덤불숲"이라는 구절에서 에로스적 욕망에 의한 성적 판타지가 암시되고 있으나 그 뒤의 후속이 미흡하다. 죽음의 현실이 성적 환상에 의해서 대체되는지 여부를 기대하던 독자들은 생각을 달리할 수밖에 없게 된다.

  시라는 언어 질서 속으로 완전히 수렴되지 않은 죽음은, 시 자체를 죽음으로 몰고 갈 위험과 늘 연결되어 있다. 그것은 비단 죽음뿐 아니다. 죽음과는 전연 반대의 자리에 있는 곳으로부터도 그 위험은 고개를 내밀 수 있다. 다음 시인의 경우를 보자. 농촌을 지키면서 농촌 현실을 긍정적으로 노래함으로써 높은 평가를 받아 온 김용택 시인의 시 몇 편에서의 일부분들이다.

  이웃 마을에 살던 그 여자는
  내가 어디 갔다가 오는 날을 어떻게 아는지
  내가 그의 마을 앞을 지날 때를 어떻게 아는지
  내가 그의 집 앞을 지날 때쯤이면 용케도 발걸음을 딱 맞추어 가지고는
  작고 예쁜 대소쿠리를 옆에 끼고 대문을 나서서
  긴 간짓대로 된 감망을 끌고

딸가닥딸가닥 자갈돌들을 차며
미리 내 앞을 걸어갑니다 　　　　　　　―「애인」 중에서

　나는 집으로 간다 집을 향하기 전에 2학년 1반 유리창을 다 닫고 그 너머로 강변 마른 풀밭 풀잎 위에 남은 햇살들을 본다.
(……)
　나는 집으로 간다.
어디로 갈까 들판을 질러갈까, 길이 없는 강변으로 갈까. 농촌에 논이 없으면 길이 없고 논이 묵으면 길도 묵는다. 길이 없다. 희미한 자국이 있을 뿐이다. 풀들이 내 머리끝까지 자라 나를 덮는다. 길이 없다. 아무 데도 길이 없어 모두 길이 된다 　　　―「나는 집으로 간다」 중에서

앞산 산속 참나무 밑이 헤싱헤싱해 보이는 것들을
하염없이 바라보고 있으면
이상하게도 마음이 개운해지고
텅 빈 마음 안에는 세상의 모든 것들이 하나하나 또렷이 보이는 것이다
그랬었구나, 그랬었구나 까닭도 없이 고개가 끄덕여지고
그런 것들이,
그러한 것들이
투명한 유리알 저쪽처럼 손에 잡힐 듯 환하게 보이고
마음에 와 그림같이 잠기는 것이다 　―「생각이 많은 밤」 중에서

나는
무엇으로 시를 쓰는가
나도 아버지처럼

풀과 나무와 흙과 바람과 물과 햇빛으로
시를 쓰고
그 시 속에서 살고 싶다 ─「농부와 시인」중에서

네 편의 시에서 부분 부분을 인용해 보았는데, 누가 읽든지 참 맑은 시구나 하는 인상에 사로잡힐 것이다. 김용택의 시가 맑은 것은, 그럴 수밖에 없는 두 가지 이유 때문이다. 첫째는 맑은 공기와 맑은 물, 맑은 숲 속에 살면서 그 풍경을 그대로 그리고 있는 까닭이다. 그러나 그보다 더 중요한 이유는, 그 자신이 맑은 심성의 소유자라는 사실을 꼽지 않을 수 없다. 맑은 분위기 속에 살고 있다고 해서, 그 사람이 반드시 맑은 것은 아니다. 그 분위기를 지루하게 생각해서 오히려 적대감까지 갖는 경우조차 있다. 그러나 김용택은 분위기만큼이나 그 자신이 맑다. 맑음은 당연히 그 자체로서는 미덕이다. 그렇기 때문에 맑은 풍경이 시인의 개입과 왜곡 없이 그대로 맑게 전달될 수 있다. 그러나 여기서 발생하는 중요한 문제가 너무 쉽게 간과되는 감이 있다. 즉, 시적 자아의 문제다. 대상과 그것을 인식하는 주체인 시인 자신과의 관계는 어떻게 되고 있는가 하는 질문이 생략되기 십상이라는 것이다.

시인의 맑은 마음이 소박성·단순성의 다른 이름일 때, 시적 자아는 일상적 자아, 혹은 경험적 자아와 그대로 일치해 버린다. 가령 시인 자신을 좋아한다는 이웃 여인에 관한 묘사는, 글자 그대로 그 여인에 관한 이야기다. 보고형의 이 이야기에는 그 여인의 그 마음 씀씀이가 예쁘다는 약간의 주관적 감정이 섞여 있을 뿐, 거의 객관 일변도의 전달문 형식에서 크게 벗어나 있지 않다. 아마도 그 여인의 마음이 가상해서 가능한 한 그대로 옮기고 싶었던 것이 아닐까 추론된다. 따라서 여인의 모습은 구상화처럼 부각되지만, 그 대신 어떤 행동이나 사건과의 얽힘이 결여됨으로써 발라드, 혹은 이야기시와도 일정한 거리를 갖게 된다. 그렇다고 해서 외계를 철저하게 즉물적으로 묘사하는 것도 아니다. 결국 목가적인 전원시라는, 말하자면 후기 낭만주의적 성격을 지닌 경우로 평가되어 무방할 듯싶다. 그렇다면 훨씬 다른 시대인 오늘날 이 같은 시가 여전히 유효하며 감동적일 수 있는가.

이에 관한 성찰은, 김태동에게 있어서와 마찬가지로 ① 전원적 현실이 유래된 배경, ② 전원 현실에 대한 묘사, ③ 시적 자아와의 관계다. 여기서 ③과 ②에 관한 언급은 이미 간단히 행한 바 있는데, 김용택 시인에게서 더욱 중요한 것은 ①에 관한 것으로 보인다. 시에서 가장 긴요한 부분인 시적 자아가 일상적 자아에 흡수되다시피 한 시의 현실에서, 그리고 그 상황 묘사가 지극히 소박한 객관성에 기초하고 있는 현실에서, 이 시인이 높이 평가되고 있다면 그것은 필경 ①, 즉 전원적 현실이 유래된 그 배경과 무관하지 않을 수 없다. 과연 그 배경은 무엇일까. 앞에 인용된 작품들이 수록된 시집 『그 여자네 집』 해설에서 시인 이문재는 이런 말을 하고 있다.

집 짓는 아버지의 시대와, 집을 사고 파는 아버지의 시대 사이에서 우리가 잃어버린 것은 다름 아닌 '자연의 시계'이다. 김용택 시인의 시편들은 우리가 잊고 있는 자연의 시간을 우리들에게 보여 준다. 우리들로 하여금 100분의 1초까지 측정이 가능한 디지털 손목시계를 벗도록 한다. 〔……〕 도시에서 시간은 얼마나 무수하게 나누어지는가. 〔……〕 도시에서의 삶이란 도시가 강제하는 시간의 그물에 완벽하게 갇히는 삶이다. (100~101쪽)

시인 자신은 도시 생활을 한 적도 없고, 도시 생활의 훤소(喧騷)에 대해 집중적인 비판을 제기한 일도 없으나, 해설자는 이 시인의 시가 주목의 대상이 되는 이유로서 '자연의 시계'라는 흥미 있는 표현을 끄집어낸다. 그것은 속도로서 대표되는 현대 도시 문명, 혹은 디지털 문화에 대한 대항으로서 문화적 의미를 띤다. 무엇이든지 빨라야 한다는 이 시대의 시계에 저항하는 '자연의 시계' 때문에 김용택의 시는 그 자체로 시대 비판의 기능을 하고 있다고 해석된다. 느림은 그 존재만으로 빠름의 허위·헛됨을 드러낸다는 뜻이리라. 이렇게 될 때 ①의 설득력은 ②와 ③까지 지배하는 정당성 여부와 연결된다. 느림의 미학, 자연의 세계와 그 세계에의 순종은 그것만으로 좋은 시의 가능성을 보장받는가 하는 문제이다. 사실 이와 유사한 시 세계는 김용택 이외에도 우리 시의 중요한 한 흐름을 이어 왔으며, 그 대부분의 예에서 자연과의 교감이라는 상찬과 더불어 복고주의라는 비판을 함께 받아 왔다. 그렇다면 세기가 바뀌는 이 시점에서 이 시인이 받는 각광의 근거는 보다 세밀한 분석 앞에 설 필요가 있다.

  나로서 궁금한 것은 무엇보다 그의 맑은 평상심의 진실성이다. 컴퓨터와 인터넷이 깊은 오지까지 잠식하는 현실에서 시인은 시적 자아를 포기하면서까지 과연 자연에 동화될 수 있을까. 소박성과는 가장 먼 거리에 있는 제목을 가진 「생각이 많은 밤」은 다소나마 그 대답을 보여 준다. 이 작품에 의하면, 그 내용은 밝혀지지 않고 있으나 시인 역시 여러 가지 생각으로 잠 안 오는 밤을 보낼 때가 있다. 그러나 "어제와 똑같이 흐르는 강물"이며 "알몸이 파랗게 거의 다 솟은 무", 혹은 "앞산 산속 참나무 밑이 헤싱헤싱해 보이는 것들"을 하염없이 바라보고 있으면 "이상하게도 마음이 개운해"진다는 것이다. 이런 경험은 아마 시인이 아니더라도 누구나 몇 번쯤 해본 일이 있을 것이다. 따라서 수긍하기에 어렵지 않다. 일상적·경험적 자아라고 내가 앞서 시적 자아와 대비시킨 개념이 바로 그것이다. 그러나 시인이 그 같은 일상적 경험에만 머무른다는 것은 썩 잘 이해되는 일은 아니다. 시인은, 당연한 일로서, 보통 사람과는 다르기 때문이다. "예술은 자연을 훨씬 능가한다(Die Kunst ist weit überlegen der Natur)"는 니체의 말이 반드시 진리는 아니더라도 여기서 너무 무색해진다. 예술은 그냥 자연따라가기인가. 삶의, 지지고 볶는 그 피할 수 없는 싸움이 애당초 생략된 채, 단순하게 그냥 스며든 전원적 정화가 얼마나 예술적 힘을 지닐 것인가 하는 의문이 쉽게 해소되지 않기 때문이다.

김용택의 농촌·전원시가 물론 대답을 아주 감추고 있는 것은 아니다. "풀과 나무와 흙과 바람과 물과 햇빛으로/시를 쓰고" 싶다는 분명한 전언이 있고, 무엇보다 '집'으로 표상되는 그 무엇이 무언가를 함축한다. 그 함축이 가장 잘 드러나 있는 시가 「농부와 시인」인데, 앞에 인용된 뒷부분을 제외한 앞부분을 모두 읽어 보자.

아버님은
풀과 나무와 흙과 바람과 물과 햇빛으로
집을 지으시고
그 집에 살며
곡식을 가꾸셨다
나는
무엇으로 시를 쓰는가

"나는/무엇으로 시를 쓰는가"는 중복 인용되었다. 짧은 이 시는 명백하게 자신의 '시'가 '집'임을 보여 준다. 그것은 은밀한 유추를 넘어선 확고한 선언이다. 더 정확하게 말한다면, 나의 시는 아버지의 집이다. 그런데 아버지는 그 집에 살면서 곡식을 가꾸었는데, 나는 그 시 속에서 살고 싶다는 점이 다르다. 이 같은 심리적 추이를, '집으로 간다'는, 반복되는 집 이미지와 견주어 볼 때, 시가 집이라기보다 차라리 집이 시라는 결론을 만나게 된다. 그는 니체적 의미의 예술에 대한 집념보다 농사일에 충실했던 아버지의 집에 훨씬 더 큰 행복을 느끼고 있다. 그러므로 아버지는 그 집에 살면서 곡식을 "가꾸셨"지만, 아들 시인은 그냥 그 시 속에서 "살고 싶을" 뿐이다. 가꿀 꿈은 없다. 시도 가꾸어져야 할 큰 집이 아닌가. 그리하여 "나는 집으로 간다"는 시행을 반복하고 있는 장시 「나는 집으로 간다」의 끝 부분이 다음과 같은 상황에 의해 닫혀지고 마는 것은 안타깝지만, 불가피해 보인다.

　모두 어둑어둑하다. 무엇이 사람을 사람으로 만들고 역사를 만드는가. 억새들은 어떻게 잠을 잘까. 나는 지금 잠이 온다.

잠을 통하여 시인이 꿈꾸는 시적 이념이나 이상향과 만나지 못한 나로서는 시골의 맑은 공기와 시인의 맑은 마음씨를 보고 또 읽으면서도 가슴 한쪽 구석에 앉아 있는 답답함을 고백하지 않을 수 없다.

나의 이 글은 1990년대 이후 오늘에 이르기까지 우리 시단을 대표하다시피 하고 있는 두 개의 큰 흐름을, 그 흐름을 가장 성공적으로 수행하고 있는 두 시인의 예를 통해 짧게 점검해 본 것이다. 그러나 점검의 목적은 두 시인의 시 세계에 대한 본격적인 분석이나 비판에 있지 않다. 글의 취지는, 시와 시인 들의 다양성이 양극적인 방향으로 그 재능을 집중시키고 있는 현실에 대한 문제 제기와 그 반성에 있다. 물론 김용택과 김태동 아닌 다른 좋은 시인들도 많이 있다. 그 가운데 특히 이 두 시인들은 뛰어난 시인들임에 틀림없으며, 많은 평가가 여기에 동의하고 있다. 그러나 그 평가와 동의가 반드시 이 두 시인들이나 그와 유사한 시 세계, 혹은 시인들에게만 집중되어 있다면, 나로서는 거기에 흔쾌히 찬성할 수만은 없다. 그 같은 집중은 시가 예술이며, 예술은 그 이상의 다양한 아름다움을 향해 자기 쇄신을 거듭해야 하기 때문이다.

김용택의 세계는 김태동의 그것을 향해 시가 절망적이며 어두운 포즈라고 나무랄 필요가 없다. 마찬가지로 김태동의 세계는 김용택의 그것을 향해 시가 낙관적이며 안이하다고 외면해서는 안 된다. 그러나 양자가 보다 더 관심을 가져야 할 부분이 있다. 그것은 자연 친화적 감정이든, 원한과 상처에 의한 절망감이든 그것의 극화(極化)에서 자부심을 가질 때, 한갓 포즈로 바뀌어 버릴 위험에 대한 경계이다. 시는 아름다워야 한다. 아름다움은 그 극화 아닌 극복의 정신에 주어지는 이름일 것이며, 앞의 두 시 세계 사이사이에 너무 많이 열려져 있다. 이 스피디한 디지털 시대에 그 세계 사이의 다양성은 대항력으로서의 힘을 더욱 발휘할 것이다.

디지털 욕망의 앞날
― 1990년대 소설의 성취와 새 세상

새 천 년의 아침에 지난 세기말의 우리 소설을 돌아보고 새로운 전망을 가늠해 보라는 것이 이 글에 주어진 요청이다. 그러나 이 요구는 힘겹다. 새롭게 예상될 수 있는 것은, 이 세기의 시간이 예측을 불허하는, 대단히 불안정한 시간이 되리라는 예측 정도이기 때문이다.

따라서 과거와 전통에 바탕을 두지 않은 미래와 도전이란 없다는, 지금까지의 상식 기반 위에서 우리 문학의 장래 역시 조심스럽게 전망될 수 있을 것으로 생각된다. 결국 이 글의 대부분은 1990년대 소설에 대한 짧은 분석과 그 성격에 대한 평가에 할애될 수밖에 없을 것이다.

여성(female), 느낌(feeling), 환상(fantasy), 이 3F가 새로운 세기의 새로운 현상을 주도할 것이라는 이야기가 있다. 어디서 나온 말인지 나로서도 딱히 기억되지 않는데, 잠시 생각해 보면 그럴싸한 설득력이 있어 보인다. 그도 그럴 것이, 이 세 가지 요소가 1990년대 문화 일반을 강타하다시피 하면서 소설에서도 새로운 현상을 부각시켜 온 감이 없지 않기 때문이다.

최근 나는 이 시기의 여성문학에 관해 집중적인 관심을 갖고 내 견해를 진술해 본 일이 있는데, 여기서 확인된 것은 거대하다고 불러 무방할 여성들의 욕망이었다. 게다가 이 욕망은 거의 제한 없이 표출되고 있다고 말해도 좋을 정도였다. 다른 요소들이 물론 없지는 않겠으나 1990년대 문학은 — 시·소설·평론 등 모든 장르에 걸쳐서 — 말의 온전한 의미에서 '여성 욕망의 개화기'였다고 불러도 좋으리라는 것이 나의 생각이다. 이 개화가 어떤 전개·발전을 거쳐 절정기에 이를 것인지 다소 두려운 마음조차 품은 채 나는 새 세기를 맞는다. 그러나 문제는 이 문제만을 공격하지 않는다. 무엇보다 디지털 문화의 압도적인 공략은 새로운 현실의 가장 큰 변수가 될 것이다. 조심스럽게 하나씩 들추어 보자.

많은 여성 작가들의 활약 속에서도 90년대 문학을 지배하다시피 한 작가들로서는 소설에서 신경숙·은희경·배수아·전경린, 시에서는 김혜순, 그리고 평론에서 신수정·김미현이라고 할 만하다. 이들의 활동에 힘입어 90년대 문학은 문단 일각의 끊임없는 위기설에도 불구하고 어떤 의미에서 활기를 지켜 왔으며, 문화의 중심부에서 크게 벗어나지 않았다고 할 수 있을 것이다.

이러한 평가는 이들의 활동과 그 능력이 세기말 문화의 혼탁한 흐름 속에서도 탁월한 힘을 발휘해 왔다는 진단이 될 수도 있으며, 이와는 사뭇 다르게 그 오염된 공기 속에 섞여서 그 분위기에 편승, 혹은 그 분위기를 주도해 왔다는 해석과도 연결될 수 있다. 이때 중요한 것은 90년대 세기말 문화의 성격에 대한 분석이 물론 선행되어야 할 것이다.

세기말 문화를 타락과 무질서의 맥락 속에서 비판할 것인가, 아니면 편의와 안락의 쾌감으로 즐길 것인가 하는. 이에 대해서는 대체로 두 가지 견해가 가능하다. 첫째는 기술의 급격한 발전, 보다 구체적으로는 소위 정보화라는 말로 통칭되는 디지털 문명의 정착에 의한 사이버 문화의 등장이다. 이 문화는 이른바 PC문학과 같은 장르의 직접적인 변종(變種) 이외에도 인간의 욕망을 속도화함으로써 관찰·인내·성찰과 같은 전통적인 문화의 정서를 현저하게 약화시켜 버리고 있다.

그 결과 가장 두드러진 현상으로 욕망의 첨탑이라고 할 수 있는 성적 욕망의 노출과 표현이 거의 아무런 조정기제의 개입 없이 이루어지고 있다. 가치 평가의 겨를도 없이 밀려 들어온 이러한 현상을 나는 여기서 이제 디지털 욕망이라는 말로 부르고자 한다. 바로 이 디지털 욕망의 출현을 불가피한 일이라고 보는 견해가 아마도 세기말 문화에 대한 첫번째 관찰이 될 것이다.

다음 두 번째 견해는 말하자면 종말론적 관찰이다. 이러한 견해는 기본적으로는 기독교적 세계 인식에 바탕을 두고 있으나, 그 같은 인식이 결여되어 있거나 반드시 이에 동조하지 않는 경우에 있어서도 폭넓게 확산되어 있다. 이 경우 기독교적 인식과는 무관하게 막연한 윤리 감각이 아마도 전제되어 있을 것이다. 욕망의 속도화에 따른 성풍속의 대담한 변화에 대한 거부를 포함, 사이버 문화가 조장하고 있는 온갖 새로운 변화에 대해 부정적 반응을 보이는 태도이다.

중요한 것은, 이 양극적인 두 가지 견해 사이에 어떤 완충적인 다른 견해들이 미약해 보이는 가운데, 양자의 그럴싸한 종합이나 화평스러운 공존이 아직 가시권에 들어와 있지 않다는 사실이다. 사실 비단 문학 분야에만 해당 사항일 수 없는 이런 어정쩡한 유보의 시간과 공간 안으로부터 자유스럽게 그 밖으로 나갈 수 없다는 점에서, 나로서도 근본적인 한계를 느끼지 않을 수 없다.

보다 구체적으로 나가 보자. 소설가 신경숙·은희경·배수아·전경린, 시인 김혜순, 평론가 신수정·김미현은 1990년대 중반 이후 내가 매력 있게 읽어 온 작가들이다. 나는 과연 그들의 무엇에 매혹되었을까. 아이러니컬하게도 그것은 무엇보다 그들이 현란하게 보여 주는 속도감이다. 가령 그것들은 이렇다.

1) 나는 그를 사랑한다. 그를 사랑한다고 말해 본 적은 없지만 그렇게 느낀다. 그의 체취가 나는 좋다. 면도하지 않은 날의 가무스름한 그의 턱도. 성우실에서, 혹은 영화 더빙실이나 텔레비전 쪽의 다큐멘터리 내레이션 녹음을 하는 스튜디오에서 이따금 그의 체취가 코끝에 맡아지는 경험을 할 때가 있다. 그의 턱에 내 뺨을 갖다 대고 있는 순간의 그의 체취가 느껴지면 나도 모르게 멋쩍은 웃음이 흘러나오는 것과 동시에 젖꼭지가 꼿꼿이 서며 귀밑이 빨개지곤 했다. (신경숙, 『기차는 7시에 떠나네』, 21쪽)

2) 그중에서도 가장 불온하고 멋진 배신은 사랑이 아닐까.
사랑은 자유를 배신하고 법치주의를 배신하고, 사랑하는 사람을 배신하고, 지속되기를 거부함으로써 사랑 자체를 배신한다. 사랑은 나 스스로 만든 환상을 깨뜨려서 나 자신까지도 배신한다.
사랑에서 환상을 깨는 것이 배신의 역할이다. 환상이 하나하나 깨지는 것이 바로 사랑이 완결되어 가는 과정이라면, 사랑은 배신에 의해 완성되는 셈이다. (은희경, 『마지막 춤은 나와 함께』, 9쪽)

3) 「물을 더 넣을까?」
다른 소녀도 자신 없이 말했다. 그렇지만 소녀들은 가슴과 사타구니를 잔뜩 웅크린 채 꼼짝도 하지 않았다. 목욕탕 안은 김이 서려 희미하고 평일이라 한산해서 소녀들이 앉은 자리는 뒤뜰의 은밀한 장소처럼 고요했다. 〔……〕 손톱만큼의 실수도 없이 손톱만큼의 상처도 없이 날

렵한 손길로 단번에 봉인된 정묘한 육체. 나에게 무슨 일이 일어났던 가…… 설명할 수도 없이, 시간이 너무나 빠르게 지나가 버린 것 같았다. (전경린, 『내 생에 꼭 하루뿐일 특별한 날』, 200쪽)

 속도감 있는 전개와는 다소 거리를 갖고 있는 신경숙의 소설에서도 이미 속도의 문제는 남의 일이 아니다. 위의 인용 1)은 사랑이라는 정서의 발생과 그것이 가져오는 파장과의 거리가 지극히 간결하고 스피디하게 전면적으로 압축되어 있다. 사랑의 정서는 그것이 생겨나면서, 인간의 감정이 야기할 수 있는 온갖 국면─기쁨, 흥분, 동경, 실의, 낙망, 슬픔, 욕망, 질투, 희생 등─을 모두 껴안게 되기 마련이다.
 그러나 그 어떤 경우든, 그 사랑은 그 과정에서 혹은 그 결과로서 반드시 성적 욕망을 동반한다. 물론 이러한 동반 과정은 시간에 따라 점진적으로 나타나기도 하며, 즉흥적으로 혹은 사랑의 감정과 동시에 발생하기도 한다. 그러나 적어도 소설을 중심으로 한 문학적 표현에 있어서는 언제나 상당한 진행 과정을 보여 주는 것이 일반적이다.
 어떤 의미에서 대부분의 소설 작품은 그 진행 과정의 다양한 변주라고 하여도 지나친 말이 아닐 것이다. 그러나 위의 인용은 그 과정을 가볍게 단축한다. 사랑한다고 아직 말한 적도 없는 남자 상대방을 만나면서 느끼는 성적 흥분이 '젖꼭지가 꼿꼿이 선다'는 표현으로 곧 드러나고 있지 않은가. 이러한 감정의 전달 과정은 인간에게 있어서 아마도 자연스러운 흐름일지 모른다. 그러나 우리 소설, 적어도 문학적으로 상당한 평가를 받는 작품에 있어서 이처럼 짧은 지문 안에 스피디하게 그 인과(因果)가 연결·표현된 일은 드물다.
 이러한 속도성은 지문으로만 나타나 있는 인용 2)의 경우에서 한

결 강하게 부각된다. 사랑과 배신과의 관계를 말하고 있는 이 지문은, 일반적으로 가장 먼 자리에 있고, 또 있어야 할 두 가지 요소를 몇 마디 안 되는 짧은 지문 속에 재빨리 담아서 논리를 진행시킨다. 이성 간의 사랑을 포함한 모든 사랑은, 성실성과 지속성의 뒷받침으로 그 말의 온전한 성격을 완성시킨다. 그것이 적어도 사랑의 전통적인 개념이며, 우리 모두 그 완성을 꿈꾼다.

그러나 현실에 있어서 사정은 너무 다르거나 반대이기 일쑤이다. 결과적이든 의도적이든 성실과 지속을 상실하고 배신의 형태로 나타나는 경우가 많다. 그러나, 그렇다 하더라도 사랑과 배신 사이의 거리는 멀 수밖에 없으며, 한쪽에서 다른 한쪽으로 가기까지에는 거쳐야 할 귀찮고 복잡한 수다한 과정이 잠복해 있다. 그러나 은희경의 이 소설 속의 지문은 그 거리를 단숨에 뛰어넘어 버린다. 그 속력 있는 단축은, 사랑의 에로스적 측면, 사랑의 찰나적 속성, 사랑의 불꽃이 지니는 일회성에 대한 감각적인 포착에 의해 가능해진다. 그런가 하면 장편 『내 생에 꼭 하루뿐일 특별한 날』의 인용 3)에서 전경린이 보여 주는 지문 역시 매우 스피디하다. 아직 처녀인 소녀들의 알몸을 묘사하면서 이제는 남자와 성을 알아 버린, 아니 거기에 탐닉해 있는 자신의 몸을 대비하는 자의식의 표현이 "정묘한 육체. 나에게 무슨 일이 일어났던가……"에서 압축적으로 시사된다. 구질구질한 설명은 애당초 개입될 여지조차 없다.

이러한 속도성은 확실히 1990년대 문학의 가장 두드러진 특징이자 디지털 문화의 근본 속성이라고 할 만하다. 386에서 486으로, 486에서 586, 686, 786……으로 그 발전이 이미 이루어져 왔으며, 또 그 발전이 명백히 예견되는 컴퓨터의 운명은 바로 그 발전의 개념을 속도에 두고 있지 않은가. 비단 컴퓨터만이 아니다. 그 바탕을 물론 컴퓨터에 두고 있지만 각종 교통·통신 기관의 발전 역시 발전의 개념 자체가 속도성에 있다. 서울 부산 사이의 고속 철도뿐 아니라 이제 서울 뉴욕 간의 고속 비행기 출현을 눈앞에 두고 있다.

 빨리빨리! 그러나 그렇게 빨리 무엇을 어쩌자는 것인지에 대한 기본적인 성찰은 긴요해 보이지도 않고, 진지하게 행해진 일도 없다. 속도가 주는 편리함이 너무 좋게 느껴지기 때문이다. 속도 메커니즘의 이러한 발달이 문학에서 문체의 변화—속도감 있는 문장의 발전을 유발하리라는 것은 지극히 자연스러운 일이다. 디지털 욕망의 긍정적 측면인 것만은 분명해 보인다.

 디지털 문화의 또 다른 측면은 속도성 이외에 이른바 일차원성(one dimension)이라고 할 수 있는 그 어떤 것에 있다. 이 문제는 인터넷 속에 그대로 반영되어 있다. 홈 페이지를 비롯한 각종 정보의 소통 형태와 그 현장을 보자. 거기에는 남녀·노소·상하의 아무런 구별과 차이도 없을 뿐 아니라 익명성까지 보장되어 있다. 24시간 저장된 채 끊임없이 돌아가면서 열려 있는 이 공간은 그야말로 세계의 온갖 요소를 인간의 욕망 안으로 수렴시키는 일차원의 평면이다.

 일찍이 마르쿠제(H. Marcuse)는 '일차원적 인간(one dimensional man)'을 말했지만, 그의 예언은 반세기도 지나지 않아 적중하고 있다. 실제 인터넷 이용의 실상을 보면, 그로 인한 숱한 발전상에도 불구하고 웃어넘길 수 없는 기이한 일들 역시 접종하고 있다. 무엇보다 행정과 사무, 요컨대 지배와 관리의 편의를 위하여 설치된 인터넷의 체제와 구도가 하부 구조, 즉 사무원들·학생들 같은 사용자들에 의해 역습당하는 예들을 볼 수 있는 것이다. 이것은 지배·피지배, 관리·복종의 질서가 상하의 수직 구조 속에서 수행되지 않고 같은 범주, 같은 차원 내부에서 상호 교환의 형태로 이루어짐으로써 야기되는 현상이다.

 이러한 일차원성은 그 자체로서는 인간관계의 수직성 대신 수평성을 가져오는, 이를테면 민주적 성격을 부각시킨다.

그러나 이 같은 긍정적 측면 이외에 적지 않은 부정적 요소를 동시에 유발하는 것이 또한 일차원성이다. 그 가장 비근한 예는 인터넷 내지 컴퓨터 문화 전반의 획일적 요소라고 할 수 있다. 컴퓨터—인터넷에서 정확한 프로그램에 의한 조직적 관리가 제외된다면 그것은 쓸모없는 장난감에 지나지 않을 것이다. 세기 바뀜에 즈음하여 전 세계에 몰아친 소위 Y2K 소용돌이가 바로 이 문제에 대한 어쩔 수 없는 반응이라고 할 수 있다. 컴퓨터상의 작은 인식 오류 하나, 혹은 바이러스 하나가 전체 메커니즘을 마비시키는 획일성의 문제야말로 디지털 문화의 치명적 요소라 하지 않을 수 없다.

이 획일성은 그렇다면 세기말 문학에 어떻게 잠복해 있으며, 새 천년의 새로운 문학에서 어떻게 작용할 것인가. 한 사람 한 사람의 작가들에게 있어서 별로 명예롭지 않을 수도 있는 이 문제는, 그러나 세기말 작가들을 자유롭게 놓아주지는 않는다.

그 원인이 반드시 디지털 문화에서 유래했다든지, 혹은 디지털 문화와 짝을 이룬다든지 하는 결정론으로 수렴될 수는 없겠지만, 세기말 작가들, 즉 앞서 거론한 여러 작가들을 포함한 90년대 작가들에게서 공통된—'획일적'이라는 표현은 가급적 피하고 싶다—어떤 동일한 성격이 있는 것은 사실이다. 속도성이라는 문체상의 특징 이외에 그것은 바로 여성성의 추구—여성의 성적 욕망의 구현이라는 테마상의 문제이다. 이 문제 역시 다음 몇 가지 예문을 중심으로 확인될 수 있을 것이다.

4) 한 애인을 위해서 한 가지 향기를 남겨 두는 것은 각 애인들에 대한 내 나름의 순정이다. 내가 여러 종류의 향수를 쓰는 것도 그런 이유에서이다. 애인을 만나러 갈 때마다 그가 좋아하는 향수를 기억해서 뿌

릴 줄 아는 나의 인지 및 분류 능력을 나는 늘 기특해한다.
　애인이 떠나면 나는 한동안은 그를 만날 때 쓰던 향수를 쓰지 않는다. 그러므로 그들이 떠난 뒤 내가 처음 하는 혼잣말은 '향수를 바꿔야 겠어'이다. 언제나 우리의 만남을 동반하던 향기를 맡지 않으면 이미 휘발돼 버린 그의 존재를 그리워하지 않는 데에도 도움이 된다. 사랑은 순간에 머무는 자극이고 또 기분일 뿐인지도 모른다.
　[……]
　잠이 오지 않는 사람에게는 밤이 너무 길다.
　이런 밤에는 끊임없이 생각할 수 있도록 애인이 더욱 많았으면 좋겠다. (은희경, 『마지막 춤은 나와 함께』, 31~32쪽)

　5) 우리는 불이 붙은 듯 흥분해 있었고 섹스는 갑작스럽게 끝났다. 우리의 두 몸 사이엔 따뜻한 물을 쏟은 듯 땀이 흥건하게 고였다. 나는 수건을 물에 적셔 다리 사이를 닦고 그의 몸을 닦아 주었다. 나는 여전히 흥분이 식지 않아 간신히 견디고 있었다. 입속에 뭔가를 가득 베어 물고 싶었다. 욕망 때문에 이빨로 그의 살을 찢고 싶었다. 뭔가로 내 몸을 가득 채우고 싶었다. 나는 그의 배 위에 등을 대고 천장을 향해 누우며 중얼거렸다.
　「난 지금 당신 살을 먹을 수도 있을 것 같아. 인육을 먹는 종족처럼…….」
　그가 팔을 뻗어 나의 몸을 돌렸다. 나는 그의 손을 들어 나의 입 안에 넣었다. 목구멍이 활짝 열려 있었다. 손가락들이 혀를 지나 목구멍까지 들어왔다. 손바닥까지 들어오고 그의 팔도 넣을 수 있을 것 같았다. 나는 손바닥과 손가락과 손톱과 손톱 밑을 빨았다.
　「난 당신이 아직 필요해요. [……]」 (전경린, 『내 생에 꼭 하루뿐일 특별한 날』, 224~225쪽)

격렬한 정사 장면과 더불어 그러한 행위가 반드시 한 사람의 사랑하는 남성과만 행해지지 않을 수도 있다는 인식을 공공연히 표명하고 있는 지문의 보기들이다. 물론 이러한, 혹은 이와 비슷한 소설의 지문들이 우리 소설에 이 작가들 이전에 별로 없었다거나 드물었다고는 할 수 없다. 포르노 소설을 방불케 하는 작품들에서의 예는 훨씬 이전부터 적잖게 찾아진다. 특기할 만한 점은, 그것이 여성 작가들에 의한 것이라는 점, 그리고 투철한 세계 인식의 소산이라는 점이다. 말하자면 남성 작가들에 의한 작품 속에서 남성 화자들에 의해 흥미 위주로 묘사되어 온 성행위의 음란한 장면들이 여성 작가들의 작품 속에서 여성 화자들에 의해 의미심장한 내포를 띠고 새로운 의미로 묘사되고 있다는 사실이다.
　이러한 사실이 의미하는 바는 명백하다. 더 이상 성적 욕망의 대상으로 방치되는 자리에 여성이 머물지 않겠다는 의지이다. 따라서 여성은 자연스럽게 성적 욕망의 주체로 올라서게 된다. 성욕의 발생과 그 해소, 그 표현에 이르기까지 소설 속의 여성 화자들은 그 어떤 주저나 장애 없이 남성과 똑같은 수준을 견지한다. 여성 주체의 필요성이 강조될 경우, 그들은 오히려 남성적 수준을 넘어서는 때까지 있다. 이러한 현상은 상대적으로 훨씬 폭발적인 휘발력을 보여 줌으로써 페미니즘 문학의 당위성과 함께 이에 대한 두려움마저 자아내게 한다.
　앞서 나는 은희경, 전경린 두 소설의 예문을 통해 이 문제를 살펴보았으나 이 현상은 90년대 여성 작가들 거의 모든 작품들에 편재해 있다고 할 수 있다. 김인숙, 김이정, 서하진, 이남희, 차현숙, 송경아, 윤효, 김연경 등이 직접적으로 이 문제에 개입해 있고 공지영, 조경란, 하성란, 배수아 등의 경우도 간접적으로 매개되어 있는 것으로 생각된다. 윤대녕, 채영주와 같은 유수한 남성 작가들의 활동이 있었음에도 불구하고 이처럼 여성소설로 90년대가 특징지어지는 것은, 디지털 문화의 획일성으로부터 남성소설이 소외되고 있다는 사실의 반증일까. 그러나 이들 남성 작가들은 신경숙, 배수아, 송경아와 같은 여성 작가들과 더불어 PC문학의 화상성(畵像性)을 예언하는 환영(幻影)의 문제를 일찍이 제시하였다는 점에서 다른 90년대 작가들과 연계된다.

현실의 사물을 언젠가 한번 본 일이 있는 것 같다는, 소위 기시감(旣視感)의 화상으로 처리하는 윤대녕이나, 현실 대신 그림이나 연극과 같은 가짜 현실 만들기에서 진실을 찾는 채영주, 그리고 소설 자체를 마치 회화 화면처럼 그려 내고 있는 배수아는 여성 욕망이라는 강렬한 메시지들로부터는 멀리 떨어져 있으나 화면과 영상이라는 하드웨어의 구축을 메시지로 하고 있다는 점에서는 오히려 새 도전을 감추고 있다.

연전에 나는 『가짜의 진실, 그 환상 — 세기말 문학의 창』이라는 책을 통해서 90년대 소설들의 특징을 사이버라는 관점에서 압축해 본 일이 있다.

그것은 바로 가상의 세계이며, 동시에 환상으로 통하는 세계이기도 하다. 사이버 세계가 일루전(illusion)의 세계라면 환상은 판타지의 세계로서, 둘은 서로 상통하면서 미묘한 차별성을 지닌다. 이 차별성은 밀도 있게 분석되어야 할, 흥미 있는 여러 가지 국면을 함축하고 있겠으나, 우선 지적될 수 있는 것은 환상과 느낌을 사이버 세계가 완전히 제도화하고 있다는 사실이다. 사이버 세계, 즉 컴퓨터 화상 속에서 리얼리티를 느낄 수 있다면 그 속에는 이미 느낌과 환상이 잘 흡수되어, 끊임없이 그것을 재생산 · 확대하고 있다는 이야기가 된다. 그러므로 모든 판타지는 일루전이라는 제도 안으로 수렴된다. 여기서 컴퓨터 문학의 가능성이 논의되고, 그 가능성은 이미 상당 부분 실현되고 있다. 새 세기에 들어서 그것이 일단 기계적인 차원에서 더욱 확산되리라는 것도 쉽게 예견되는 일이다.

그러나 문제는 여전히, 아니 그럴수록 남는다. 환상과 느낌은 과연 사이버 세계 속에서 완전히 잘 받아들여져 그것들의 운명을 제대로 실현하고 있는가 하는 문제가 그것이다. 사이버 세계, 더 정확하게는 컴퓨터의 액정 화면이 환상과 느낌을 오히려 배척하고 소외시키는 것은 아닌가 하는 의문. 혹은 '환상'이나 '느낌'이라는 하드웨어만 접수하고 그 내밀한 소프트웨어는 증발시켜 버리는 것은 아닌가 하는 의문이라고 말을 바꾸어 보면 어떨까.

그러나 누가 문학의 매력을 속도와 욕망, 그리고 획일성에 머문다고 했는가. 그것들이 가져온 많은, 좋은 새로운 힘과 유혹에도 불구하고 인생과 세상에는 별의별 중요하고 재미있는 일들이 너무 많이 널려 있다. 이런 의미에서 나의 관심 밖에 머물러서는 안 될, 새 세기에 아마도 지금보다 훨씬 더 중요하게 읽혀져야 할 작가들로서 이인성, 최윤, 정찬, 최인석, 백민석, 정영문 들이 포함되어야 할 것이다. 이들은 확실히 앞서 언급된 세기말적 소설의 특징들과 일정한 거리에 있으나, 독자적인 세계로써 주목되고 있을 뿐 아니라, 그 앞날이 더욱 주목되어야 할 작가들이다.

이 가운데 가령 이인성은 인간 욕망의 뿌리에 대한 깊이 있는 탐구로써 중견의 자리를 이미 넘어선 작가이며, 정찬은 그 같은 욕망과의 싸움이라는 면에서 신성성의 문제를 본격적으로 도입한 작가이다. 사실 이 두 세계는 이 두 작가들만의 관심을 넘어선 문학의 영원한 주제일 뿐 아니라, 21세기에 들어와서 그 대립과 극복이 보다 치열하게 전개될 핵심적 주제로 전망된다. 속도로 대변되는 욕망의 무절제성과 획일로 대변되는 욕망의 몰개성성은 그 화려해 보이는 외관을 좀처럼 버리지 않을 것이다. 젊은 평론가들을 포함, 상당수의 젊은 작가와 시인 들이 이에 대해 비교적 긍정적·낙관적 견해를 갖고 있는 것이 사실이다. 그러나 욕망의 인간학에 대한 집착은 문학을 피상에 흐르게 하기 쉽다. 중요한 것은 그 뿌리를 캐는 작업이며, 무모해 보이기조차 한 그 극복의 혈투 현장이다. 엔첸스베르거(H. M. Enzensberger) 역시 인터넷은 저주도 구원도 아니라고 하지 않았는가. 21세기에는 양자의 거리가 더욱더 멀어질 것이지만, 양자에 대한 기대 또한 증대될 수밖에 없다. 그것이 가능할 것으로 격려되는 자리는 문학밖에 없기 때문이다. 역사의 고비 고비마다 문학은 그 힘으로 살아왔으며 자신의 자존을 증명해 오지 않았던가.

생태계의 파괴와 생명의 존엄성 상실, 약화가 여기저기서 우려되고 있는데, 문학은 사람이 그 한복판에서 숨쉬고 있는 가장 분명한 생태계이다. 그것은 디지털과 자연이 불화 없이 만나는 생태계여야 한다. 나는 그것을 당위와 더불어 사실 속에서도 보고 싶다.

제2장
아우라가 사라진 벌판에서

문학과 영성

영성? 글쎄, 무슨 말에서부터 온 역어(譯語)일까? 몇 가지를 생각해 볼 수 있겠지만 문학과 관련해서는 아무래도 '아우라(Aura)'라는 낱말이 어울려 보인다. '미묘한 분위기'라는 사전적 풀이를 달고 있는 이 말은 특히 벤야민(Walter Benjamin)이 즐겨 쓰던 용어이다. 「기술 복제 시대의 예술 작품」이라는 유명한 글을 통해 현대 사회의 기술 복제적 성격을 이미 1930년대에 날카롭게 예언·분석하였던 그에게서 벌써 아우라는 소멸되었음을, 혹은 소멸되어 가고 있음을 보게 된다(예언자의 통찰은 과연 놀랍다. 어디 복제뿐인가. 엄청나게 저장된 복제가 끊임없이 반복되고 있는 이른바 디지털 문명을 보라).

벤야민이 당시에 주목했던 것은 사진 기술의 발달에 따른 예술, 특히 회화의 장래에 관한 것이었는데 그 같은 단순 복사쯤은 벌써 낡은 구시대의 유물이 되었고, 복사에 기초를 둔 컴퓨터–인터넷의 발달은 사람의 손을 한갓 클릭용으로만 바꾸어 놓았다.

손은 더 이상 글씨를 쓰거나 그림을 그리는 창조의 산실이 아니다. 그 손은 이제 키보드를 치거나 마우스를 움직여 이미 복사·저장되어 있는 것들을 다시 끄집어내어 이리저리 짜 맞추고, 필요한 것을 다시 복사해 낸다. 이른바 정보의 조립이 중시되는 정보화 사회의 현실이다. 그러다 보니 정보의 생산이라는 개념은 약화되고 정보의 유통이 오히려 중요한 모습이 되었고, 창작의 근본 개념 역시 흔들리는 사회가 되었다.

혼성 모방 논쟁

최근 몇 년 전부터 일기 시작한 문단의 소위 혼성 모방 논쟁은 이 같은 현실과 긴밀하게 연관되어 있다. 문학, 특히 소설 창작에 있어서 다른 사람의 글들을 이것저것 끌어다 짜맞추기를 해서 내어 놓고 자신의 독자적인 창작품이라고 주장하는 일이 실제로 일어났던 것이다. 물론 그전에도 소설 속에 다른 시인의 시나 학자들의 지식과 학설을 인용하는 일들은 많았다. 그러나 이 경우 그것들은 그에 상응하는 설명이 동반되었고, 그렇지 않은 때에는 표절이라는 이름으로 비난의 대상이 되었다.

이 같은 글쓰기의 오랜 전통과 관행이 디지털 문화의 보편화 현실 속에서 동요 내지 와해되기 시작한 것이다. 새로운 몇몇 작가들은 이 글 저 글을 섞어 새로운 조립이 곧 새로운 창작이라는 주장을 내세우고 있는데, 마침 이러한 주장은 이른바 포스트모더니즘 이론의 엄호까지 받으면서 정당성을 얻고 있는 듯 보인다. 모든 사단은 정신문화 작업의 전개와 그 결과가 저장·복제될 수 있게 된 20세기 후반의 급진전된 문명이 유발한 현상이다. 형이상학적·낭만적 전통 가운데 지켜 온 문학의 개념이 부서지는 순간이다. 기계에 저장되어 기계적으로 '재생·복제·인용되는 문학도 문학인가' 하는 질문과 더불어 이 질문은 저장·재생·복제·조립이 아우라를 문학으로부터 거두어 가고 있다는 자연스러운 판단 위에서, 자연스럽게 행해진다. 이 질문은 결국 아우라가 제거된 문학은 참다운 문학일 수 없다는 선험적 운명론을 껴안고 있다. 그러나 과연 이 선험은 운명인가. 혹시 역사적인 것은 아닌가. 아우라를 반드시 영성으로, 아니 영성을 꼭 아우라라는 개념 아래 이해하는 것이 정당한가 하는 문제에도 이견은 있을 수 있다. 아우라가 갖는 분위기가 항상 종교적이라고만 할 수 없음에 비해 영성이라는 낱말 아래에서는 종교적 엄숙성의 공기가 감돌기 때문일까. 그러나 '벤야민의 아우라에 비교의적(秘敎義的) 내지 신비주의적 요소가 배어 있다'고 한다면, 이 경우 종교성은 보다 넓게 해석되어 무방할 듯도 싶다. 아우라와 함께 살아온 현대 이전의 문학은 아무래도 종교적이었다고 할, 부인할 수 없는 측면과 연결되어 있는 것이 사실이다. 한스 큉이나 발터 옌스의 치밀한 분석이 말하듯이 횔덜린이나 노발리스의 그 어느 작품에서 종교성을 완전히 배제할 수 있을 것인가.

그러나 거기까지 가지 않는다 하더라도 현대 이전의 모든 문학은 종교적이라고 할 수 있다. 대체, 문학을 구원이라고 한 자는 누구인가. 이 같은 심리와 모티프에 주목하지 않는다 하더라도, 문학은 그 제작 행위가 종교적이었다. 적어도 펜과 붓으로 씌어지는 한에 있어서 그러했다. 거기에는 어떤 차출된 정보가 기계적으로 불려 나오지 않았고, 어떤 필요한 정보들이 자동적으로 연결되지도 않았다. 훨씬 막막한 상태에서 상상력의 벽을 두드려야 했을 뿐이었다. 상상력 역시 물론 체험의 지배를, 역사의 구속을 완전히 벗어날 수는 없다. 그러나 상상력은 초월의 소산이면서, 또 다른 초월을 꿈꾼다. 그런 의미에서 기본적으로 상상력은 종교적이며, 영성과 통하는 그 무엇을 지닌다.

타락한 천사들

영성은 그런 의미에서 확실히 신비적 내지 신비주의적인 구석이 있다. 그러나 영성이 중요하게 강조되는 기독교는 신비성이나 신비주의를 배격한다. 기독교는 역사성에 뿌리를 두고 있는 종교이기 때문이다. 그리스도의 탄생과 죽음 그리고 부활이 철저히 역사 위에 기초하고 있을 뿐 아니라, 모든 『성경』의 말씀이 역사적 사실로 믿어지기 때문이다. 그러나 「창세기」의 많은 말씀은 역사적으로 검증될 수 있는 대상은 아니다. 하나님이 흙으로 남자를 빚으시고 남자의 갈비뼈를 꺼내어 여자를 만드셨다는 말씀이 도대체 실증될 수 있는가. 설혹 그 창조의 역사는 믿음의 대상일 수 있다 하더라도, 이삭과 야곱, 요셉에게 나타나신 하나님이 환상과 꿈을 통한 만남이었다면 이 환상과 꿈의 실체는 어떻게 설명될 수 있겠는가. 결론은 간단하다.

기독교가 신비주의는 아니지만 신비적 요소를 완전히 배제할 수는 없다는 사실이다. 우리 인간은 최상의 합리성 아래에서 살아가고 있고, 또 그것을 향해 노력하지만, 결정적인 순간순간 신비적인 어떤 것의 체험으로부터 벗어날 수 없는 것이다. 그 결정적인 순간은, 많은 경우 곧 창조의 순간이다. 말을 바꾸면, 하나님을 보는 순간이다.

결국 상상력이란 영감 즉 영성이며, 이 힘이 글의 창조성을 이끌어낸다. 현대 이전의 작가들은 말하자면 하나님을 만나지 못할 때 한 줄의 글도 창작하지 못했던 것이다. 하나님 없이 글을 쓰고자 애썼던 저 낭만주의의 효시 노발리스도 결국 '꿈이 우리의 유대를 풀어버리고 우리 아버지의 자궁 속으로 가라앉는다'고 하지 않았는가. 여기서 그가 어쩔 수 없이 인정한 두 가지, 그 하나는 꿈이며 다른 하나는 아버지의 자궁이다. 기독교를 통해 하나님과 정면으로 만나지 않는다 하더라도 꿈이라는 환상은 놓칠 수 없다는 점이며, 자궁으로 대표되는 섹스의 발생학(우리 인간이 섹스의 자식들이며, 인류의 발생

역시 여기서 비롯된다는 헬레니즘적 발상 일반을 뜻한다)을 받아들인다 하더라도 '아버지의 자궁'으로 표현하고 싶은, 절대자를 향한 마음을 버릴 수 없다는 것이리라. 이 둘이 합쳐진 것이 그러니까 영성이리라. 오늘날 더 이상 노발리스는 없어 보인다. 아니, 노발리스 없애기에 세상은 열중한다. 바로 작가들 자신이 앞장서고 있는 것 같다. 괴물스러운 몬스터 만들기, 섹스와 절망 속으로 질주하는 자살의 미학 같은 것은 모두 영성을 우습게 여기는, 기계 시대가 낳은 타락한 천사들이다. 자, 이제 세계의 질서여야 할 문학이 어디서부터 몸을 다시 세워야 할지 분명해 보인다.

시와 구원, 혹은 시의 구원
— 정현종·오규원의 새 시집들

I

글쎄, 종교적이라는 말의 그 표현이 뜻하는 바를 정확하게 지금 나는 꼭 집어낼 수 없는데, 그걸 그냥 접어 두고 말한다고 하면, 정현종(혹은 정현종의 시)은 종교적이다. 스스로 신의 자리에 별 겸손함 없이 척 가서 앉아 있는가 하면, 마음에 드는 어떤 사물이나 현상이 있으면 곧바로 그것을 신의 자리에 앉혀 놓는다. 이런 한에 있어서 그의 신은 매우 낮은 자리에 단정하게 있으며, 그의 신 앉혀 놓는 일은 뜻밖에도 그리 어려워 보이지 않는다. 적어도 이번 시집에 관한 한 그의 이러한, 오랜 시 정신과 시작 방법은 매우 자연스럽고 능숙해 보인다. 시 어느 부분들을 보더라도 어렵잖게 묻어나는 이런 느낌들을 정리해 본다면, 시력 35년의 이 시인과의 동행은 그리 어색하지 않을 것이다.

이 귀신아
너도 좋지만 말이다
좋은 귀신들이 또

신출귀몰이다
봐라 저 저녁 빛―저녁 귀신
저 새벽빛―새벽 귀신,
네 생각도 좋고
네 인생은 아름답지만
이 귀신아
저 나무들 보아라
생각 없이 푸르고
생각 없이 자란다
(그게 하느님의 생각이시니) ―「이 귀신아」 중에서

모든 걸 아는 풀잎
모든 걸 아는 저 새들
모든 걸 아는 동물들
그리고 해와 달
만물이 항상
자기를 반쯤 드러내고 있듯이
나는 반쯤 드러내며 살고 있다
언제까지나―
[……]
나는 불멸이다. ―「불멸」 중에서

등에 지고 다니던 제 집을
벗어 버린 달팽이가
오솔길을 가로질러 가고 있었습니다
[……]

그런 천천히는 처음 볼 만큼 천천히
건너가고 있었습니다.
오늘의 성서였습니다.   —「어떤 성서」중에서

또한 방은 금방
궁궐이 되느니,
꽃잎 하나 제왕 하나
꽃잎 둘 제왕 둘,
길은 뜨고, 건물도 뜨고
한 제왕이 떠오른다.   —「꽃잎 2」중에서

겨울 하늘을 배경으로
(너무 이뻐서 도무지 어찌할 바를 모르겠거니와)
落木들의 저 큰 가지들과 잔가지들 좀 보세요!
그 가지들은 하늘의 혈관이에요!
(물론 하늘의 뿌리이기도 하고
하늘의 天井畵이기도 하지만)
하여간 그 가지들은 하늘의 혈관이에요!
    —「하늘의 혈관」전문

 무릇 '종교적'이라는 것은 무엇을 말하는 것일까. 많은 정의가 가능할 것이다. 그러나 나로서는 여기서 우선 세 가지만 이와 관련한 것들을 말하고 싶다. 그 첫째는 모든 사물과 현상을 바라볼 때, 그것들을 보는 사람 중심으로, 즉 자기중심적으로만 보지 않으려고 하는 태도이다. 앞의 시 「이 귀신아」에서 "네 생각도 좋고/네 인생은 아름답지만/이 귀신아/저 나무들 보아라"고 말할 때 이런 의미의 종교성은 가장 극명하게 표출된다. 그 다음으로 지적할 수 있는 것은, 현상을 현상으로만 보는 태도의 지양이다. 자연히 현상은 그 현상의 배후를 거느리고 있다는 인식이 생겨날 수밖에 없는데, 바로 이렇듯 '그 뒤'에 숨어 있는 오묘한 섭리에 눈이 가 닿는다면 종교성은 그 표현에 상관없이 불가피하게 드러난다. 역시 시 「이 귀신아」에서 예를 끌어낸다면 "봐라 저 저녁 빛—저녁 귀신/저 새벽빛—새벽 귀신"이 좋은 보기가 될 것이다. 저녁 빛의 장엄한 아름다움과 새벽빛의 눈부신 청량감이 단순한 자연현상으로만 다가오지 않고, 그 이상의 어떤 신비한 힘의 작용과 저절로 연결된다. 저녁 빛에서 "저녁 귀신"을 보고, 새벽빛에서 "새벽 귀신"을 발견하는 일은 이러한 작용의 원리 속에서 이해된다(첫 시집 『사물의 꿈』에서 사물을 사물로만 보고자 했던 시간에서 이제 시인은 얼마나 멀리, 얼마나 높이 나와 있는가). 그리하여 시인은 인간의 생각, 인간의 이념, 인간의 욕망을 큰소리의 비난도 생략한 채 슬며시 무력화시킨다. "이 귀신아/저 나무를 보아라/생각 없이 푸르고/생각 없이 자란다"는 저 무상(無想)의 절구(絶句)들은 여기서 슬그머니, 그러나 단호하게 생겨난다.

종교성의 세 번째 특징이 있다면, 세속적 욕망이나 이해관계로부터 벗어나는 일과 관계된다. 때로는 자기 방기로까지 보이는 이러한 초탈의 모습은 영원과 불멸, 혹은 초월성에 대한 믿음과 직·간접적으로 연결된다. 최근의 정현종 시에서 이러한 요소들은 도처에 편재해 있다. 그중 전형적인 보기를 짧은 두 편의 시 「어떤 성서」와 「오늘」에서 찾아볼 수 있다. 확인해 보자.

등에 지고 다니던 제 집을
벗어 버린 달팽이가
오솔길을 가로질러 가고 있었습니다.

〔……〕
오늘의 성서였습니다.

 제 집을 벗어 버린 달팽이의 움직임, 그 걸음, 그 길을 시인은 유심히 들여다본다. 시는 그저 작은 그 관찰기다. 그러나 시는 다시 문득 이 광경을 "오늘의 성서"라고 말한다. 무엇이? 더 이상의 자세한, 친절한 설명이나 보고는 없다. 그러나 짧은 시 속에 함축은 충분하다. 달팽이의 움직임은 오직 두 가지 상황으로만 표현되고 있기 때문이다. 그 하나는 달팽이가 등에 지고 다니던 제 집을 벗어 버렸다는 사실이며, 다른 하나는 오솔길을 가로질러 가는 그 움직임이 매우 느리다는 사실이다. 여기서 특히 주목되는 것은 "제 집을 벗어 버"린 달팽이의 행태인데, 이 사실에서 성서를 연상한 시인의 발상은 창세기적이다. "너는 너의 본토 친척 아비 집을 떠나 내가 네게 지시할 땅으로 가라"고 여호와께서 아브람에게 이르신 말씀을 담고 있는 「창세기」는, 제 집에 얽매여서는 공의(公義)로운 삶으로 나갈 수 없다는 성서적 진리를 전달한다. 시인은 어떤 "성서"라고 했지만, 사실 그 종교적 메시지는 훨씬 보편적이다. 출가를 기본 전제로 삼고 있는 불교를 보라. 이렇듯 집에 얽매여 사는 삶과 이로부터 벗어난 삶은 「오늘」에서 다음과 같이 대조된다.

해가 지면
집에 들어간다
밥 먹고 잠자러
들어간다

오늘은 그런데

밥도 안 먹고
잠도 안 잤으면 좋겠다
오늘이 날은 날인 모양이다

너무 쉬운 시 전문이다. 요컨대 집에 좀 안 들어갔으면 좋겠다는 것이다. 물론 우리는 집에 들어가서 살 수밖에 없는 일상인이므로 집의 거부는, 심각하게 말한다면 삶의 거부일 수 있다. 그러나 일상적 삶이 거부된 곳에서 획득된 보다 높은 삶! 시인들은 내남없이 그러한 삶을 꿈꾼다.

그러나 정현종의 이 삶은 명백하면서도 단순한 삶, 종교적으로 초월된 삶이다. 이런 의미에서 시인은 그동안 꽤 많이, 서서히 변해 왔다.

나무·꽃·새·구름, 그리고 시골·기운·숨·길·바람·공기·하늘·산 등의 어휘들은 시집 『세상의 나무들』, 『한 꽃송이』 이래 정현종 시를 지배하고 있다. 물론 이 가운데에서도 바람·공기·기운 등과 같은 어휘들은 저 『사물의 꿈』 이래 정현종 일생의 동반자들이지만, 근년에 이르러 그것들과 일련의 외연(外延) 관계에 있는 자연 관련 어휘들의 증가가 폭발적이다. 나무·꽃·새는 그중 삼총사라고 할 만하다. 요컨대 자연으로의 일방적 경사라고 규정지어 지나침이 없다. 그 이유 또한 일목요연하다.

자연은 왜 위대한가.
왜냐하면
그건 우리를 죽여 주니까.
마음을 일으키고
몸을 되살리며

하여간 우리를
죽여 주니까.　　　　　　　　　—「자연에 대하여」전문

　너무나도 간단명료한 시다. 무릇 간단명료함은 시에서 결코 바람직스러운 덕목이 아니다. 그것은 결국 하나의 추상이며, 추상은 문학이라는 구체적 전개의 몸을 그냥 뭉뚱그려 버리는, 아주 고약한 것이다. 이렇게 볼 때「자연에 대하여」를 포함, 많은 시들이 추상적 분위기로 단순화되어 있는 이번 정현종의 시집은 좀 싱겁다는 불만과 만날 수도 있다. 그러나 모든 작품과 더불어 한 작가가 하나의 창작의 우주로 평가되는 문학에서 보다 중요한 것은 추상화·단순화로의 도정이며, 그 필연적 논리의 세계이다. 이 점에서 이 시집이 배태하고 있는 단순성은 마치 잠언과도 같은 숙성의 결과로 이해된다. 그것은 이를테면 현상학적 단순성이다. 순수 주관에서 순수 객관을 보고, 순수 객관에서 순수 주관을 찾아내는, 이른바 그 자리에 '가만히 서 있는 신(der stillstehende Gott)'이 형식을 만들고, 시를 움직인다는 저 현상학의 단순성! 틈만 나면 정현종이 역설하는 '고요의 역동성'과 상통하는 단순성이다. 이 논리를 모두 잘 이해하기 위해서는 40년 가까운 이 시인의 시적 인생을 세세히 추적해야 하리라. 그것을 역시 단순하게 요약한다면, 사물신(事物神)으로부터 자연신(自然神)으로의 귀환이라는 말로 나는 부르고 싶다. 작고 사소한 사물 하나하나에 생명을 주고 이름을 주고 경이와 감탄을 보냈던 시인은 이제 서서히 그것들의 힘의 원천을 보게 되었다고 할까. 또는 그 사물 하나하나의 한계와 더불어 보다 깊고 넓은 힘을 찾아내게 되었다고 할까. 이 양면의 모습은 물론 시인에게서 대립적이거나 순차적으로 인식되지 않는다. 그것은 한 몸이다. 타락과 구원이 함께 있을 수밖에 없듯이.「갈증이며 샘물인」이라는 시의 제목은 이 상황을 절묘하게 보여 준다.

너는 내 속에서 샘솟는다
갈증이며 샘물인
샘물이며 갈증인
너는
내 속에서 샘솟는
갈증이며
샘물인
너는 내 속에서 샘솟는다 ─「갈증이며 샘물인」전문

    시의 전개가 사변적인 것인 만큼, 그 메시지가 철학적인 이 시는 정현종 시의 어제와 오늘을 의미심장하게 함축하고 있다. 자세히 뜯어보자. 너는 무엇인가? 너는 갈증이며 샘물이다. '너=갈증/샘물.' 나는 누구인가? 그 너를 샘솟게 하는 더 큰 원천이다. '너〈나=더 큰 원천.' 이것을 다시 정리하면 '너=갈증/샘물〈나'로 도식 되리라. 그러나 너와 나는 기호일 뿐 여기서 실체와 구체적 이름은 없다. 정현종 시가 철학적이라고 이따금 불리는 것은 이 까닭과도 무관치 않은데, 그것은 예컨대 이런 것이다 : 일반화·보편화의 성격. 앞의 시에서 너 혹은 나는 다른 많은 시들에서 흔히 나타나듯이 구체적인 공간이나 시간 속에 등장하는 어떤 제한적 성격의 존재가 아니다. 말하자면 나는 그냥 시적 화자라거나, 너는 그때의 상대방(애인 따위)이 아니라는 것이다. 그렇다기보다는 너는 어떤 일반적인 상황의 대변이며, 나 역시 그러하다. 예컨대 여기서 너와 나는 우주의 양극일 수 있고 주관과 객관이라는 관념의 두 쪽일 수 있다. 혹은 남과 여일 수도 있고 절망과 희망의 대립되는 자리일 수 있다. 정현종은 바로 그것들이 대립이 아니라는 것을 말하고 있고, 그것 하나만의 독립 존재로서는 본질적으로 불구일 수밖에 없음을 시사한다.

다른 이유를 또 든다면, 앞의 이유와 관련되겠으나, 그 환원론적 성격을 말할 수 있겠다. 개별적 경험의 종합에서 귀납이 탄생한다면, 그 반대의 과정을 걷게 되는 환원은 문학에서 가능한 한 기피되는 논리이다. 예컨대 어떤 가설이 모든 개별 사물과 현상에 경험이 생략된 채 진리로 주어진다면, 그것은 환원론의 경계되어야 할 함정일 수 있다. 그러나 문학에서와 달리 철학, 또는 종교에서 환원론은 일반화·보편화와 함께 때로 상당한 위력을 발휘하면서 그 요체의 기능을 하는 경우가 많다. 정현종의 시가 세밀한 관찰에 기초한 묘사보다 동어 반복 등 사변적·철학적 느낌을 주는 것은 이런 배경과 관계된다. 「갈증이며 샘물인」에서 그 면모가 확연하게 드러난 것이다.

철학적인 표현으로 말한다면, 이 시집에서 보다 극명해진 정현종의 시 세계는 말하자면 이기일원론(理氣一元論)을 방불케 한다. 긴 분석을 생략한다면, 그것은 물질과 정신을 분리하는 저 그리스 철학의 원초적 지식을 깔아뭉개는, 이와 기가 더불어 한 몸인 세계이다. 이도 그것만으로는 갈증이며 샘물이고 기 또한 그것만으로는 갈증이며 샘물이다. 시인이 그것까지 분명하게 적어 놓고 있지는 않으나 아마도 너와 내가 합칠 때, 즉 이기일원의 순간에서야 갈증과 샘물은 어떤 조화와 정력학(靜力學)의 자리에 가게 되지 않을까.

그렇다면 이기일원의 세계는 어디에서 실재할까. 자연이다. 나무며 꽃이며 새다. 그것도 순수 자연이라야 한다. 인간에 의해서 의미가 주어지고 색칠된 자연이 아닌, 인간 없는 자연이다. 그런 의미에서 인간은 대체로 자연이 아니다. 그렇기는커녕 대부분의 경우 자연의 적이다. 인간도 자연이지만, 인간은 타락한 자연. 인간과 단절된 자연만이 구원의 능력을 갖고 있을 따름이다. 자연은 신이다.

새가 울 때는

침묵
꽃이 피어
無言

새여
너는 사람의 말을 넘어
거기까지 갔고
꽃이여
너는 사람의 움직임을 넘어
거기까지 갔으니

그럴 때 나는
항상 조용하다
너희에 대한 찬탄을
너희의 깊은 둘레를
나는 조용하고 조용하다 ——「새여 꽃이여」 전문

그러나 정현종의 자연은 범신론적 분위기로 나가지도 않고 자연을 통한 신의 계시를 주장하지도 않는다. "꽃잎 하나 제왕 하나/꽃잎 둘 제왕 둘"(「꽃잎 2」)이라는 표현이 말하듯, 자연을 신으로 보고 있는 대목들이 시 전편에 산재해 있는 것은 사실이지만 신의 존재를 입증하는 계시론적 자연론에는 이르지 않는다. 다만 중요한 것은 자연보다 예술의 힘과 그 우월성 속에 있던 시인이 자연 쪽으로 현저하게 이동하고 있다는 점이다. 니체, 혹은 니체에 뿌리를 두고 있는 근·현대의 모더니즘(혹은 포스트모더니즘 전반을 묶어도 좋다)이 예술의 우월성에 대한 무한한 믿음에 기초하고 있다면, 정현종의 자연은 초기의 그 믿음으로부터 그가 이제 거의 완전히 벗어나고 있음을 말해 준다. 그러나, 거듭 말하지만, 자연이 신의 계시의 현장이라는 선언까지는 아직 가 있지 않다. 자연과 예술의 만남이 그 자리일 뿐이다.

    안 벽에는 꽃과 나뭇잎의 릴리프
    창밖에는 눈부신 가을 나뭇잎
    자연과 예술의 和唱이여
    마음은 춤춘다 아름다움이여   — 「아름다움이여」 전문

II

"나는 시에게 구원이나 해탈을 요구하지 않았다"고 쓰고 있는 오규원의 시집 『토마토는 붉다 아니 달콤하다』는 그럼에도 불구하고 시의 구원 문제와 멀지 않은 곳에 놓여 있다. 30여 년 동안 이 시집 이외에 이미 일곱 권의 시집을 내놓은 시인의 이번 시집은 이런 의미에서 그의 다른 시집들과 많이 다르다. 예컨대 그 변화는 이렇다.

    선언 또는 광고 문안
    단조로운 것은 生의 노래를 잠들게 한다.
    머무르는 것은 生의 언어를 침묵하게 한다.
    人生이란 그저 살아가는 짧은 무엇이 아닌 것.
    문득 — 스쳐 지나가는 눈길에도 기쁨이 넘치나니
    가끔은 주목받는 生이고 싶다 — CHEVALIER
            — 「가끔은 주목받는 生이고 싶다」 중에서

    대문이 열려 있는 동쪽이

아니라 대문도 울타리도 길도
아무것도 없는 지붕 위의
한 귀퉁이에 걸린
하늘을 뚫고 처음으로 1994년의
잠자리 두 마리가
불쑥 뜰 안쪽에 나타났다. ―「1994」중에서

처서가 지나면서 바람이
뒤뜰에서도 급하고 담장 밖에서
코스모스의 몸이 심하게
요동을 친다 길 밖과
길 밑 그 어디든 그러나
코스모스는 꽃을 들고 바람을
타고 다닌다 몸은 가운데 두고
꽃은 흔들리는 사방에 있다
코스모스의 뿌리를 지그시 누르며
드문드문 하늘 아래
오래된 돌들이 있다 ―「돌」전문

  첫 시는 1987년에 나온 시집 『가끔은 주목받는 생(生)이고 싶다』에 실린 같은 제목의 작품이며, 두 번째 시는 1995년에 나온 『길, 골목, 호텔 그리고 강물 소리』에 실린 것이다. 마지막 시는 이번의 시집 『토마토는 붉다 아니 달콤하다』에 수록된 것인데, 이들 세 작품들은 여기 비록 그 일부가 인용되고 있으나(「돌」은 전문이지만) 한눈에 보아도 현저히 다른 세계를 보여 준다. 물론 오규원 시 세계의 변모 과정이라는 점에 초점을 맞출 경우 1960년대의 첫 시집 『분명한 사건』으로부터 모든 시집들이 검토의 대상이 되어야 할 것이다. 그러나『토마토는~』에 담긴 맛보기를 주된 관심으로 하는 자리에서 그 본격적인 검토가 할애될 수밖에 없는 상황이라면, 10년 남짓한 시공간에서의 변화 찾기도 크게 불만족스러울 것은 없다. 그렇다고 할 때,『가끔은~』에서『길, 골목,~』을 거쳐『토마토는~』에 이르는 길 속에서의 변화는 무엇일까. 우선 지적할 것은 길고 긴 제목 이외에 별 공통성이 없다는 사실이다. 어느 곳에서도 과격한 아무 흔적 없이 시인 오규원의 1990년대는 조용한, 그러나 본질적인 변화와 맞닿아 있다.

오규원의 변화는 시기적으로 1994년을 전후해서 일어난다. 더 정확하게 말한다면, 1995년에 나온 시집『길, 골목, 호텔 그리고 강물 소리』를 전환점으로 하고 있는데, 재미있는 것은 그 변화의 내용이 이미 시집 제목에 함축되어 있다는 점이다.『길, 골목,~』에 오기까지 오규원은 길, 골목, 그것도 도시의 그것들에 빠져 있었던 시인이다. 호텔 역시 마찬가지다(집 대신 이 시인은 웬 호텔을 그리 좋아하는지). 길, 골목, 호텔은 도시의 오늘을 대변하는 표상들인데, 과장이 허락된다면, 오규원은 그것들과 더불어 살아왔다고 해도 좋을 것이다. 특히 1987년의『가끔은 주목받는 생이고 싶다』의 경우 그전의 『사랑의 감옥』과 더불어 광고시 혹은 시에서의 광고성 문제가 본격적으로 제기된, 전형적인 과장성 시학의 시대였다고 할 수 있다. 보자,『가끔은~』에 실린 많은 시들, 예컨대「롯데 코코아파이 C.F.」, 「자바자바 셔츠」,「NO MERCY」등은 광고 시대를 풍자하고 있는 광고시로서 바흐만의「맛있는 것 없음(Keine Delikatessen)」에 비견해도 별로 꿀릴 게 없는 작품들이다. 그것들은 말하자면 길, 골목, 호텔을 바라보고 길, 골목, 호텔 속에서 나오는 시들이다.

그러나 바로 이 시집을 계기로 오규원은 변화한다. 그 변화는 길,

골목, 호텔과 함께 '그리고 강물 소리'가 병치되어 있다는 점에서 우선 감지된다. 『가끔은~』에 이르기까지 주로 도시적 서정성, 소시민의 일상성에 대한 반란, 그것도 광고 문투를 통한 야유와 풍자의 언어에 기반을 둔 언어 반란이 그 시적 세계였던 시인에게 비교적 낯선, 보이지 않던 풍경으로서 하늘, 강물 등이 보이게 된다. 『길, 골목, 호텔 그리고 강물 소리』에 실린 앞의 시 「1994」는 좋은 자료의 하나다. 다시 읽어 보자: 여기 "하늘"이 나오는데, 그 하늘의 자리가 재미있다. 하늘은 "지붕 위의 한 귀퉁이에 걸"려 있는데, 다시 그 지붕은 "대문도 울타리도 길도/아무것도 없는" 지붕이다. 지붕 위로는 말하자면 하늘만이 있는 지붕이다. 이제 시인의 눈에는 대문이나 울타리, 길 따위는 들어오지 않는다. 시인은 지붕 위로 올라간 것이다. 거기서 보이는 것은 오직 하늘뿐. 그런데 거기서 "하늘을 뚫고 처음으로 1994년의/잠자리 두 마리"가 나타난다. 호프만스탈의 두 나비가 그렇듯이 여기서도 왜 잠자리가 두 마리인지는 분명치 않다. 그러나 잠자리가 보통 짝지어 날아다닌다는 사실을 감안하면 숫자의 의미는 주목되지 않아도 좋을 것 같다. 그보다는 움직이지 않는 정적 초월의 공간에 나타난 잠자리 자체의 의미가 흥미롭다. 잠자리는 무엇인가. 1994년에 "불쑥 뜰 안쪽에 나타"난 잠자리의 구체적 모습이 1999년에 나온 이번의 시집에 자세히 드러난다.

잠자리는 나뭇가지 끝에
나는 나무 의자 끝에 있다

나뭇가지의 끝에는 뾰족한 하늘이고
의자의 끝에는 절벽의 하늘이다.

> 잠자리와 나는 뾰족한 하늘과
> 절벽의 하늘에 붙어 있다
>
> 잠자리는 두 쌍의 날개를 수평으로 펴고
> 나는 두 쌍의 팔다리를 수직으로 펴고
>
> 잠자리도 나도 햇볕에
> 날개가 바싹바싹 잘 마르고 있다 ─「잠자리와 날개」 전문

　불쑥 뜰 안쪽에 나타났던 잠자리는 이제 나뭇가지 끝에 있다. 말하자면 집 안이라는 좁은 공간에서 훨씬 넓고 트인 공간으로 나간 셈이다. 그러나 나뭇가지의 끝은 여전히 하늘인데 그것도 "뾰족한" 하늘이다. 왜? 잠자리의 모습 때문일 것이다. 시인은 도시를 떠나고 뜰 안을 떠나 훨씬 넓은 자연 속에서 자연스럽게 잠자리를 만나게 되었지만 바로 그 잠자리 때문에 하늘은 뾰족해 보인다. 그러고 보니 이미 1994년에 잠자리는 하늘을 "뚫고" 나타나지 않았던가. 이 뚫림은 하늘을 통한 잠자리의 출현이라는 의미와 잠자리로 인해 그 뚫린 자국만큼밖에 보이지 않는 하늘의 불구성을 동시에 전해 준다. 말하자면 도시를 떠난 시인의 자연과의 만남은 약간의 불구성을 동반하는 이중 구조의 의미를 피하지 못한다. 그리하여 결국 그 잠자리를 바라보는 '나'는 나무 의자 끝에 있고, 의자의 끝에는 '절벽'의 하늘이 있다는 다소 절망적인 고백이 나오게 된다. 그러나 이러한 고백이 과연 절망적이냐 아니냐 하는 판단은 "잠자리도 나도 햇볕에/날개가 바싹바싹 잘 마르고 있다"는 진술 때문에 유보된다. 햇볕에 잘 마르는 잠자리의 날개야 더 활발한 비상을 위한 힘의 준비이겠으나 그와 아날로지된 시적 자아, 즉 '나'의 날개가 마른다는 것

은 반드시 좋은 일일까 하는 의문과 관련된 유보이다. 이렇듯 긍정과 부정이 공존하는 유보의 세계관이 바로 『토마토는 붉다 아니 달콤하다』의 핵심을 이루고 있다. 시인이 집요하게 관심을 표명하는 '하늘'을 내세우는 두 편의 시도, 그 분석의 끝에서 그것을 확인해 준다.

>하늘은 언제나 집의 밖에 있다
>그러나 집은
>언제나 하늘 속에 있다
>하늘의 속에 깊이 들어앉을수록
>집의 밑은 들린다 ——「하늘과 집」 중에서

>지상의 모든 담이
>벽이 끝나는 곳이 하늘이다
>여기저기 엉겨 붙어
>담의 끝까지 간 담쟁이가
>불쑥 몸을 드러낸 하늘 앞에
>전신이 납작해져 있다
>하늘에는 담쟁이가
>엉겨 붙을
>담이나 벽이 없다 ——「하늘」 전문

「하늘과 집」은 글자 그대로 하늘과 집을 대조시키고 있는 작품이다. 그것들은 하늘은 집 밖에, 집은 하늘 속에 있다는 사실을 바탕으로 해서 극명하게 대립한다. 이 대립은 하늘/집의 구조를 자연/도시, 개방/폐쇄, 신/가정, 방랑/안주 등의 끝없는 외연으로 계속 확대시킬 수 있는데, 확실한 것은 양자가 양립의 평화를 가져오기 힘들

시와 구원, 혹은 시의 구원 165

다는 점이다. 하늘의 속에 깊이 들어앉을수록 집의 기초는 동요한다고 시인은 말하고 있다. 그것이 하늘의 속성이며 집의 속성이다. 때로 집은 "창을 반짝"이지만 결코 "문을 열지는 않는"다. 이러한 집은 물론 하늘 속에 있으나, 영원을 약속한 듯한 열린 자리인 그 하늘에는 "담쟁이가/엉겨 붙을/담이나 벽이 없다"는 그 나름의 취약성을 드러낸다. 지상의 모든 담이나 벽은 흔히 허물어져야 할 경계이며 한계인 것처럼 많은 경우 이야기되지만, 사람은 기댈 담이나 벽 없이 또한 살 수 없다는 전언이 시「하늘」에 담겨 있다. 저 무변대의 자유로운 하늘을 노래할 것인가. 아니면 집의 아늑한 안정을 선택할 것인가. 이 역시 유보의 벽 안쪽에 남아 있을 수밖에 없다. 오규원의 이 유보 혹은 중간의 선택은, 그가 직접적인 진술 대신 철저한 묘사로써 자신의 인간적 개입을 배제하는 시의 기법을 통해서도 방법적으로 보장된다. 철저한 묘사로서의 시야말로 이번 시집 『토마토는~』의 가장 큰 특징이기도 하다.

  묘사는 외부 정경에 대한 세심한 관찰과 더불어 내면의 의식과 심리의 표출에 있어서도 마찬가지로 적용된다. 나로서 놀라운 것은 여기서 양자는 서로 분리되지 않고 한 몸으로서 시의 안팎을 자유자재로 드나들고 있다는 사실이다. 영혼과 육체가 둘일 수 없고 현실에서 하나로 실재할 수밖에 없듯이 ― 그가 살아 있는 한 ― 이제 이 시인의 외부와 내부는 말처럼 그렇게 떨어져 있지 않다. 그의 시 자체가 그 일을 하고 있다.

    이쪽과 저쪽으로 가는 길이 하나 있었다.
    동과 서인지 남과 북인지로 가는 길이 하나 있었다
    강에서는 다리를 놓고 하늘에서는 다리를
    놓지 않는

길이 하나 있었다
[……]
하늘을 나는 새가 참고로 하지 않는
사마귀가 함부로 가로지르는 길이 하나 있었다

「길」이다. 이 길은 어떤 길인가. 길은 원래 『길, 골목, ~』에서 하나 아닌 둘이었다. 4년 전의 시집을 꺼내 보자. 「길」이라는 시가 이때에도 또 있었다.

누란으로 가는 길은 둘이다.
陽關을 통해 가는 길과
玉內關을 통해 가는 길

모두 모래들이 모여들어 밤까지 반짝이는 길이다

이렇듯 둘인 길. 그 길이 어떻게 하나가 되었는가. 두 번째 「길」에서 그 길은 "하늘에서는 다리를 놓지 않"기 때문인 것으로 밝혀진다. 인용에서는 생략되었으나 그 길이 "띠풀이나/칡덩굴의 길과 함께 가지 않는" 그런 길이라고 말해진다. 요컨대 그 길은 산이나 강 등 지상에서는 하나로 연결될 수 없는 길이다. 하늘을 나는 새도 숲의 사마귀도 마음대로 다니는 길! 그 길의 실재는 말속 아니면 어디에 있겠는가. 길은 "벼랑 위의 길"(「벼랑」), "한 여자가 길 밖에/머리를 두고/길 안으로 간다"(「여자와 아이」), "엉겅퀴를 지나면/명아주를 지나야 하는 길입니다"(「새콩덩굴과 아이」), "길가에/길 안에/길 밖에"(「하나와 둘 그리고 셋」), "길가의 벤치에/한 소년이 앉아 있다"(「아이스크림과 벤치」), "길 건너, 집이 있습니다"(「새와 집」) 등의 모습으로 이 시집 곳곳에 깔려 있다. 길은 집을 나와서 어디론가 가는 도정이며, 어딘가로부터 집으로 돌아오는 도정이기도 하다. 그런가 하면 어딘가로부터 어디로 가는 도정이기도 하며, 그 위에서 그저 방황하는 자리일 수도 있다. 그것이 움직임과 소통의 매체라면 땅 위의 바람이라고도 말할 수 있으리라. 바람이며 길인 그 어떤 것, 필경 하나의 자리로 소통시켜 주는 우리의 길은 언어이다. 언어 속에서만 그 모든 것은 하나가 될 수 있다. 언어라는 카테고리 밖의, 지상의 어떤 현상이 하나의 소통을 가능케 하겠는가. 오규원의 길은 그런 의미에서 언어로 바뀌어 읽혀져도 무방할 것이다. "토마토가 있다/세 개/붉고 둥글다/아니 달콤하다"고 몇 자 적혀질 때, 토마토의 온갖 모습은 이 문장들 속에서 하나로 통합된다.

III

잠언적 진술을 통한 자연신의 세계를 거듭 보여 주는 정현종에게서 시가 궁극적으로는 인간과 세계의 구원에 관한 메시지라는 사실을 환기받고, 어떤 예언적 분위기에 문득문득 함몰되는 것을 나는 느낀다. 그런가 하면 담백한 어조로 우리 주변의 사물들과 정경들을 즉자적(卽自的)으로 들추어내면서 거기에 시인의 내면 시선을 교차시키는 오규원에게서 나는 언어의 진솔한 마력과 부딪치면서 가벼운 전율을 맛본다. 그 전율은 습관적·전통적 정서를 기반으로 한 감동에서 오지 않는다. 그것은 오히려 사물과 정경에 착 달라붙어 그것들의 모습들을 가라앉히고 혹은 들뜨게 하는 언어의 정물적(靜物的) 역동성으로부터 나온다. 감명과 초월 대신, 사물과 정경 사이에 끼여서 모순과 갈등을 평평하게 진압하는 언어가 오규원의 언어다. 시인은 괴로운 분투와 노력의 맞은편에서 사물들·정경들의 틈새를,

언어를 끼워 넣어 살짝살짝 보여 준다. 이 역시 시의 언어가 지니는 구원의 능력이라고 하지 않을 수 없다. 정현종처럼 서술적 언어로 구원에 직접적으로 접근하든, 다소간 언어를 사물화시켜 언어 자체의 구원 능력을 타진하든 간에 이제 시의 언어는 구원과 무관한 자리에서 시의 올바른 정당성을 얻지 못할 것이다. 두 중진 시인의 원숙을 바라보는 나의 감회는 곧 우리 시의 성숙에 대한 그것으로 뒤바뀐다.

보석과 애벌레
— 소설과 신성의 관계를 주목하며

　최근 나는 세 권의 소설집을 꽤 감명 깊게 읽었다. 김원일의 장편소설 『사랑아 길을 묻는다』, 이승우의 중·단편집 『목련공원』, 그리고 정찬의 장편소설 『세상의 저녁』이 그것인데, 두 편의 신작 장편소설들을 포함한 이 세 작가와 더불어, 말하자면 올 여름휴가를 제법 상쾌하게 다녀온 것이다. 그러나 상쾌하다고 해서 그저 가볍다거나 시원하다는 뜻만은 아니고, 오히려 이열치열의 뜨거운 맛을 보았다는 것이 솔직한 고백이 될 것이다.
　무엇보다 이 소설들은 문학에서 신성의 문제에 대해 각각 서로 다른 방법으로 접근·도전하고 있다는 점에서 주목된다. 이 문제는 가깝게는 이문열의 『사람의 아들』, 이청준의 『벌레 이야기』, 『비화밀교』 이후 멀게는 김동리의 『사반의 십자가』, 황순원의 『카인의 후예』, 『신들의 주사위』 이래 간단없이 제기된 문제이지만, 한국 문단 내지 평단의 주된 쟁점이 된 일은 한 번도 없었다. 이것은 그만큼 한국 문학 비평 내지 독자의 관심이 이 부분에 가깝게 가 있지 않았다는 사실을 반증하며, 동시에 작가들의 문제의식 훨씬 뒤편에 머물러 왔다는 점을 드러낸다. 과연 신성의 문제는 문학의 중심부 밖에 있어야 할 정도로 가벼운 것이었을까. 일이 이렇게 반영되어 온 까닭은 여러 가지 측면에서 살펴볼 수 있을 것이다. 그 가장 큰 원인은 파행적인 현대 사회에서 우선 찾을 수 있다. 거듭 지적되어 왔듯이 남북 분단과 함께 출범한 국가 체제의 기형성, 동족상잔의 전쟁, 기아와 혼란의 엇갈리는 시간 등이다. 따라서 개인의 생존과 민족, 국가의 생존이 가장 긴요하게 받아들여지는 현실이 인정될 수밖에 없을 것이다. 당연히 문학의 관심도 생존과 긴급하게 연관된 물질 생활에 집중되었고, 그 시각은 정치·경제주의적 범주와 이데올로기를 맴돌 수밖에 없었던 것으로 이해된다.

그러나 정신세계를 다루며 스스로 거기에 속하는 문학이 세속주의의 둘레를 벗어나지 못하고, 정치·경제의 지향 및 방법과 구별되는 독자적인 영역과 시선을 갖추지 못한 데에는 현실적인 한계 이상의 다른 이유가 내재되어 있으리라는 가정이 성립될 수 있다. 그 가정은 단순한 가정이 아니다. 인간의 정신 생활을 지배하며 간섭하는, 그리하여 그 자체를 형성해 가는 활동에는 많은 분야들이 있으나, 문학 또한 뒷자리로 밀려나서는 안 될 역사와 전통에 물려 있기 때문이다. 문학의 세속성은 그러므로 우리 정신사의 세속성과 관계되며, 정신사의 큰 축을 이루어 오고 있는 종교와의 부단한 교통 속에서 그 전체적 의미가 파악되어야 할 것이다.

다시 한 번 요약하거니와, 몇몇 유능한 작가들의 치열한 문제의식에도 불구하고 우리 비평계는 너무 쉽게 소설 속에서의 신성에 대하여 간과해 왔다. 이제 우리 시대의 가장 성실하면서도 탁월한 세 작가들 — 김원일, 이승우, 정찬 — 에 의해 이 문제가 같은 시기에 집중적으로 부각되는 것을 보면서 나로서는 이것이 그저 우연한 현상으로는 생각되지 않는다. 1990년대 이후 격화되어 온 문학의 악마화, 그 절망적 제스처와 욕망론을 고려한다면, 이제 바야흐로 한국 문학은 정신사의 본루에 앉아서 인간의 본질을 그 총체적 측면에서 다루는 길에 접어들게 되었다고도 볼 수 있다. 나로서는 이 소중한 시기에 길트기를 시작한 세 작가들에게 감사하면서, 그들이 세 권의 책을 통해서 보여 주는 신성의 다양한 차원을 작가별로 일단 살펴보고 그 세기말적 가치와 의미를 연관지어 보고 싶다.

이승우의 소설집 『목련공원』은 죽음과 섹스가 범람하는 황량한 하천이 되어 버린 세기말 한국 문단에 날카로운 분석과 통렬한 비판을 가하고 있는 수작이다. 단행본 제목으로 나와 있는 중편 「목련공원」 역시 섹스와 죽음을 다루고 있는, 아마도 가장 끔찍스럽게 다루고 있는 가공할 소설이다. 소재 쪽에서만 본다면 일련의 1990년대 소설들과 궤를 함께하고 있는 '더럽고 치사한' 소설임에 분명하다. 이 소설은 성적 욕망의 포로가 된 인간의 모습을 무섭게 보여 준다. 그러나 이런 나의 진술은 사실 이 작품에만 해당되는 진단이 될 수 없기에 무용해 보인다. 대체 오늘의 어떤 소설치고 성적 욕망과 그것을 그리는 일에 무관한 작품이 있는가. 그러나 이승우의 「목련공원」은 책 말미에서 평론가 하응백이 명석하게 분석하고 있듯이 "욕망으로 두 눈은 멀어 욕망의 결과물인 딸(소설)의 손을 잡고 천산을 찾아 거친 황야를 헤"매는 세속 도시의 현실을 즉물적으로 치밀하게 묘사하고 있다는 점에서 흥미 중심 내지 섹스 탐닉의 일련의 소설들과 그 주제면에서 완연히 구별된다. 「목련공원」의 주제는 그 구성면에서 이미 정교한 예감으로 제시된다. 결혼식과 장례식이 함께 열리는 공원묘지와 그 안에 있는 미술관의 풍경 모습 속에 불길하게 가두어져 있는 섹스와 죽음의 음습한 공존! 주인공이라고 할 미술관 찻집 여인이 소설 화자인 파트너 남자를 향해 정사 순간에 내뱉는 다음 진술이 바로 작품의 주제를 압축한다.

사마귀가 교미하는 걸 봤어요? 봤으면 좋았을 텐데. 암컷은 얼마나 정열적인지 정사를 할 때면 수컷을 통째로 먹어 치워 버려요. 수컷은 단 한 번의 불같이 뜨거운 정사의 대가로 목숨을 내놓는 거지요. 나는 그런 뜨거움이 좋아요. 그렇게 먹고 먹임을 당하는, 목숨을 건 사랑이 좋아요. 알아요? 내가 지금 당신을 통째로 먹어 버리고 싶다는 걸? (32쪽)

과연 그녀는 뜨거운 정사를 치렀고, 그 일은 계속된다. 햇빛을 받으며 대낮에 묘지 옆에서 알몸으로 벌이는 정사 장면은 이 소설 주제의 절정을 만들어 낸다. 결국 그녀는 어느 사내와 결혼식을 올리게 되는데, 그 자리는 그녀의 또 다른 남자에 의해 피비린내나는 살인의 현장으로 바뀌게 된다. 그처럼 예시되어 왔던 죽음이 마침내 현실화된 것이다. 섹스와 죽음의 공존은 더 이상 관념의 울타리 안에 남아 있지 않았던 것이다. 작가는 욕망의 구체적인 묘사 사이사이에 이렇게 직접적으로 개입하고 있다.

「삶이 죽음의 발목을 붙잡고 있다고 해야 하나?」
「그 반대지요. 죽음이 삶을 먹고 있는 거예요.」
〔……〕
나는 그 위에 얼굴을 묻었고, 그녀는 어느 때보다도 뜨겁게 달아올라 몸부림을 쳤다. 그 흥분의 절정에서 이 세상 것들이 죽음에게 먹히고 있다는 느낌이 당연한 것처럼 들렸다. (40쪽)

욕망의 끝이 죽음이라는 것은 널리 알려진 사실이다. 여기서 '지식'이라는 말 대신 '사실'이라는 말을 내가 사용한 것은 그것이 지식을 포함한 현실 전반을 포괄한다는 판단에 기인한다. 지식으로서의 욕망과 죽음의 관계는 에로스나 타나토스의 친밀성을 적시한 그리스 신화로부터, 욕망이 사망을 낳는다는 성경 원리를 강조하고 있는 기독교의 헤브라이즘에 이르기까지 광범위하게 확인되고 있는 지식이다. 대체로 그것은 관념적인 지식 수준에 머물러 있거나 그렇게 있기를 희망하는 사람들의 머릿속에 머물러 있다. 그러나 소돔과 고모라에서 보듯 그것은 역사적 사실이며, 더 가깝게는 사람의 짧은 일생에서 거듭 경험되듯 불가피한 진실로서의 사실이다. 성적 욕망의 극점이 죽음으로 이어진다는 윤리적 교훈의 형태로 나타나든, 죽음의 순간 혹은 죽음 이후 성적 욕망이 소생한다는 생리적 형태로 나타나든, 이 운명의 원리는 음험하게 우리의 인생에 매복해 있고 가차없이 우리의 인생을 습격한다.

세계 대전으로 주위의 온 세상이 죽음에 덮여 있었을 뿐 아니라 자신의 개인적 삶의 둘레에도 끊임없이 죽음의 사신들이 접종했던 20세기 초, 섹스를 통한 환상 공간의 조작으로 바로 그 죽음을 극복하고자 했던 고트프리트 벤, 이 시인의 노력에서 우리는 교훈의 형태와 생리적 형태로 나타난 섹스와 죽음의 문화화된 원리를 본다. 이승우의 소설은 바로 그 문화적 형태에 대한 도전으로서의 의미를 갖는다. 「목련공원」 중심부에 나오는 그 진한 섹스의 장면과 더불어 간단없이 끼어드는 죽음에의 연상은 성적 욕망 내지 욕망 일반의 죽음에 대한 질문이다. 그 질문은 욕망과 죽음의 연결에 대한 경고로서의 질문일 뿐 아니라, 그것이 타성화된 문화적 패턴으로 정착하는 것에 대한 회의로서의 물음이다. 이 작품의 문학적 가치는 이 물음 속에서 솟아난다.

욕망의 절제와 극복이라는 이승우의 비판적 주제는 그것이 인간적 노력에 의해서는 가능하지 않다는 현실 묘사를 통해 역설적으로 형상화된다. 이 작가의 작품들이 실존적이며 동시에 초월적인, 말하자면 비교적 무거운 주제와 연관되어 있으면서도 소설적 흥미의 긴장을 지키고 있는 까닭도 이러한 현실 묘사와 깊이 관계된다. 그런 의미에서 이승우는 정통적 리얼리즘에 그 기법의 바탕을 둔, 그러면서도 주제와 기법을 한 차원으로 껴안는 알레고리를 감추고 있는 작가라고 할 수 있다. 중편 「샘섬」과 단편 「Y의 경우」, 「갇힌 길」 등 작품집에 수록된 작품들 대부분이 이러한 시각 안에서 모두 포섭될 수 있을 것으로 보인다.

그렇다면 이승우의 저 집요한 욕망의 현실 묘사는 욕망의 불가항력을 말하고자 하는, 그러니까 실존적 평면에 주저앉고 마는 세속성의 반영인가. 물론 아니다. 앞서 말했듯이, 작가의 현실감 있는 묘사는 그러한 인간 내·외면의 어두운 본성을 끄집어내어 그것의 성격을 밝혀 내고자 하는 작업의 중심을 이룬다. 그 결과, 그것이야말로 인간성의 핵심임이 드러난다. 하나님의 아들인 다윗조차 피할 수 없었던 그 인간성은—작가는 소설 곳곳에서 그 예를 성경 속의 인물들에게서 끌어 온다. 가령 「샘섬」에서의 남자 주인공을 언급하면서 그가 상기했던 부분("종교는 죄와 죄의식으로부터의 자유를 말한다. 그러나 노인은 유감스럽게도 그 자유를 누리지 못했던 것 같다")을 우리도 다시 상기해 볼 수 있다—인간 자신에 의해 결코 극복될 수 없다는 것이다. 여기서 이승우의 소설들이 지향하는 종교성 내지 신성이 그 미묘한 자태와 더불어 거역할 수 없는 발걸음으로 다가온다. 어떻게 할 것인가. 그것이 어떻게 할 수 없는 것이면서 마땅히 극복되어야 할 것이라면, 욕망이라는 인간성이 신성과 함께 논의될 수밖에 없는 절반의 인형이라면, 그것을 관리하는 보다 높은 힘, 즉 창조의 신성과 만나는 일은 지극히 당연한 논리의 세계라고 하지 않을 수 없다. 지금까지 많은 작가와 시인 들이 욕망의 문제에 매달려 왔으나 『목련공원』의 이승우처럼 통합적으로 이 문제를 바라본 이는 내 기억으로는 아직 없다. 자신도 어쩔 수 없는 성적 욕망에 의해 자신과 자신의 가족, 그리고 한 섬을 황폐화시키고 만 「샘섬」의 노인에 관한 다음 진술은 이와 관련해서 음미된다.

〔……〕 마음의 안정을 누릴 수 없었으므로 노인은 그 종교 안에 머물러 있을 이유가 없었다. 그래서 노인은 몇 차례 교회를 떠나기도 했던 모양이다. 그러나 곧 다시 교회로 돌아가지 않을 수 없었다고 한다. 교회 밖에서도 죄의식을 피할 수가 없었던 까닭이었다. (99쪽)

〔……〕 그것은 자기 목숨을 제물로 바치는 일이었다. 자기 몸을 바쳐 제사를 지내는 일. 그렇게 해서 그는, 시대와 원혼들의 용서를 끌어내고 샘섬에 다시 물이 솟게 하려고 했다. (133쪽)

욕망이 죄라면 모든 세속 도시는 죄의 동굴이다. 이러한 인식은 필연적으로 속죄의 제사를 요구한다. 많은 종교가 이 의식을 만들어내고 거기에 참여한다. 그 가운데에서 가장 장엄한 역사를 지니고 있는 종교가 기독교이며, 모든 인간·죄인 들의 죄를 대속하고 자신을 바친 이가 예수이다. 그의 위엄은 엄청나기에 그는 그리스도이며, 하나님의 아들로 인식된다. 역사상 그를 따르려고 했던 많은 사도들, 성인들이 또한 존재한다. 이들은 그 자신들이 구체적·현실적인 범죄자들은 아니었다. 말하자면 대속의 희생양이었다. 그러나 「샘섬」의 노인은 자신이 저지른 과오를 자신의 죽음으로써 속죄하려고 한다. 엄밀히 말하면 기독교적 원리와는 거리가 있고, 오히려 배치되는 면까지 있다. 그러나 우리가 주목하게 되는 부분은 노인이 자신의 욕망과 그 결과에 대해 속죄하고자 한다는 점이다. 말하자면 욕망의 끝이 죽음이 아닌 속죄를 통한 자기 제물이라는 사실인데, 여기서부터 인간성/신성, 세속성/초월성의 문제가 자연스럽게 태동한다.

죽음을 육체의 소멸에 의한 절대 부재의 세계로 간주하는 것이 세속 사회 속의 인간성이라면, 그것을 넘어서는 영적 영생의 전망을 믿는 초월성의 세계가 그 뒤에 연결되는 것이다.

인간이 피조물이고 육체 이외의 영성의 존재가 엄연한 현실인 상황에서, 양자를 종합적으로 인식하는 일은 문학의 당연한 기능이며 책무다. 왜냐하면 문학은 인간과 세계, 그 삶에 대한 총체적 인식이기 때문이다. 그럼에도 불구하고 비판과 극복의 길이 단절된 상태의 묘사만이 소설의 내용을 형성할 때, 그 소설은 주제 결핍의 소비재라는 자리로 떨어질 수밖에 없다. 1990년대의 많은 젊은 소설들이 이와 비슷한 오명과 불가피하게 만날 수밖에 없다면, 작가 이승우는 이러한 상황을 정면으로 제압하고 문학의 21세기를 올바르게 암시하고 있다는 점에서 바람직스럽다.

자신을 제물로 드림으로써 속죄의 길을 밟는다는 희생과 번제(燔祭)의 주제는 정찬의 장편『세상의 저녁』에서 집중적으로 심화되고 있다. 신성과 초월성이라는 드문 주제에 깊은 관심을 보여 온 작가의 야심작이기도 한 이 장편소설은 몇 가지 점에서 주목되어야 할 요소들을 안고 있다. 그 요소들은 모두 기독교의 원리와 관계된 부분인데, 그것은 ①죽은 자도 살리는 하나님의 기적, ②속죄의 형태로서의 자기 제물, ③하나님의 사랑과 인간의 사랑이라는 측면으로 나누어 살펴볼 수 있다. 소설의 주인공 황인후는 사생아로서 간질병까지 앓고 있는 불우한 인물이다. 그의 친아버지는 신부이지만 숨겨진 상태, 이런 그에게 약혼자까지 있는 젊은 여성이 사랑을 느낀다. 동정과 연민, 슬픔이 숨어 있는 이 사랑에는 성적 욕망을 넘어서는 숭고함, 말하자면 하나님의 사랑을 방불케 하는 요소가 내재한다. 그러나 온갖 난관 끝에 결합된 두 사람 사이에 태어난 아이는 기형이었으며 끝내 죽는다. 이 과정에서 황인후는 아이를 살려 달라고 하나님께 매달린다. 그의 간구의 보람도 없이 아이가 죽자 그는 하나님에 대한 회의, 절망, 나아가 증오까지 품는다. 기적을 행하는 절대자로서의 신을 바라보는 단계가 바로 여기다. 좌절한 그는 아내의 곁을 떠나 수도원으로 들어가고 점차 자기 소외와 고립, 자학의 길로 빠져 든다. 죄를 사해 준 그리스도를 믿는 부활 신앙과는 거리가 있는, 자신을 환경적·도덕적으로 학대하는 비기독교적 행태가 신앙의 범주 안에서 검토되는 형국이다. 하나님의 능력과 은총을 기적 차원에서 이해하는 믿음의 계속인데, 믿음은 기쁨 아닌 고통으로 받아들여질 뿐이다.

 황인후가 속죄의 길을 불우한 사람들에 대한 사랑, 그 구체적 실천으로서 자신을 내던지는 희생과 제물의 방식을 선택한 것은, 하나님의 능력이 단순한 기적을 통해서 이루어지는 것이 아니라 사랑을 통해서 나타난다는 것을 깨닫고 난 다음의 일이었다. 황인후는 움막에서 죽어가는, 알지 못하는 노인을 위해 거리에서 구걸까지 하는 사람으로 변모한다. 어느 겨울날 그는 마침내 눈길 위에서 죽어 간다. 제물이 되는 희생의 단계다. 마지막 단계로 부각되는 것은 황인후의 행각과 죽음을 처음부터 끝까지 추적하고 목격한 제삼자의 등장에 의해 제기된 사랑의 문제다. 하나님의 사랑이든 인간의 사랑이든 적극적 감정적 개입이 이루어질 때 올바른 것이냐, 아니면 상대방에 대한 슬픔을 바라보는 것만으로도 그 사랑은 온당한 것이냐는 논란이 황인후의 아내와 제삼자의 목격자의 위치를 둘러싸고 전개된다. 황인후의 죽음을 그저 슬픔과 존경의 마음으로 지켜보기만 한 목격자의 태도를 과연 인간에 대한 사랑으로 정당화할 수 있겠느냐는 문제다.

 이 문제는 곧장 세상의 모든 악덕과 부조리에도 마치 침묵하고 있는 것만 같은 신의 존재와 권능, 그 사랑에 대한 질문으로 이어질 수 있다. 하나님, 당신은 대체 어디에 계십니까라는 물음이 그것이다. 하나님은 그때 슬퍼하고 계셨다는 것이 이 소설의 대답이다. 그리고 그런 점에 있어서 헌신적인 자기 제물화를 몸소 실천한 사람을 끝내 관찰하기에만 그친 목격자의 경우도 인간에 대한 사랑으로 용인된다. 왜냐하면 그 역시 끊임없이 상대방, 즉 황인후를 슬퍼했기 때문이다. 이때 전자가 신의 슬픔이라면 후자는 문학의 슬픔일 수 있겠는데, 양자는 그 구조면에서 동일하다. 결국 이 소설은 종교를 통한 구원의 문제와 문학에 의한 구원의 문제를 내재적으로 천착했다는 점에서 한국 문학 초유의 성과라고 할 수 있다.

김원일의 『사랑아 길을 묻는다』라는 장편소설은 신성과 초월성이라는 본격적인 형이상학적 주제 대신 이 작가 특유의 윤리적 접근을 보여 주는 작품으로 평가된다. 가정이 있는 두 중년 남녀의 사랑을 그리면서, 이 두 사람이 가톨릭 신자라는 설정을 통해 교인으로서의 윤리와 사랑의 충돌을 다룬 것이다. 그런 의미에서 이 소설은 하나님 말씀에의 순종과 실천이라는, 말하자면 신자행태론(信者行態論)적 성격을 띠고 있다. 이 소설에서 두 남녀는 사랑의 도피행을 감행하고 그로 인해 온갖 고생을 겪게 되는데, 그들이 믿어 온 천주님에 대한 태도는 사뭇 다르다. 남자는 공공연하게 배교를 선언하면서 천주님 대신 사랑을 선택하였음을 공언하고 있으나 여자는 끊임없이 천주님의 긍휼과 자비를 간구한다. 믿음이라는 관점에서 볼 때 여자 쪽이 훨씬 돈독한 경지를 보여 주는 것이다. 신앙, 특히 기독교 신앙은 근본적으로 생명의 문제이지 윤리의 문제가 아니기 때문이다. 인간은 누구나 그가 사랑의 도피행을 하든 안 하든 모두 죄인일 수밖에 없으며, 때문에 속죄의 기도는 필생의 일상생활이 된다. 따라서 그가 믿어 온 신앙과 애정을 대립적이며 양자택일적인 것으로 생각한 서한중이라는 남성의 태도는 애당초 신앙적 자세가 아닌 윤리적인 그것일 뿐이다. 윤리나 도덕은 인간적인 것이며 그렇기 때문에 신앙적이라기보다 이데올로기적 성격에 가깝다.

  아무튼 세 작가는 회심의 문제작들을 통해 날로 경박해져 가는 한국 소설의 넓이를 확장하고 깊이를 심화시킴으로써 문학의 진정성을 크게 높였다는 것이 나의 소회이다. 물질주의와 육체주의의 세기말적 늪은, 이들과 더불어 보다 높은 전망을 향해 지양되어야 하리라. 문학은 여기서 한편으로는 모더니즘, 다른 한편으로는 유물론적 교만과 허영의 낡은 구각을 벗어던지고 눈물과 고통의 결정체로서 빛을 발하는 보석과 같은 존재로 바뀌어야 한다. 그것을 지니고 있는 사람의 질병을 치유해 주고 산(酸)의 악취가 닿거나 그것을 지닌 자가 불성실할 경우 제 빛깔을 잃어버린다는 보석, 요컨대 자기 고통을 과장하고 끊임없이 작가 자신의 오만을 드러내는 문학은 이제 남의 그것을 감싸 안으면서 높은 초월성의 지평을 제시하는 자리로 나가야 한다. 혹은 엉겅퀴에서 빠져나와 배설물을 내놓음으로써 그것으로 인간의 상처를 낫게 해주는 한 마리의 애벌레처럼. 그 애벌레는 위대하다.

하나님의 슬픔, 문학의 슬픔
― 정찬의 『세상의 저녁』

I

슬픔의 주인은 영혼이지요. 그런데 슬픔은 주인의 힘을 알아요. 그 힘이 약하다는 걸 알면 스스로 떠나지요. 왜냐하면 슬픔은 주인을 사랑하니까요. (36쪽)

히틀러의 유태인 학살 사건은 시간을 뛰어넘는 비극으로 기억될 것이다. 천인공노할 이 사건은 사실 새삼스럽게 그에 대한 해석이 요구될 것도 없다. 어떤 경우 시오니즘적 관점에서, 어떤 경우 독일 낭만주의적 관점에서 이 엄청난 비극의 원인을 찾아보려고 하는 시도들이 있었으나, 가장 근본적인 심연에는 인간의 저 끔찍한 죄악성이 결국 문제시될 수밖에 없을 것이다. 따라서 유태인 학살 사건 이후 가장 곤혹스러웠던 문제 제기는 기독교에 대해서(혹은 기독교 내부로부터) 행해졌다. 즉 이러한 가공할 사건이 벌어졌을 때 도대체 하나님은 어디에 계셨느냐는 질문이 그것이다. 이 물음은, 만약 하나님이 계시다면 이 같은 사건이 일어날 수 있겠느냐는 회의와 공박으로 함께 제기되었다. 사실 하나님을 믿는 사람이든 아니든 이 질문

안에서 한 발짝도 밖으로 나갈 수 없었던 것이다. 어떻게? 어떻게 그 같은 일이 신의 묵인 혹은 방조 아래 일어날 수 있단 말인가. 이 때문에 많은 목회자들과 신학자들은 난처해졌고 피곤해졌다. 그들만이 아니다. 수많은 기독교인들이 실망의 늪에 빠졌고, 비기독교인들은 합리성의 무기로 기독교인들을 공격하였다. 유태인 학살 사건에 이어서 세계는 강화된 무신론의 짙은 암영(暗影) 아래 더욱 우울해질 수밖에 없었다.

이때 나타난 것이 '하나님의 눈물론'이었다. 즉 아우슈비츠의 가스실에서 수백만 명의 유태인들이 죽어갈 때 하나님은 너무 슬퍼 울고 계셨다는 주장이었다. 이러한 견해는 신학자 불트만(Rudolf Karl Bultmann)에 의해 튀어나왔다. 하나님은 그때 울고 계셨던 것이다! 자, 그렇다면 고작 눈물을 흘리기만 하는 존재가 신이란 말인가. 소박한 수준의 비기독교인들의 조롱과 환멸은 더욱 거세어졌고, 일부 기독교인들조차 고개를 까닥거렸다. 그러나 불트만 이후 이 주장은 차츰 설득력을 얻어 갔고, 하나님의 눈물에 대한 해석과 그 의미가 관심의 대상이 되었다. 그 의미는 당연히 십자가에 '힘없이' 돌아간 예수의 죽음과 눈물을 통해 연결되었고, 신과 인간의 진정한 관계에 새로운 조명이 가해졌다. 하나님의 눈물은 값싼 감상이나 맥없는 무력함이 아니라, 가장 강력한 힘이라는 가설, 그것에 대한 믿음이었다. 물론 이를 뒷받침하기 위해서는 신학적인 논리와 성경 해석이 요구되었다. 바야흐로 중견에 접어드는 작가 정찬의 야심작 『세상의 저녁』은 우리에게 이러한 문제들을 환기시켜 주는, 한국 문단에 매우 특이하면서도 소중한 문제작으로 평가될 수 있을 것이다.

정찬은 이 장편소설에서 황인후라는 인물을 만들어 냈다. 무릇 모든 소설들이 인물들을 만들어 내고 있지만, 그들이 모두 이른바 하나의 전형 창조에 성공적으로 가담하고 있는 것은 아니다. 이런 사정을 감안할 때, 황인후라는 인물은 매우 인상적으로 형성되고 있어서, 관념적인 주제를 즐겨 다루는 이 작가가 자칫 빠지기 쉬운 함정이 우선 적절히 제어되고 있다. 병들고 가난한 사람들을 돕다가 이름 없이 죽어 가는 그 같은 인물은 그 숭고한 사랑과 죽음에도 불구하고, 마치 진지하다는 말이 그러하듯, 그 지극한 당위성 때문에 소설 공간의 자율적인 전개와 귀납적인 결론을 저해하기 일쑤다. 말하자면 선험적인 인물형이 부과됨으로써 환원론적인 구성만을 보여 주기 쉽다는 것인데, 작가는 이러한 위험을 치밀하게 극복함으로써 황인후라는 독자적인 성격을 통해 꽤 어렵다고 할 수 있는 메시지를 성공적으로 전달한다. 자, 황인후는 누구인가. 이 소설의 독법은 이 이상한 남자의 추적기 이외에 다름 아니다.

 황인후는 그 출생부터 남다르다. 남다르다는 것은 가문의 위세나 재능의 특출함을 말하는 것이 아니다. 그와 반대다. 그는 가톨릭 신부의 사생아다. 아버지가 누구인지 알려져 있고, 또 생존해 있으므로 사생아라는 표현이 반드시 적절하지 않을 수도 있다. 그러나 현실적으로 그는 그 아버지의 존재를 모르는 상태에서 성장했으므로 아버지는 부재의 형태로 먼저 나온다. 그러나 곧 신부인 아버지에 의해 그가 신생아 시절 잘못 다루어졌고 그 결과 간질병에 걸리게 되었다는 사실이 알려진다. 그는 사춘기 시절 사귀던 여학생으로부터 상처를 받기도 하는 등 폐쇄적 성격으로 성장했으며 이종 사촌의 별장에 칩거한다. 그러던 어느 날 강혜경이라는 처녀와 — 그녀는 사실 한 남자와 이미 약혼한 처지였다 — 사흘 낮밤을 함께 지내고 사실상의 부부가 된다. 두 사람에게 아이가 생긴다. 세속적인 행복의 시간이 얼마쯤 지나간다. 그러나 출생한 아이는 선천성 심장기형으로 판명되고 이로부터 황인후의 고난에 찬 나날이 계속된다. 그는 울부짖는다. 죽음의 사슬에서 아이를 풀어 달라고 눈물의 기도를 한다. 그러나 아이는 결국 죽고 그는 이상하게 바뀌어 간다. 자신을 짐승이라고 느끼면서 홀로 수도원으로 떠난 뒤 황인후와 강혜경 두 사람의 부부 관계는 사실상 단절된다.

황인후는 극심한 자학 의식에 시달리면서 수도원 생활을 거쳐 마침내 유리걸식하는 부랑 상태로 들어간다. 폐가에 살면서 짐승 행세를 하는 그에게 어느 날 낯모르는 사내가 나타나 마치 선지자나 되듯 그의 과거와 현재, 그리고 신에 관하여 주문처럼 읊조리는 이상한 장면이 등장한다. 그의 의식에 적잖은 영향을 미치는 그 진술 가운데에는 이런 것들이 있다.

> 아버지의 정체가 드러나자 자넨 자신이 죄의 씨앗이라는 사실을 깨달았어. 죄가 있다면 그것에 대한 벌이 따라야겠지. 물론 영혼이 시커먼 자들은 모른 척하겠지만 자네같이 순결한 영혼은 벌이 없으면 오히려 견디지 못하는 법이야. [······] 고통이 곧 황홀이 되는 비밀이 여기에 있어. (175쪽)

> 아이의 죽음 앞에서 자넨 얼마만큼 슬퍼했나? 내가 보기엔 조금도 슬퍼하지 않더군. [······] 자넨 아이를 살릴 수 있다고 믿었어. 왜? 자넨 그리스도였으니까. (181쪽)

낯선 사내에 의해 신앙의 허점을 지적받은 황인후는 희생 제물로서 자신을 바치는 길이 속죄의 길이라고 생각하게 된다. 그러나 이 제물은 아이를 살려 주지 않은 신에 대한 질투·증오의 감정과 섞여 있었다. 자신의 기도로 기적을 일으키겠다는 교만이었다. 특히 아이의 죽음을 진정 슬퍼하였느냐는 질책은 그의 가슴을 찌른다. 기적의 이해는 죄인의 입장에 서는 것이라는 지적에 따라서 죄를 용서받는 일의 긴요함이 깊이 인식되고, 그것이 현실적으로 실감됨으로써 예수를 통한 하나님의 기적이 그 자신에게 이미 이루어지고 있음을 알게 된다. 그것은 '죄인들의 낮은 땅으로 내려와 그들과 일체가 됨으로써 이루어지는 기적'이다. 이 사실은 그의 숨겨진 아버지 신부의 말씀으로 더욱 고조된다. 황인후는 외딴 곳 움집의 어느 노인을 돌보면서 질병과 오욕으로 죽어 가는 그 노인과 일체감을 얻어 간다. 사랑의 기적을 몸소 행하는 수준으로 믿음이 깊어 간 것이다. 마침내 황인후는 노인에게 줄 양식을 찾아 헤매다가 눈 쌓인 겨울 거리에서 조용히 쓰러져 숨진다.

그러나 이 소설에는 주인공이라고 할 수 있는 황인후 이외에도 주목되어야 할 여러 인물들이 나온다. 그 가운데에서도 황인후의 파트너였던 강혜경, 황인후의 숨겨진 아버지 빈첸시오 신부, 움막 속의 노인, 그리고 황인후의 일거수일투족을 집요하게 따라다녔던 최정오 등은 세심한 분석의 대상에 값한다. 보다 정확하게 말한다면 황인후와 이들과의 관계 혹은 그 관계에 작용하고 있는 힘의 본질이 주의 깊게 읽혀져야 할 것이다. 우선 황인후와의 사이에 아이까지 낳았던 사실상의 아내 강혜경에 대해서 살펴보자. 무엇보다 약혼자까지 있는 그녀가 왜 돌연 간질병 환자인 황인후에게 접근, 그를 사랑하게 되었는가.

「전 인후 씨를 통해서 소중한 것을 얻었어요.」
「어떤 소중한 것을 얻었습니까?」
「제 자신이에요.」
「자신이라뇨?」
〔……〕
갑자기 강혜경은 머리를 흔들었다.

「그건 만들어 낸 말일 뿐이에요. 인후 씨 눈물을 본 순간부터 그를 사랑했어요. 〔……〕」 (107쪽)

그녀는 그러니까 황인후의 눈물을 보고 그를 사랑하게 되었고 그 사랑을 통해 자기 자신을 발견하게 되었다는 것이다. 이러한 진술은 일견 평범하다. 대부분의 사랑하는 사람들에게서 공통으로 볼 수 있는 현상이므로 특별한 주의점은 없어 보인다. 그러나 다르다. 문제는 눈물인데 이 눈물이 센티멘털한 감상으로서의 눈물이 아니라는 점이다. 소설의 근본 모티프를 이루는 이 눈물은 강혜경의 진술에서부터 시작하여 황인후의 세계 인식 깊숙한 곳을 거쳐 마침내 신의 눈물에 닿는다. 눈물에 대한 강혜경의 관심은 그녀가 아이를 배고 황인후에게 하는 말속에서도 드러난다.

「난 아이의 눈물을 보았어요. 그 아인 눈물로 말하고 있었어요. 자신을 버리지 말라고. 난 버리지 않을 거예요. 우리의 아이를.」
　슬프면서도 기쁜 목소리가 황인후의 귓전을 맴돌았다. (119~120쪽)

눈물에 대한 평가와 존중. 소설 『세상의 저녁』은 이에 관한 한 리포트라고 해도 무방할 정도로 이 문제에 깊은 인식을 보여 준다. 강혜경에게서 발단한 눈물이 황인후에게 어떻게 연결되고 어떤 의미를 갖게 되는지 다음 인용 부분이 흥미 있게 요약한다.

어둠 속에서 울고 있는 남자가 떠올랐다. 이제 새로운 시간은 그 남자의 아들을 아버지로 만들고 있었다. 아이는 시간을 새롭게 변화시키는 원천이었다. 그 원천은 황인후를 아버지에게로 밀고 있었다. 아버지의 눈물은 뱃속의 아이가 만든 것임을 황인후는 비로소 깨달았다. (131쪽)

여기서 남자란 황인후 본인일 터이고 그 아들은 아이, 그리고 '아버지'로 표현된 존재는 주님이 아닐까. 뱃속의 아이가 아버지의 눈물을 만들었다는 말은 그러므로 아이를 잉태한 뒤 주님의 존재를 더욱 의식하게 되었고, 그의 눈물 즉 연민과 사랑 안에서 아이를 바라보게 되었다는 뜻이리라. 아무튼 아이는 기형으로 세상에 나왔고 그를 살려 달라는 기도를 통해 황인후는 하나님에게 가까이 간다. 그러나 그가 거기서 만난 하나님은 그의 존재를 왜곡시키는 잘못 만난 하나님으로 나타난다. 이것이 황인후 믿음의 첫번째 단계다. 그 믿음은 자기 비하의 형태이며 처절한 죄의식의 체제 안에 있다. 자신을 짐승으로 느끼는 전도된 의식에 사로잡힌 것이다. 기도와 간구에도 불구하고 아이가 죽은 사건에서 온 충격이 그를 그쪽으로 바꾼 것이다. 물론 이 믿음은 잘못된 믿음이다.

「내가 변하고 있어. 난 그것을 느껴.」
〔……〕
「난 짐승을 느껴. 내 몸을 두드리는 짐승의 발을 느끼고, 내 몸을 핥고 있는 짐승의 혀를 느껴. 내 몸을 물어뜯고 있는 짐승의 이빨을 느끼고, 상처에서 흘러내리는 내 짐승의 피를 느껴.」
내 짐승의 피? 황인후는 알 수 없는 말을 하고 있었으나 그의 얼굴은 두려움에 사로잡혀 있었다. (149~150쪽)

사실 황인후의 이 같은 자학 감정이 어디서 발원하고 있는지 소설이 분명히 밝히고 있지는 않다. 아이의 죽음과 간질병, 그리고 혈혈단신의 소외감, 열등감 등이 고려될 수 있겠으나 강혜경의 헌신적인 사랑과 그에 대한 그 자신의 동의(同意)를 생각할 때 쉽게 납득되지 않는 부분이 있다. 그러나 이 부분은 황인후가 아이의 병을 악령의 표징으로 생각하고 그 스스로 악령을 쫓는 그리스도를 닮으려고 했다는 점에서 이해된다. 말하자면 그는 병 고치는 신유의 은사, 즉 기적을 일으키는 그리스도라는 관점에서 주님을 바라보았던 것이다. 그리고 그것이 불가능해지자 자신이 불결한 존재였기 때문에 그렇게 되었다고 생각한다. 그 결과 자신은 저주받았다는 생각에 도달한다. 기독교 신앙에 대한 엄청난 오해에 기인한 이러한 발상은 기본적으로 구약의 율법주의에 많은 부분 놓여 있음을 알 수 있다. 특히 인간이 속죄의 희생 제물로 신에게 짐승을 바치는 제사 행위에 황인후는 많은 생각들을 빚지고 있었고, 그 스스로 그 제물이 되어야 하지 않겠느냐는 의식에 시달리고 있었다. 말하자면 자기 자신에게서 짐승을 느끼는 의식은 이중적인 것이었다. 그 하나는 자학·자조이며, 다른 하나는 희생 제물이 되고 싶다는 그리스도 모방 심리이다. 그는 결국 이 두 가지 의식을 현실적으로 실현한다. 즉 겉보기에는 한없이 초라한 짐승 같은 모습으로, 그러나 남을 위해 목숨까지 던지는 자기 희생으로 그의 삶을 마감한다.

II

이 소설에서 주목되는 인물들 가운데 나로서는 최정오라는 존재가 못내 잔상에 남는다. 그는 왜, 마치 몰래 카메라를 찍듯이 황인후를 미행했으며, 그의 죽음을 방조했는가. 그러나 보다 중요한 것은 그 이유가 아니다. 황인후의 짐승 같은 생활, 거룩한 구걸 행각, 그리고 희생적인 죽음을 집요하게 따라다닌 사람은 최정오만이 아니다. 다른 한 사람이 더 있다. 작가 정찬이 바로 그다. 그렇다면 작가의 시선은 미상불 최정오의 그것과 겹칠 수밖에 없으며 최정오의 시선은 다시 작가에 의해서 쫓기는 형세를 취하고 있다. 이것은 이른바 주인공과 작가의 동일화(identification)라는 관점에서 작가가 황인후 아닌 최정오와 그 일을 함께하고 있다는 점에서 흥미롭다. 말하자면 작가는 작가이지 짐승도 희생 제물 그 자체도 될 수 없다는 입장과 관계된다. 이러한 입장은 다시 두 가지 관점으로 나뉘어 살펴질 수 있을 것이다.

첫째는 작가, 즉 문학의 본질이나 운명과 관계된 부분이다. 문학은 오랫동안의 논란에도 불구하고(혹은 결과에 의해) 그것의 사회적 실현의 직접성·즉각성에 대해서 이미 어떤 한계를 동의받아 오고 있다. 대신 그 간접성·초월성의 힘에 대해서 또한 확인받아 오고 있는 바, 그것이 말하자면 예술의 능력이다. 예술은 그러므로 현실의 창조 내지 그 수행 아닌 관찰과 성찰의 범주 속에 존재한다. 이 소설에서 황인후가 현실 속의 인물이라면, 최정오는 현실 밖의 인물이다. 작가는 미상불 최정오일 수밖에 없는 것이다. 그렇다면 이 거룩한 사랑의 희생, 산 제사 앞에서 문학은 고작 '관찰' 따위나 행하는 부질없는 장난이란 말인가. 신이 죽었다고 하면서 근대 이후 짐짓 구원의 주인 노릇을 자청해 온 문학은 기껏 거룩의 현장을 뒤쫓는 미행자의 자리에 만족해야 하는가. 작가가 말하고자 하는 메시지가 그것은 아닐 것이다. 이런 말이 나온다.

「최정오 씬 참 불쌍한 분이군요.」
강혜경은 약간 빈정대면서, 그러나 진심으로 말했다.
「제가 불쌍하다구요? 그럴지도 모르죠. 하지만 전 지금 행복을 느끼고 있습니다.」
「어떤 행복인지 궁금하군요.」
「그것은 사랑의 행위였습니다.」
〔……〕

「전, 이해할 수 없어요.」

강혜경은 차갑게 말했다.

「저도 이해할 수 없었습니다. 지금도 이해하지 못합니다. 하지만 사랑은 저를 기다리고 있었고, 저는 어쩔 수 없이 보았습니다. 그리고 지금 저는 그분을 사랑합니다. 이 이해할 수 없는 사랑이 저를 행복하게 하고 있습니다. 비로소 저는 이것이 그분의 마지막 신성의 발현임을 깨달았습니다. 하지만 그분의 신성을 더 이상 가두어 놓아서는 안 된다는 것을 알고 있습니다. 갇혀 있는 사랑은 진정한 사랑이 아니니까요. 누군가에게 그 사랑을 전해 주어야지요. 때로는 지붕 위에 올라가 소리치고 싶은 충동에 사로잡히기도 합니다. 그 사랑에 대해.」(300~301쪽)

누군가는 구걸을 해다가 알지도 못하는 노인을 봉양하다가 죽어 가고, 또 다른 누군가는 그의 기사(奇事)를 숨어 따라다니면서 오직 눈에 담아 두기만 한다면, 이 두 사람 사이의 관계가 어떻게 평가될 것인가. 아니, 그런 기사를 행하는 사람이 과연 이 땅 위에 있기나 하는가. 있다. 모든 기록은 그런 사람이 딱 한 사람 있었다고 전해 준다. 그는 예수다. 그 예수는 그 뒤 부활의 기적까지 보여 준 분이기에 우리는 그를 기이한 위인 정도로 생각하는 수준을 뛰어넘어 그를 하나님의 아들, 즉 하나님과 같은 존재로 받아들인다. 이 소설에서 황인후는 거의, 부활이 생략된 예수의 모습으로 나타난다. 그런 의미에서는 작품의 리얼리티가 조금 흔들리기도 한다. 그러나 작가는 바로 이러한 비탄을 의식한 듯, 소설 도처에 현실감을 강화하기 위한 많은 배려를 하고 있으며, 그 배려는 사뭇 성공적이다. 자, 문제는 최정오의 주장대로 문학의 이러한 미행 기능이 정말로 사랑의 행위, 그 산물일 수 있겠느냐는 질문이다. 작가는 여기서 우리로 하여금 강혜경과 최정오 가운데 어느 한쪽을 선택하기를 요구하는 것 같아 보인다. 불우한 처지의 황인후를 사랑해 그와 한 몸이 되고 그의 아이를 낳기까지 했던 강혜경. 그녀는 그를 사랑하기 때문에 그녀의 약혼자와 유복한 가정·환경을 모두 내버렸었다. 다른 한편, 처음에는 호기심에서, 그리고 쾌락의 마음씨를 거쳐 마침내 존경과 사랑의 느낌으로까지 승화하는 가운데 황인후의 행적을 긴장 속에서 관찰하다가 그것을 알리게 된 최정오.

두 번째 관점은, 작가가 짐승도 희생 제물도 될 수 없으면서 어떻게 '관찰'이 사랑의 행위로 연결될 수 있겠느냐는 문제와 관계된다. 다시 말하면 강혜경과 대립되는 자리에서의 최정오 아닌, 강혜경의 자리와 만나는, 또는 그쪽으로 가까이 가는 최정오의 자리는 불가능한 일인가 하는 질문이다. 이 질문은 이 소설의 주제를 가로지른다. 거칠게 요약한다면, 이 소설은 황인후라는 인간에 대한 강혜경의 사랑, 보다 보편적인 인류애 실천으로서의 황인후의 사랑, 그리고 그러한 황인후라는 인간에 대한 최정오의 사랑으로 구분될 수 있는데, 이들 사랑들 가운데 소설의 주제가 어느 한쪽에 기울며 숨어 있다. 그 주제는 일차적으론 신의 사랑을 실천한 황인후의 위대함에 대한 묘사로 나타난다. 그러나 나로서 보다 관심이 무겁게 떠오르는 부분은, 황인후와 강혜경을 함께 아우르는 최정오의 사랑, 말을 바꾸면 최정오의 사랑 속에서 황인후와 강혜경의 그것을 함께 넣어서 바라볼 수는 없겠느냐는 흥미다. 이 문제가 풀리지 않고서는 미행과 관찰을 사랑의 산물이라고 주장한 최정오의 입장은 허구일 수밖에 없고, 거룩한 이의 삶을 기록하는 문학 속에서 문학 특유의 자부심 — 문학도 사랑이고 구원이라는 — 역시 동요되기 쉽다.

그렇다면? 나의 결론을 고백한다면, 하나님의 눈물이 황인후를 변화시키고 세상을 감동시키듯이, 소설을 포함한 문학의 시선 또한 하나님의 눈물을 닮을 수밖에 없고, 그를 통해 감동을 빚어내는 길밖에 없다. 이른바 연민의 눈길(Blick des Mitleides)이다. 유태인 학살을 내려다보면서 슬픔에 겨워 눈물을 흘렸던 하나님, 황인후의 기사를 호기심으로 뒤쫓았던 최정오도 황인후가 결국 죽음으로 그 거룩한 삶을 끝내자 슬픔과 눈물의 감정으로 뒤바뀐 자신을 보았던 것이다. 감동과 사랑은 그 순간 발생한다. 하나님의 능력이 슬퍼하는 능력 속에 있다면, 문학도 슬퍼하는 능력 속에서 세상에 영향을 주고 사람을 변화시킨다. 하나님의 능력이 거대한 질서 속에서 일어나는 거대한 초월이라면, 문학의 능력은 유한한 질서 속에서나마 작은 초월을 지향한다. 『세상의 저녁』에서 관찰자 최정오의 자리는 여기에 있어야 한다. 소설에서 그 몫을 깨달아 가는 자로 등장하며, 그렇기 때문에 황인후와 강혜경의 사랑을 이해·흡수·대화하는 공간이 결여되어 있다. 그러나 그 결여는 동시에 우리가 채워 가야 할 빈 공간이다. 문학의 본질은 운명적으로 결정되어 있지 않고, 더 큰 충족을 향해 열려 있어야 한다는 깨우침이기도 하다. "신성의 발현임을 깨달았다"는 최정오의 고백이 우리의 고백으로 거듭 바뀌어 갈 때 호기심으로 가득 찬 관찰의 나라에 머물던 문학은 홀연히 모든 사랑을 껴안는 연민의 시선으로 눈물을 흘릴 수 있을 것이다. 그 슬픔 속에 황인후의 슬픔도 강혜경의 슬픔도 함께 있다.

사랑은 슬픔이다. 이 말은 바꾸어 놓아도 마찬가지다. 어떤 사람을, 혹은 어떤 현상이나 사물을 슬픔의 감정 없이 어떻게 사랑할 수 있겠는가. 그들을 슬퍼한다는 것은 곧 그들을 사랑한다는 뜻 이외 무엇일까. 황인후의 아픔에 동참하여 그의 모든 것을 슬퍼한 강혜경의 사랑은 아름답다. 자신을 내버리고 가버린 부모를, 자신의 간질병을 저주하지 않고 온갖 자학 끝에 결국 타인에 대한 희생양으로 삶을 내놓은 황인후의 사랑은 슬프도록 아름답다. 그 모든 일을 추적·관찰하면서 거룩한 신성을 깨달은 최정오의 사랑은 거듭 음미된다.

그러나 이런 사랑들은 모두, 이해관계에 얽매인 세속의 범인들이 좀처럼 흉내낼 수 있는 영역이 못 된다. 하나님을 바라보고 그의 슬픔과 눈물이 공감될 때 터득되는 놀라운 능력이 동반될 때에야 인간들에게 일어날 수 있는 일. 본능과 물질로서의 존재로 자신을 비하시키며 절망을 모방하는 최근의 디지털 문학 안에서 이 소설은 한 줄기 감동의 눈물을 자아낸다. 하나님의 슬픔이 작가 정찬에게 무슨 영력(靈力)을 끼치기라도 했던 것인가. 의사(擬似) 자연주의 내지 신표현주의 문학의 탁류 속에서 그의 고군분투가 눈물겹다.

신성성, 그 총체적 세계관의 세계
— 마종기·황동규·이시영의 시에서

시에서 가장 중요한 요소는 이른바 '시적 자아(das lyrische Ich 혹은 das dichterische Ich)'의 문제이다. 나의 기억으로는 괴테에게서 이러한 용어가 처음 사용된 것 같은데, 1970년대 초에 시 평론에서 내가 이 표현을 썼을 때 많은 사람들이 의아하게 생각했다. 처음 듣는 말인데 도대체 무슨 뜻이냐는 것이었다. 당시 오규원 시인이 이런 질문을 아주 진지하게 해서, 상당한 시간 의견을 나누었던 일이 생각난다. 20여 년이 훨씬 지난 요즈음, 그러나 이 '시적 자아'라는 말은 아주 익숙한 낱말이 되어 버렸다. 시에 관한 평론 등을 읽어 보면 이제 너무나도 자연스럽게 쓰여지고 있는 것을 볼 수 있다. 그런데 지금 다시 한 번 생각해 보자. 과연 시적 자아란 무엇인가?

시적 자아란 경험적 자아 혹은 일상적 자아와 비교되는 개념이다. 경험적 자아나 일상적 자아란 평범한 일상인을 가리키는 말이다. 대부분의 보통 사람들이 여기에 해당된다. 말하자면 의식주에 얽매여 의식주를 가치로 삼고, 의식주에 충실하고자 하는 사람들이다. 시적 자아란 그렇게만 살지는 않는, 시를 쓰는 사람, 시인이 되는 인간이다. 물론 시인이라고 해서 의식주의 범주와 무관한, 또는 그것을 항상 뛰어넘는 초월적 공간에 사는 것은 아니다.

그러나 시를 쓰는 순간만큼은, 시 안에서 형성된 시적 사물이 독특한 의미를 갖는 시간·공간 안에서는 일상의 질서를 초월하는 순간을 맛본다. 이때 생겨난 별스러운 느낌과 의미로 서 있는 인간이 바로 시적 자아이다. 시인이라고 해서 노상 이런 경험과 순간 안에 있는 것은 아니지만, 그 경험과 순간에 의해 시가 생겨나는 것이다. 사실 따지고 보면 지극히 당연한 이야기이고 새삼스러울 것이 아무 것도 없다. 모든 시는 시적 자아를 갖기 마련이고, 시적 자아의 탄생은 바로 시 자체이기 때문이다. 그런데, 그런데 말이다. 기묘하여라. 시 가운데에는 시적 자아가 없는 시도 있음을 어찌하랴. 경험적 자아, 일상적 자아의 나열만으로 그것이 시임을 주장하는 시들이 우리 주변에는 사실 너무 많다. '시적 자아'라는 낱말이 계속 쓰이고 강조될 수밖에 없는 까닭도 이처럼 엉뚱한 데에 있는 것이다. 예컨대 '꽃'은 자연 속의 꽃이지만 한 편의 특정한 시에서 특정한 의미를 지니는 '시적인 꽃'으로 바뀌어야 하는 것이다. 이때 그 꽃을 통해 시인이 일상적 자아로서의 자신을 버리고 어떤 시적 탈출·탄생을 꾀했다면 그 꽃이 바로 시적 자아가 된다. 문제는 '시적 탈출·탄생'이다. 그것은 직접적인 상징이 될 수도 있고 시의 전개 과정을 통해 인식된 온갖 간접적인 '다른 의미'일 수도 있다. 그 어떤 경우든 그 시적 자아는 경험적 자아, 일상적 자아의 복제나 재현일 수는 없다.

시적 자아 문제가 논의될 때 자연스럽게 새삼 인식되는 것은, 문학의 여러 장르들 가운데에 과연 시야말로 자아, 즉 시인 개인이 중요시되는 양식이라는 사실이다. 슈타이거(E. Steiger)와 같은 대표적 장르 이론가는 시·소설·드라마의 세 양식을 시-추억/소설-행동/

드라마―대화라는 측면에서 분석하고 있는데, 이 이론을 따라가 보더라도 시야말로 가장 개인적인 장르임이 분명하다(그래서일까, 시인들은 문필가들 사이에서도 가장 에고 중심적인 인상이다). 이것은 소설이 소설가 개인의 신변 상황이나 인생관·세계관의 직접적인 토로보다, 그것에 의해 채택된 현실과 세계 자체의 제시에 보다 집중되어 있는 것과 뚜렷하게 대비된다. 시는 말하자면 시인이다.

　여기에 두 가지 문제가 있다. 시인이 들어 있지 않은 시가 그 하나의 문제이며, 다른 하나는 시인이 과도한 모습으로 시 자체를 폭발시키고 있는 경우이다. 물론 엄격한 의미에서 두 번째 경우도 첫번째 경우에 속한다고도 할 수 있을 것이다. 수많은 시인들을 갖고 있는 우리 시단의 고질적인 문제점은 항상 전자에 몰려 있었다. 시와 시집들은 쏟아져 나와도 올바른 시적 자아는 막상 결핍되어 있는 것들이 너무 많았기 때문이다. 그러나 1980년대 이후 이런 폐단을 극복한 젊은 좋은 시들이 많이 나왔다. 이들에게서는 경험적 자아, 일상적 자아로부터의 일탈·초탈이 눈물겹게 포착되었다. 여러 사람들이 지적해 왔듯이 황지우, 이성복, 김혜순, 남진우, 장경린 등을 거쳐 유하, 이윤학, 함성호, 박형준, 이정록 등에 이르는 일련의 화려한 멤버들이 이와 관련되어 기억된다.

　그러나 이들에게서 발견·확인되고 있는 시적 자아의 내용과 그 양상은 황지우, 이성복 등이 신인으로 활약하던 1980년대의 분위기가 변화하면서 새로운 검토의 대상으로 변모한다. 왜냐하면 80년대의 시적 자아는, 90년대에 의해 비판·극복의 방향으로 나아가기보다 확대·재생산의 길을 걷는 것처럼 보이면서 또 다른 문제점과 만날 수밖에 없기 때문이다. 이 자리에서 논의하게 된 신성성(神聖性)의 문제도 이러한 맥락 안에서 제기되는 것으로 보이는바, 나로서는 논의의 중심 화두가 결국 시적 자아의 문제와 긴밀하게 연결되어 있다고 생각된다. 오늘 '시와 삶, 우주'라는 거시적인 테마 아래에서 언뜻 기법상의 용어 같은 '시적 자아'가 모두(冒頭)에 떠오른 까닭도 이와 같은 그 내용의 변화 과정과 이 문제가 무관할 수 없다는 나의 판단 때문이다.

 80년대 시들이 보여 주고 있는 시적 자아의 모습은 왜소·자학·과장된, 표현주의적 절규의 그림이다. 그것은 절망과 좌절처럼 보이지만 절망하지 않고 좌절하지 않겠다는 몸부림이다. 경험적·일상적 자아의 반복만으로는 파멸할 수밖에 없기에, 바로 그 같은 절망의 현실을 파괴하는 자아가 시적 자아로서의 공감을 얻어 낸다.
 그러나 모든 문학 작품들이 그렇듯이 그것이 도전·극복되지 않고 지속될 때 이미 호소력과 감동은 상실되고, 시인·작가에 의한 문체 향수(文體享受) 현상이 생겨난다. 시·소설을 막론하고 90년대 들어와서 계속되고 있는 파괴적 시적 자아의 폐쇄적 분위기는 이런 의미에서 마땅히 비판의 대상이 될 수밖에 없다. 나는 최근 이러한 현상을 「90년대 시의 신표현주의적 성향」이라고 묶어서 죽음과 섹스, 욕망에 집착하고 있는 일군의 젊은 시인들을 훑어본 바 있다. 이제 이 현상과 그 의미를 한번쯤 진지하게 되돌아보자는 뜻에서 쓴 글인데, 물론 여기에는 시와 문학의 전통적 위의(威儀)에 대한 자부심이 깔려 있음을 부인 못한다. 그 자부심이란 문학이 총체적 인간학이라는 점, 즉 인간에 대한 이해가 균형과 조화를 갖춘 전체적 시각에서 행해져야 한다는 점과 관계된다. 이런 의미에서 죽음과 섹스라는 욕망에의 집착은, 에고로서의 인간에 대한 미시적 접근으로서의 일면적 측면만을 띨 수밖에 없고, 따라서 이를 극복할 새로운 시각이 당연히 모색되어야 한다. 신성성의 문제는 여기에 그 논의 제기의 필연성이 있을 뿐 아니라, 보다 거시적인 관점에서는 세기말적 문화 전반의 총체적 반성과 관련된다.

　신성성의 문제를 시에서 논의하려고 할 때—나로서는 이미 한두 번 언급한 일이 있으나—마종기의 최근 활동을 먼저 떠올리지 않을 수 없다. 다른 자리에서 이미 살펴본 적이 있는, 그의 탁월한 수작 「보이는 것을 바라는 것은 희망이 아니므로」에 대해서는 할애하고, 다른 작품들을 간단히 분석함으로써 논의를 조금 더 구체화시켜 보자.

　세상의 모든 것은 하나였다. 다를 수가 없었다. 그래서 나는 크고 작은 것의 차이에서 떠나기로 결심했다. 보이는 것과 안 보이는 것의 차이에서 떠나고, 살고 죽는 것의 차이에서 떠나기로 결심했다. 그것은 내게도 어려운 결심이었다. 며칠 후 인적 없는 강기슭을 떠나며 작별 인사를 하자 강은 말없이 내게 다가와 맑고 긴 강물 몇 개를 내 가슴에 넣어 주었다. 그래서 나는 강이 되었다.

　「이 세상의 긴 강(江)」이라는, 시집 『이슬의 눈』에 들어 있는 다소 긴 시의 끝 부분이다. 이 시의 시적 자아는 강인데, 그 강은 애당초 시인이 찾아가서 구경하고 있는 자연으로서 등장한다. 그러다가 시는 전개를 거듭하면서 시인과 강이 서로 섞여 가고 있음을 보여 준다. 마침내 그 관찰은 "그렇게 하나같이 비슷한 방향으로 가는 우리"라는 인식에 이르고 결국 "세상의 모든 것은 하나"라는 결론을 찾아낸다. 이러한 인식의 완성과 더불어 시인의 경험적 자아는 급격히 사라져 간다. "보이는 것과 안 보이는 것의 차이에서 떠나고, 살고 죽는 것의 차이에서 떠나기로" 한 결심이 그것이다. 경험적 자아의 소멸은 자연스럽게 새로운 시적 자아를 만들어 내는데, 그것이 바로 '강'이다. 그 강은 세상의 모든 것을 아우르고, 세상의 모든 차이를 없애 버리는 것을 내용으로 삼는다. 시인은 그 강이 되어 버림으로써 일상적·경험적 자아를 잃어버리고 비로소 시인이 된다.

마종기의 이러한 시적 자아에서 나는 분열 아닌 통합을 본다. 현실에 억눌려 패배하지 않으려고 하는 눈물겨운 저항으로서의 시적 자아 대신, 그것을 의연히 넘어서고자 하는 총체적 세계로서의 시적 자아를 본다. 전자가 분석적·미시적이라면 후자는 통합적·거시적이다. 이때 후자에게서 주의되어야 할 점은 통합성·거시성이 관념에 함몰되지 않도록 전자의 특성, 즉 분석적 미시성을 아울러 포함하고 있어야 한다는 점인데, 마종기의 시에는 놀랍게 그 구체적 과정이 동반된다. "인간은 태초에 신의 형상대로 만들어졌다"는 말대로 그 모습이 총체적으로 관찰·인식될 때 신성성의 분위기는 거기서 재현된다. 죽음도 섹스도, 요컨대 모든 욕망은 인간성의 중요한 부분이지만, 그것들은 까발려지고 표현되는 데에만 의미가 있는 것은 아니다. 오히려 인간성의 다른 중요한 부분은, 그것을 가리고 극복하는 것을 지향한다.

마종기의 '강'은 우리 시로서는 드물게도 그러한 내용의 시적 자아를 보여 준다는 면에서 놀라운 감동을 빚어낸다. 시집 『이슬의 눈』에서 이슬도 새도 모두 이러한 신성과 연관된 시적 자아를 성취해 낸다.

마종기와 동세대에 등단해서 그의 시작 활동 자체가 한국 현대시사를 이루듯 꾸준히 우리 시의 수준을 높여 온 중진 시인 황동규의 세계도 이와 관련해서 주목의 대상이 될 만하다. 시집 『외계인』에 수록된, 신성성을 연상시키는 제목을 가진 「천국」이라는 작품 전문을 우선 소개한다.

며칠 내 작품을 쓰고 지우고 쓰고 지우다가

매듭지어지지 않아

정선군 비행기재 앞
지도에서 놀고 있으나
땅에서 지워진 마을들 서철 동무지 마전 백운

쓰고 지우고 쓰고 지우고
꿈속에서도 쓰고 지우고 다시 쓰는
그런 곳.

 자신의 시작 과정을 고백한 작품인데 뜬금없이 '천국'은 웬말인가. 이 시는 그래서 재미있다. 보통 사람들은 천국을 사람 살기에 가장 좋은 곳으로 연상하고 또 생각한다. 그러나 그런 연상은 근본적으로 모순을 안고 있다. 그도 그럴 것이, 가장 좋은 곳이라고 생각할 때의 '좋은'이란 인간의 욕망이 자유롭게 무제한으로 이루어지는 상태를 말하는 것으로서 종교상의 공간과는 사뭇 다르다. 예컨대 기독교에서의 천국은 무엇보다 죽음이 없는 영생의 공간으로서, 그곳은 죄 사함을 받은 자에게만 문이 열리는 '좁은 곳'이다. 인간적인 욕망과는 도리어 반대되는 장소이다. 이런 양면적인 이미지를 갖고 있는 곳이 '천국'인데, 황동규의 '천국'은 기묘하게도 이 양면성을 동시에 지니고 있다. 무엇보다 그의 천국은 인간적인 욕망 안에 존재한다.
 그러나 문제는 그 욕망의 성격이다. 그 욕망은, 그 욕망을 버리고 싶어하는 또 다른 상태와 연결된 그런 욕망이다. 좋은 시를 쓰고 싶다는 욕망. 종교는 이 땅 위의 세속적 질서를 넘어서는 대초월이지만, 시를 포함한 모든 문학예술 역시 그것을 모방하는 작은 초월을 경험하며, 여기에 문학예술의 의미와 가치가 있다. 크게 보면 같은 차원에 속하는 것이지만, 동일한 차원 안에 들어서면 오히려 적대적인 범주로 마주 선다. 종교적 초월이 모든 인간 욕망을 포기하고 신의 일방적인 관용을 구하는 데 반해서, 문학은 그 스스로가 초월적 능력의 자리에 앉고자 한다. 종교적 초월의 입장에서 바라볼 때 그것은 괘씸한 지적 교만이 아닐 수 없다. 그리스 신화에 바탕을 둔 문학과 예술, 우리의 경우 샤머니즘적 제의와 그 풍속에 따른 일련의 예술적 행태들이 모두 이에 속한다. 때로 노골적으로, 때로 은밀한 모습으로 나타나고 있으나 우리 현대 문학의 경우도 예외는 아니다. 가령 전자의 경우로는 소설가 박상륭이 전형적으로 부각될 수 있겠고, 후자의 경우로는 대부분의 유능한 작가·시인 들이 모두 이 문제와 절묘하게 닿아 있다고 할 수 있다. 황동규의 「천국」은 그런 의미에서의 교만과 겸손이 잘 어울려 있는 작품이다.

  교만은 이때, 신에게 바치는 헌사나 범신론적 작품이 아닌 모든 작품에 다소간에 해당될 수 있다. 물론, 다시 시인·작가는 항변할 수 있다. 그만한 지적 교만 없이 문학 작품이 생겨날 수 있는가 하고. 그렇다. 그 항변은 상당 부분 타당하다. 그러나 그 교만은 때로 보다 겸손한 자기 고백과 동반될 때 더욱 놀라운 감동을 유발해 낼 수 있다. 앞서 거론한 마종기의 시들(이 글에서 다루어지지 않은 많은 좋은 시들이 이와 관련될 수 있다)이 비근한 예일 수 있겠는데, 황동규의 「천국」은 그 경계를 조심스럽게 지나간다. 시인은 여기서 자신의 능력으로 최고 수준의 작품을 쓸 수 있다고 믿는 한편, 그 불가능성을 은연중 내비치는 '겸손'에 물러서 있다.

  신성성이란 이렇듯 인간 한계에 대한 자각과 보다 높은 신성에 대한 깨달음의 순간에 찾아오는바, 시인은 이 순간의 포착으로까지 나아가야 위대하다고 할 수 있지 않겠는가. 1980, 90년대의 많은 젊은 시인들은 이 순간으로의 도달은커녕, 그 순간 자체를 인정하려고 하지 않는 점에 치명적 한계를 갖고, 욕망론 부근을 맴돌 수밖에 없었던 것이 아닌가 여겨진다. 이런 의미에서 격변하는 현실과 조심스럽게 조응해 가면서 지속적인 성숙·성취를 이루어 온 마종기·황동규의 시 세계가 신성성의 문제와 긍정적으로 만나게 된다는 사실은 우리 시 전체를 위해 지극히 다행스러운 일로 생각된다.

  1996년에 나온 시집 『사이』 이후 시를 부쩍 우주론적 시각에서 인식해 가고 있는 이시영도, 연배는 한 10년 아래지만, 근본적으로 앞의 두 시인들과 비슷한 길에 있는 것으로 보인다. 최근에 또 나온 시집 『조용한 푸른 하늘』이 그러한데, 여기에는 예컨대 이런 시가 들어 있다.

    우주란 원래
    소리가 없을 때
    우주이다
    누가 자신을 퍼가는지도 모르게
    色도 미동도 없을 때

    오늘 밤
    지상에는 한 귀뚜리가
    더듬이를 제 숨결에 착 붙인 채
    마지막 몸부림으로 울고

    그러나
    가을이 이내 가고
    겨울이 깊어 가도
    우주는 푸르다

「나의 우주」라는 시 전문이다. 우주라는 제목을 달고 있다고 해서 물론 우주론적 인식을 시가 보여 주는 것은 아니다. 그러나 이 작품에는 확실히 우주론적이라고 부를 수밖에 없는 시인의 세계관이 숨어 있다. 무엇보다 우주에 대한 인식의 내용이 그러하다. 우주란 소리도 없고 색도 없고 미동도 없는, 그러면서도 인간을 "퍼가는지도 모르게" 만드는 그런 것. 이처럼 우주를 감각과 달관의 양쪽 손으로 그려 낼 수 있을까. 요컨대 우주는 인간의 감각으로 인지될 수 있는 세계 밖의 규모와 능력을 지닌 존재로 이해된다. 별것 없는 것 같으면서도 결정적인 것, 문제는 여기서 왜 갑자기 시인에게 이러한 인식이 생겨났을까 하는 점이다. 그 의문에 답해 주는 부분이 시의 가운데 대목이다. 오늘 밤 지상에는 한 귀뚜리가 더듬이를 제 숨결에 착 붙인 채 마지막 몸부림으로 운다는! 이 엄청나게 작은 부분의 관찰이 우주의 거대한 섭리와 맞물리면서 그 섭리를 한층 거대하게 해준다. 그 내포가 분명치 않아 보이는 우주의 운행은 이처럼 작은 미물 — 귀뚜리의 울음들로 구성되어 있는 것이다. 그러나 누가 그것을 작다고 하랴. 귀뚜리는 생물의 크기는 비록 작을지언정, 그놈은 "더듬이를 제 숨결에 착 붙인 채/마지막 몸부림으로 울"지 않는가. 그 울음은 생명의 울음이기에 거대하다.

이렇듯 세상을 자세히 들여다보면, 미시의 세계와 거시의 세계는 서로 대립된 자리에서 따로따로 놀고 있는 것이 아니라 너무나도 가깝게 섞여 있는 모습으로 공존하고 있음을 알 수 있다. 그 공존의 모습을 한눈에 파악하는 것이 바로 우주론적 시각이다. 마종기의 '강'이 그렇고, 황동규의 '천국'이 그렇다. 거기에는 대립까지 포함, 서로 다른 것들이 하나로 공존하고 있는 순간과 공간이 있다. 이시영의 '우주'도 마찬가지이다. 그 우주는 가을·겨울의 시간 변화에도 늘 푸른 모습으로 살아서 생명의 엄숙한 질서를 관리한다. 이런 인식과 시각 덕분에 이시영의 시는 갈수록 아름다운 시적 공간을 만들어 낸다. 이런 것이다.

참새들의 맑은 눈을 들여다보고 있으면
인간 영혼의 어슴푸레한 모습이 보인다

굴곡과 굴곡 사이를 날다
지금 막 내게 안착한
불안한 영롱한 작은 빛이여

『조용한 푸른 하늘』에 실린 「빛」이라는 시다. 이 시에서 특히 주목되는 부분은 "굴곡과 굴곡 사이를 날다"라는 표현이다. 그것은 시인 자신의 파란 많은 개인사의 표현일 수도 있겠으나, 우주라는 보다 커다란 공간과 시간이 지닌 오묘한 질서의 현장일 수 있다. 인간은, 그가 시인 이시영이 아니더라도 누구나 "굴곡과 굴곡 사이를 날"아다닌다. 문제는 본인이 그 사실을 모르거나 인정하지 않는다는 사실이다. 그렇기 때문에 사람들은 안착하지도 않고, 불안한 그러나 영롱한 빛을 보지도 못한다. 이 시인 자신도 젊은 한 시절 그러한 세월에 머무른 적이 있지만, 이제 그는 안착했고 빛을 본다. 이렇듯 '빛'이란 객관적인 사물이 아닌, 주체적인 인식의 대상이다. 그것은 우주론적 시각과 신성성에 대한 관심에 비례하여 발견되는 인식의 노획물이다.

욕망론에 포박된 시인들 이외에도 물론 많은 좋은 시인들이 있으며, 젊은 시인들 사이에서도 그 극복을 위해 노력하는 아름다운 시인들이 많이 있다. 그러나 죽음 대신 생명, 내면의 심리 대신 우주적 조망을 지향하면서 신성성의 문제에 관심을 갖는 시들은 특히 유의해야 할 몇 가지 항목이 있다. 그 가장 중요한 부분은, 시를 환원론적인 방법에 의지하거나 선험적인 의식으로 바라보아서는 곤란하다는 점이다. 이러한 생각은 자칫 내면적 욕망—작은 것/우주론적 신성성—큰 것이라는 이원론을 초래하면서 신성성의 시를 관념화시킬 위험이 있다. 특정 종교를 도식적인 교리 적용으로 몰아가고자 할 때 이 위험은 특히 고조된다.

　다음으로 깊이 생각되어야 할 점은, 신성성의 강조가 신비주의의 조장 내지 변호로 받아들여져서는 안 된다는 사실이다. 신비주의란 여러 가지 측면에서 여러 가지 양태로 나타나는, 다시 말해서 한 마디로 요약되기 힘든 복잡한 내용을 지니고 있으나 한 가지 분명한 것은 있다. 그것은 범신론적 다신론에서부터 샤머니즘에 이르는, 다분히 미신적인 입장이다. 특히 최근 적잖은 시인들에게서 발견되는 불교의 자의적 해석과 이에 대한 편승, 시인 스스로 도사연하는 분위기의 만연은 신비주의의 대표적 증상이다. 앞서 나는 지적 교만과 겸손의 문제를 거론한 바 있는데, 신성성의 시가 신비주의화될 때 바로 이 '교만'의 문제는 극대화된다. 왜냐하면 시인은 이때 일종의 교주가 되기 때문이다. 시인은 시인일 뿐, 사이비 종교의 교주가 될 수는 없는 것이다. 그렇게 될 때 신성성의 시는 인간 욕망에의 집착이라는 통속적 현실 인식의 지양에 기여하기보다, 인간 자신이 신성성 자체가 될 수 있다는, 말하자면 신이 될 수도 있다는 거짓의 유포에 나서게 된다. 가장 교묘한 형태의 인간 욕망이 그 속에 가려져 있다. 시적 대상에 대한 관찰·묘사·인식을 통해 이루어진 시적 자아는 시를 읽는 모든 이들의 모든 억압을 풀어 주면서 자유스러운 감동을 빚어내는 시적 형태일 뿐, 어떤 체계와 제도를 연상케 하는 우상은 결코 아니다. 샤머니즘·불교·도(道) 등이 복합된, 이른바 한국 정신을 추구하는 시인들에게 특히 이와 관련된 깊은 성찰이 요구된다.

자신의 상처와 고통, 욕망과 허무를 과장된 울음·비웃음·절규·한숨으로 토해 내지 않고 연민과 이웃 사랑으로 따뜻하게 보듬으면서 나아갈 때, 세계는 문득 그 진리의 한 가닥을 보여 줄 것이다. 시인에게도, 그리고 우리 모두에게도 신성성은 그때 더 이상 거룩한 관념이 아니다.

초월 속의 평화
— 마종기의 『이슬의 눈』

　불안하던 마음도, 흥분에 떨던 마음도, 분노에 가득 찬 마음도 마종기의 시 앞에서는 알 수 없는 평정을 회복한다. 복잡한 상징 구조를 가진 시를 뜯어 가면서 읽어야 직성이 풀리는 현학 취향의 문학 독자들에게는 기이한 경험이 아닐 수 없다. 그런 취향의 독자가 아니라 하더라도 그 같은 안정감이 주는 행복 속에서 맛보게 되는 신기함이라니! 그는 그런 의미에서 참으로 고마운 시인이다. 이런 사실 때문에 그를 천부의 시인 기질 소유자, 혹은 별 갈등이나 고통 없는 유복한 환경의 소유자로 생각하기 쉬운데, 글쎄 기질이라면 모를까, 환경은 그런 편이라고 할 수 없다. 물론 그는 좋은 학교를 나와서 미국에서 의사 생활을 하고 있으므로 사회적 위치나 경제 사정면에서는 결코 나쁜 조건에 있다고 할 수 없을 것이다. 그러나 그는 어쩔 수 없이 조국을 떠나 있고 비교적 이른 나이에 아버지를 여의었으며 최근엔 동생이 불의의 사고로 숨지는 비통한 경험도 했다. 이런 그의 현실들은 언제나 그렇듯이 이번에도 그의 시집에 나와 있다. 그럼에도 불구하고 그 힘듦, 아픔, 슬픔 등은 날것의 모습을 드러내거나 어떤 의도와 더불어 부풀려지지 않고 조용히 단정하게 승화되어 있다. 의사 생활을 통하여 누구보다 자주 인간의 죽음을 보아 왔고 또 누구보다도 예민한 감수성으로 그것을 포착하여 시에 담아 왔지만, 그 슬픔과 아픔은 절제된 표현을 통해 새로운 지혜의 형식을 얻어 온 것으로 보인다. 동생의 돌연한 죽음을 진혼시(鎭魂詩) 형태로 노래한 작품들을 수록하고 있는 이 시집에는 그 밖에도 우리 현대시의 높은 수준을 형성하고 있는 다양한 시들이 들어 있다. 외국에 나가 있는 시인에 의한 한국 시의 심화라는 낯선 느낌마저 갖게 하는 놀라움 속에서 만나게 되는 작품들이다.

> 보이는 것을 바라는 것은 희망이 아니므로,
> 피붙이 같은 새들과 이승의 인연을 오래 나누고
> 성도 이름도 포기해 버린 야산을 다독거린 후
> 신들린 듯 엇싸엇싸 몸의 모든 문을 열어 버린다.
> 머리 위로는 여러 개의 하늘이 모여 손을 잡는다.
> 보이는 것을 바라는 것은 희망이 아니므로,
> 보이지 않는 나라의 숨, 들리지 않는 목소리의 말,
> 먼 곳 어렵게 헤치고 온 아늑한 시간 속을 가면서.
> ―「보이는 것을 바라는 것은 희망이 아니므로」 중에서

아! 시를 읽는 맛이 이런 것 아닐까? 몇 줄 안 되는 시행 속에 녹아 있는 인생의 아등바등한 시간과 그 덧없음. 이생에서의 온갖 인연과 그로부터의 해방. 무엇보다도 자신을 내놓고 초월하는 마음씨의 아름다움이 우리를 한없이 가볍게 해준다. 「보이는 것을 바라는 것은 희망이 아니므로」라는 탁월한 시의 후반부를 인용한 것인데, 나로서는 여기서 우리 현대시가 도달한 가장 높은 경지를 경험한다.

무엇보다 이 시에는 한국 시를 끈질길 정도로 칙칙하게 따라다녀 온 욕망의 어두운 늪이 보이지 않는다. 이 세상 속의 많은 것들을 따스하게 보듬으면서, 또 거기서 생겨나는 괴로움과 고통을 피하지 않으면서도 마침내는 그것을 감싸 안고 넘어서는 무욕의 세계! 그러나 그것은 결코 신비한 선의 공간이거나 관념적인 허세의 자리가 아니다. 그저 범상한 일상인의 체험을 통해 단정하게 묘사되면서 획득된 아름다운 시의 공간이라는 점에 그 주목할 만한 특징이 있다.

마종기는 등단한 지 40년이 가까워 오는 중진 시인이며, 해외 체류에도 불구하고 그 동안 국내에서 간행된 시집이 아마도 거의 열 권에 육박할 것이다. 이 점에서 그는 황동규·정현종 등의 중진 시인과 같은 반열에 있는 시인인데, 이들과 달리 그의 시 세계에서는 훨씬 생활 자체의 냄새가 난다. 앞의 시인들이 인간의 정신, 자연, 그리고 언어의 본질과 같은 다소간 형이상학적 문제를 바라다보면서 키 높이기를 위해 노력해 왔다면, 이 시인은 매일 매일의 일상, 그것도 가족이나 병원 등 구체적인 삶의 애환과 관계된 것들을 노래해 왔다. 그럼에도 불구하고 마종기의 시는 생활의 갈등이나 실존적 고통, 혹은 그런 것들에 얽매인 감정적 반응에 머무르지 않는다. 요컨대 그의 시는 비근한 땅의 이야기들인데도 그것들을 초월하는 초연한 분위기에 덮여 있다. 마종기 시의 매력과 비밀은 바로 여기에 숨어 있다.

> 다음날엔 새벽이 오기도 전에
> 이슬 대신 낙엽 한 장이 어깨에 떨어져
> 부질없다, 부질없다 소리치는 통에
> 나까지 어깨 무거워 주저앉았습니다.
> 이슬은 아침이 되어서야 맑은 눈을 뜨고

간밤의 낙엽을 아껴 주었습니다.
　　— 당신은 그러니, 두 눈을 뜨고 사세요.
　　앞도 보고 뒤도 보고 위도 보세요.
　　다 보이지요? 당신이 가고 당신이 옵니다.
　　　　　　　　　　　　　　— 「이슬의 눈」 중에서

　이슬을 시의 화자로 삼은 가을 풍경이 묘사되는데, 그 풍경의 중심은 이슬과 낙엽의 대화다. 낙엽은 인생의 덧없음을 일깨워 주고 이슬은 그것을 넘어서는 초월의 지혜를 말해 준다. 두 눈을 뜨고 살라면서 "앞도 보고 뒤도 보고 위도 보세요"라고 말하는데, 여기에는 이 지상에서의 현세적 삶에만 집착하지 말고 그것 위의 진리를 보라는 권유, 즉 초월적 신성에 대한 인식이 들어 있다. 이것이 바로 마종기 시의 비밀이며, "이슬의 눈"이다. 그렇기 때문에 그의 시는 늘 촉촉하고 늘 서늘하다. 촉촉하고 서늘한 것이야말로 신성의 구체적 임재이며 계시인 것이다. 그것은 뜨거운 것, 화끈한 것을 좋아하는 인간적 에너지와 달리(인간을 불에 비유한 니체나, 불을 훔쳐 인간을 살려 낸 프로메테우스를 생각해 보라) 대상에 대한 조용한 연민, 차분한 성찰을 통한 새로운 출발을 기약해 준다. 신성에 의탁한 재생의 이미지는 그러므로 시의 진부한 유희 반복과 지적 허영을 방지하고 자기 갱신과 비상의 힘을 높여 준다. 마종기 시에 은밀하게 깔려 있는 신성 모티프는 다른 시인들에게서 찾기 힘든 독특한 활력이며 지평이다. 그의 시가 비극적 세계 인식에도 불구하고 그 인식의 상황에 그대로 머물지 않고 거듭 동경과 평화를 향한 먼 시선을 버리지 않고 있는 것은 이러한 문맥에서 이해되어야 할 것이다.

　　사랑하는 이여,

세상의 모든 모순 위에서 당신을 부른다.
괴로워하지도 슬퍼하지도 말아라
순간적이 아닌 인생이 어디에 있겠는가
내게도 지난 몇 해는 어렵게 왔다.
그 어려움과 지친 몸에 의지하여 당신을 보니
별이여, 아직 끝나지 않은 애통한 미련이여,
도달하기 어려운 곳에 사는 기쁨을 만나라.
당신의 반응은 하느님의 선물이다.
문을 닫고 불을 끄고
나도 당신의 별을 만진다
—「별, 아직 끝나지 않은 기쁨」 중에서

"당신"은 사랑하는 이며, 하늘의 별이며, 아예 하느님 자신일 수 있다. 말하자면 그는 신적인 어떤 것이며 이 세상 위의 혹은 이 세상을 껴안고 넘어서는 초월이다. 이 시에서 그 초월의 힘은 "도달하기 어려운 곳에 사는 기쁨을 만나라"는 대목에서 빛나고 있는데, 그것은 삶의 현장에 매몰되어 욕망에만 지배당하고 있는 우리 모두의 모습을 향한 잠언의 노래이다. 손에 잡히고 눈에 보이는 감각의 심전도를 시의 본령쯤으로 여겨 온 독자가 있다면, 마종기 시의 서늘한 생각 사이사이에 배어 있는 이슬의 세례를 받고 저 청명한 구원의 하늘을 바라보는 축복을 누리시라.

신앙과 애정
— 김원일 장편소설 『사랑아 길을 묻는다』

　30여 년을 한결같은 힘과 정열로 소설쓰기에 바쳐 온 김원일의 자리는 1960년대 이후 한국 문학의 수준과 자부심을 그대로 품고 있는 현장이다. 장편소설『불의 제전』을 비롯한 이른바 분단소설들은 그의 문학의 모태이자 지향이어서 그를 분단문학의 대부로 각인시켜 주기도 했으며, 장편소설『늘푸른 소나무』를 통해서는 자아와 사회의 동반적 성장을 추구하는 성장소설의 새로운 모델을 긴 호흡으로 성취시키기도 했다.
　인격적 염결성(廉潔性)을 인간성의 기반에 깔아 가면서 세기말 문명이 유발하고 있는 오염된 세계 속에서도 인간으로서의 품위와 아름다움을 지키려는 노력이 그의 작품 전체에 미만해 있다. 따라서 그의 소설은 혼탁한 물질주의, 성적 타락, 인간 내면의 범죄적 갈등과 같은, 많은 소설가들이 즐겨 탐닉해 있는 문제들과 일정한 거리를 갖고 오히려 그것들을 대적하는 데에 경성(警醒)의 목소리를 높여 온 면이 강하다. 국토의 분단을 가져온 이데올로기라는 허위의식에서 드러난 인간의 허황된 이기심과 무책임에 대한 절망을, 그의 문학적 모티프로 삼고 있는 작가로서는, 그 같은 부정적 인간상의 극복이 아마도 가장 긴요한 주제가 될 수밖에 없었을 것이다. 김원일 문학 30년의 참된 이해는 이런 측면에서 이루어져야 할 것이다. 장편소설 『마당 깊은 집』과 단편 「깨끗한 봄」은 이러한 모티프와 주제의 관계를 극명하게 보여 주는 경우로 이미 주목된 바 있다.

김원일의 문학 세계에 대한 일반적 이해가 이 같은 범위 안에서 대체로 형성되고 있는 상황에서, 장편소설 『사랑아 길을 묻는다』의 출현은 다소 뜻밖의 느낌으로 다가온다. 그러나 그것은 작가에게나 독자에게나 귀중한 도전이다. 부인 있는 중년 남성과 유부녀와의 사랑을 다루고 있는 이 소설은, 이 같은 소재로 된 많은 다른 소설들이 그렇듯이 여기서도 비극적 결말을 안고 있다. 그러나 이 소설은 두 가지 관점에서 세심하게 관찰되어야 할 요소를 지니고 있다. 그 하나는, 독실한 가톨릭 신자들인 이들이 배교(背敎)까지 서슴지 않으면서 사랑의 도피행을 감행하는데 여기서 겪게 되는 신앙과 사랑의 갈등이라는 문제이다. 다른 하나는 이 작가가 최초로 시도하는 애정 소설에 담겨진 숨은 의미이다. 대체 김원일이 그토록 자제해 왔던 (혹은 스스로 금기시했던) 남녀 간의 애정 문제에 시선을 강하게 돌리게 된 이유는 무엇일까. 아마도 다음과 같은 소설 속의 한 진술이 그 대답을 대신할지도 모른다.

「억지 춘향이라고? 자네도 처자식 버리고 의병 종군하겠다는 결단을 세우지 않았는가. 전사한다면 충절로 이름은 남을지 모르나 처자식 눈물 흘리게 하는 짓은 나와 뭐가 다른가? 자네에겐 그게 구국이겠고 내겐 여자가 되겠지. 나도 한 여자를 목숨 다해 사랑한 진실은 있었기에 집을 나섰네. 그 결과 나야말로 간고(艱苦)를 끝내었고 자네는 이제 시작일세. 인생일사도무사(人生一死都無事)라…….」(307쪽)

주인공 남자 서한중이 여덟 달 만에 애정의 도피 행각을 끝내고 고향에 돌아와 나누는 친구와의 대화 한 토막이다. 갖은 고생 끝에 쇠약해진 몸을 간신히 이끌고 돌아온 그에게는 만삭이 된 애인과 주위의 차가운 시선만이 남아 있을 뿐이다. 그가 기거할 수 있는 작은 공간을 허락해 준 친구의 질책은 매우 날카로웠는데, 죽음을 앞둔 주인공 서한중의 변론은 뜻밖에도 완강하다. 물론 가정과 사회를 모두 버리고 양자택일로 선택된 애정이기에 그 나름의 확연한 논리가 마땅히 있어야 할 것이다. 그러나 나라와 여자, 구국과 사랑을 동일시하는 논리는 이 작가로서는 파격에 가까운 첫 모험이다. 이러한 모험은 첫째, 현실과 인간에 대한 총체적 인식이라는 면, 둘째, 모든 문제에 대한 진지한 접근이라는 면에서 이 작가에 있어서 반드시 파격이라고만 할 수 없는 측면이 있다. 특히 진지성이야말로 작가 김원일의 작가 정신과도 통할 뿐 아니라 소설 기법상의 숨은 힘이라고도 할 수 있다. 그의 소설들은, 그것이 장편이든 단편이든 매우 섬세하면서도 치밀한 묘사를 동반하고 있는데, 그것은 물 한 방울, 풀 한 포기에 대한 시선을 놓지 않는 진지성의 소산임이 분명하다. 그가 이데올로기적 발상을 근본적으로 거부하는 자리에서 우리 소설의 전통적 리얼리즘을 지켜 오는 대표 작가일 수 있는 이유도 여기에 있다.

　물론 현실과 인간에 대한 총체적 인식이라는 관점에서는 이 작가의 세계에 대해 논란이 있을 수 있다. 윤리적 선험성으로 인간을 관찰하는 태도 같은 것이 예컨대 지적될 수 있을 것이다. 가령 작품 전개가 귀납적 방법에 의해 이루어지지 않고, 환원론적으로 적용되는 것은 옳지 않다는 견해와 같은 것이다. 그러나 오히려 진지성의 승리라는 차원에서 높이 평가될 수도 있다. 이러한 성격은 그 작품 속에 운명적으로 비극성을 내재하고 있기 일쑤이기 때문이다.

　『사랑아 길을 묻는다』에서 이성 간의 사랑 문제가 신앙의 문제와 마주 보고 갈등을 일으키고 있는 것은 따라서 당연한 일일 수 있다. 신앙은 초월적 절대자에 대한 믿음이며 그분의 말씀에 대한 순종인데, 그것은 필연적으로 이성 간의 애정 문제와 많은 부분 충돌하기 마련이기 때문이다. 이성 간의 사랑은 반드시 정상적인 결혼과 결부되는 것이 아니며, 훨씬 많은 경우 차라리 눈물과 회한, 심지어 죽음과도 이어지는 비극적 행태와 만난다. 애정은 본능이며 욕망이므로 인간 실존의 불가피한 현실이기 때문이다. 신앙 속의 진리가 당위라면, 세속에서의 사랑은 현실이다. 외손까지 둔 중늙은이 서한중의 사리댁에 대한 사랑은 그 스스로 고백하듯이 '인간이기를 포기한 개자식'의 행실이지만, 문제는 본인이 그 부도덕을 인정하면서도 그 길을 갈 수밖에 없고 또 가겠다고 의지를 다짐하는 그 현실에 있다. 그것은 선과 악, 도덕과 비도덕 사이의 문제를 넘어 당위와 존재 사이의 실존적 대립으로 부각된다.

이 소설에서 중요한 것은 제도적 관점에서 바라본 사랑의 윤리성이 아니라, 자신이 선택한 사랑에 얼마나 충실하게 헌신하느냐 하는 문제로 오히려 다가온다. 이런 의미에서 이 소설은 사랑의 성실성에 관한 질문으로도 이해될 수 있다. 현실적으로 많은 난관이 있으리라는 점들이 충분히 예견되었음에도 불구하고 이와 관련된 애정 문제가 바로 그 장애로 인하여 왜곡·파탄되면서 많은 경우 당사자들이 문제로부터 무책임하게 달아나는 일들이 얼마나 많은가. 현실 속에서도 소설 속에서도 그 일들은 그렇게 번번이 일어난다. 『사랑아 길을 묻는다』는 이런 면에서 그 불성실성에 대한 작가 김원일의 또 다른 비판, 즉 진지성의 도전이라고 할 수 있다. 이렇게 볼 때 서한중의 아버지가 천주교로 순교했다면, 그 아들 서한중은 사랑의 순교자라고 할 수 있다. 자신이 선택한 길에 목숨까지 바치는 진지한 성실형의 인물들이라는 점에서 아버지와 아들은 아주 많이 닮아 있다. 아마도 그 모습은 곧 작가 김원일의 얼굴일 것이며 작가의 은밀한 메시지 자체일 것이다. 그것은 말하자면 윤리적 결단이다.

　이 소설 속에서 두 남녀 주인공은 온갖 수모와 고통을 겪는다. 흔한 표현으로, 사서 하는 고생이다. 그러나 같은 고생을 하더라도 그에 반응하는 남녀의 태도는 사뭇 다르다. 남자가 절연히 배교를 선언하고 파멸로의 외길을 걸어가는 데 반해서, 여자는 그 가운데에서도 끊임없이 하느님의 자비와 긍휼을 간구한다. 나에게는 이 대목이 가장 인상적인 장면들로 각인된다. 남자의 태도는, 거듭 반복하거니와 일련의 김원일적 인간상을 반영한다. 그러나 신의 긍휼을 찾는 여자의 기도는 종교와 윤리에 대한 이 작가의 지금까지의 자세에서 꽤 벗어나 있다. 「믿음의 충돌」 등 기독교 소재를 다룬 작품들에서 많은 부분 종교와 윤리가 같은 범주로 인식되었고, 서한중의 경우도 마찬가지로 나타나 있으나, 사리댁은 그렇지 않다. 기독교 안에서 중요한 것은 윤리와 비윤리의 구분이 아니라, 모든 인간들이 어떤 상황에서든 죄인의 신분이라는 사실이다. 그들은 신앙 고백을 통해서 죄사함을 받지만, 세속 사회에서 육신으로 존재하는 한 죄의 현실적 무게에서 완전히 자유로울 수는 없다는 인식이 중요하다. 사리댁의 기도는 그 인식의 무의식적 토로이다. 사리댁의 발견으로 김원일 문학의 종교에 대한 인식이 심화될 전망이다.

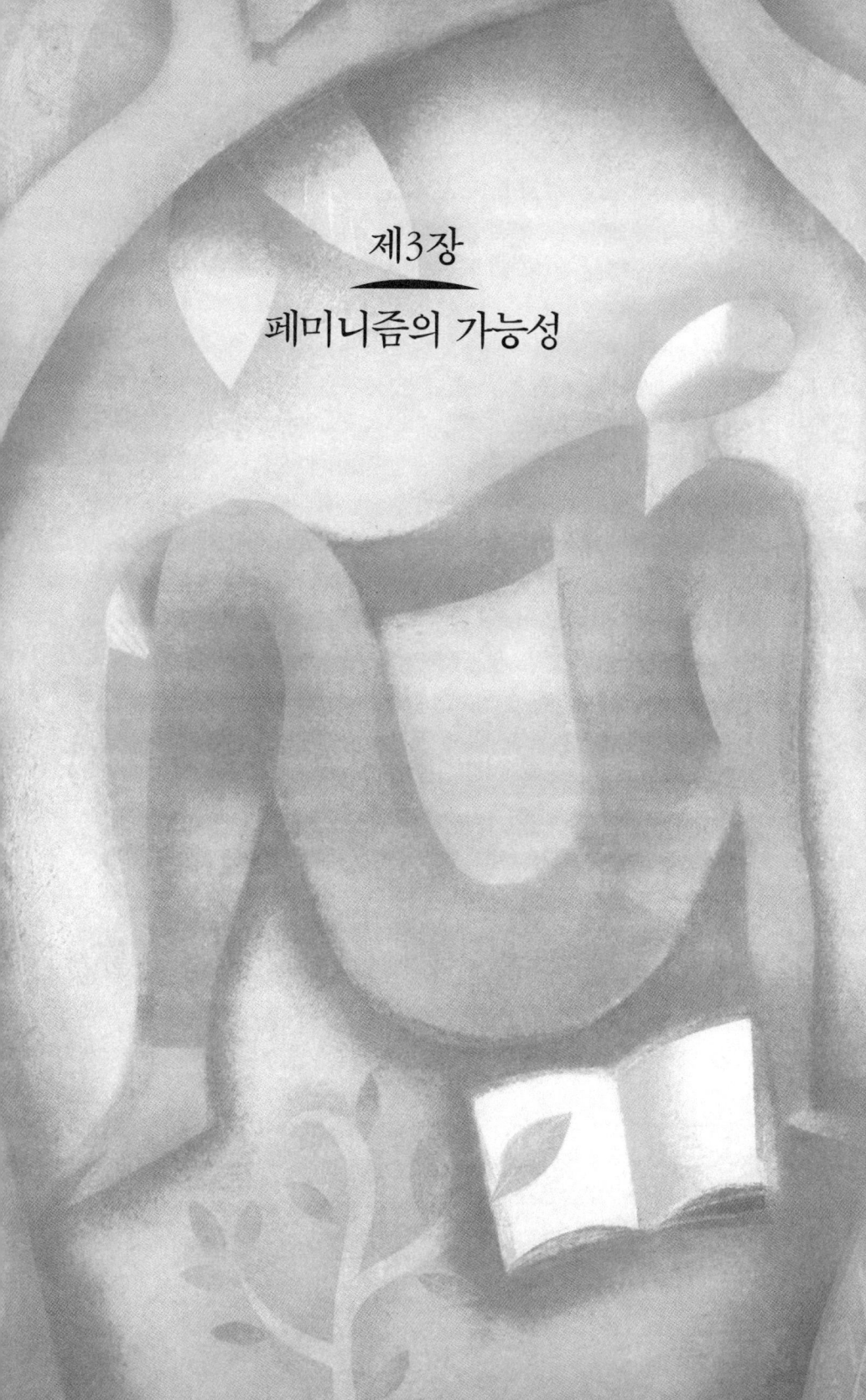

제3장
페미니즘의 가능성

페미니즘, 그 당연한 욕망의 함정
— 21세기 문학의 발전적 전망과 관련하여

I. 글머리에

 이 글은 1995년 이후에 발표된 여성 작가들 — 시인, 소설가, 비평가 — 의 글들을 대상으로, 거기에 나타난 성 문제의 구조와 성격을 밝히는 것을 목표로 삼는다. 성 문제라고 했으나, 이처럼 특별한 문제의식을 그 주제로 선행시키지 않는다고 하더라도 짧은 이 기간의 문학 작품들은 놀랍게도 이 문제에 집중해 있다. 그것은 불과 5년 안팎에 걸쳐 있는 시기의 소산이지만, 과거 그 어느 시기보다 빠르게, 그리고 급격하게 성 문제에 대한 문학 의식의 변모를 형성하고 있어 주목된다. 나 자신 이미 1990년대 한국 문학의 특징을 이와 관련하여 관찰한 바 있으나,[1] 그 이후로도 그 변모는 더욱 확실하게 이루어지면서 여성문학 내지 이른바 페미니즘 문학의 홍수 혹은 개화

---

1) 졸고 「원근법주의와 성 관습의 변모」, 『가짜의 진실, 그 환상』(문학과 지성사, 1998), 61쪽 이하 참조.

를 이루고 있는 느낌이다. 따라서 이 글은 시, 소설, 평론 분야로 나누어져 그 특징을 보다 세심하게 추적하고 규명하는 데 바쳐지기를 스스로 희망한다. 20세기가 바야흐로 끝나 가고, 새로운 밀레니엄이 동터 오는 시점에서 이 문제의 본질을 탐구하는 일은, 비단 '여성문학'이라는 특정한 범주에만 국한된 연구 이상의 어떤 의미가 있을지도 모른다. 1990년대 들어와서, 특히 후반에 들어와서 활발해진 여성 작가들의 진출과 그들의 일정한 성과가 바로 그 가능성을 시사해 준다고 할 수 있다.

    1990년대의 한국 문학은 장르 각 분야에서 많은 여성 작가들을 배출하였다. 또한 그들 중 상당수가 문학적으로 우수한 역량을 지닌 것으로 평가되고 있으며, 그 작품의 내용과 가치가 바로 90년대 한국 문학의 내용을 구성하는 것은 물론, 새로운 세기의 방향을 가늠해 볼 수 있는 이정표 역할을 하는 것으로도 주목된다. 바로 페미니즘이 그 자체로서 21세기 한국 문학의 새로운 방향과 내용에 중대한 영향을 미칠 것으로 생각되는 것이다. 1990년대 후반, 즉 1995년 이후만을 분석 대상으로 삼는 이 글에서도 대상이 되는 작가들은 상당수에 이른다. 먼저 소설의 경우 은희경을 비롯, 공지영, 서하진, 김인숙, 전경린, 김연경, 이명인, 신이현, 이남희, 배수아, 송경아, 차현숙, 김이정 등이 그 권역에 포함될 것이다. 이 밖에도 90년대 문학의 원류를 이루고 있는 최윤, 신경숙 등과 또 다른 작은 흐름 안에 있다고 할 함정임, 한강, 공선옥, 하성란, 조경란 등이 있으나 성 문제에 새롭게 도전하고 있는 큰 세력과 이들은 다소 떨어져 있다.

    다른 한편 시의 경우, 여성 시인들의 수 자체는 소설 분야에 결코 못지 않다. 그러나 질적으로 우수한 작품들을 내놓으면서 활발한 활동을 벌이고 있는 여성 시인들은 소설 쪽보다 다소 그 수가 적어 보인다. 역시 1995년 이후 질·양 면에서 모두 괄목의 대상이 되고 있는 시인들은 김혜순, 황인숙, 박라연, 조은, 이원, 이선영, 최정례, 김언희, 최영미, 신현림 등이 있으며 김규린, 강문숙, 이나명, 정채원 등이 그 뒤를 이어 발돋움하고 있는 상황이다. 이 시인들의 경우도 근본적으로는 소설가들과 마찬가지로 여성들의 주체적 성 행동을 강조·주장하는 문학 현실 안에 있으나 그 의식과 양식 면에서 별도의 검토가 필요한 것으로 생각된다.

1990년대 후반 여성문학에서 가장 특이하게 부각되고 있는 분야는 평론 부문이다. 전통적으로 가장 적은 수의 여성 평론가를 배출해 온 풍토를 일거에 쇄신하듯, 짧은 기간에 쏟아져 나온 유능한 다수의 여성 평론가들의 활약은 새삼 눈부시다고 할 만하다. 90년대 여성문학평론은 기껏해야 사실 박혜경 정도에 머물렀으나 최근 몇 년 사이에 상황은 일변하였다. 김영옥, 김미현, 최인자, 이혜원, 최성실, 신수정, 백지연, 문혜원 등 젊은 평론가들의 등장과 그 활동은 여성문학의 성격 부여에 새로운 힘으로 작용하면서 남성적 시각에서 처리되기 일쑤였던 여성문학의 해석에 다양한 지평을 마련하고 있는 것이 사실이다. 여성평론의 방향을 올바로 투시하는 일도 이 글의 한 몫이 되어야 할 것이다.

II. 소설의 경우

(1) 남성적 폭력과의 싸움

남성성을 폭력성 속에서 찾는 경향은 여성소설의 한 전통을 이룬다고도 할 수 있다.[2] 1990년대 한국의 여성소설에서 이러한 경향은 그 극명한 모습을 드러낸다. 그 폭력의 핵심은 남편의 배신과 외도,

때로는 그로 인한 직접적인 폭언과 폭행이라는, 아내의 상황이다. 이러한 상황은 물론 20세기 여성문학에서 처음으로 제기되는 소재도, 주제도 아니다. 박화성 이래 거의 한 세기 가깝게 여성소설의 한 맥을 이루고 있는 문제이다. 그러나 그에 대한 반응은 아주 다르다. 90년대 후반의 새로운 특징은, 이러한 폭력성에 대해서 여성들이 정면으로 대결하고 있다는 점이다. 남성의 그 폭력성과 이에 맞서는 여성의 싸움은, 말하자면 다음과 같은 상황에 대한 싸움이다.

오래 생각했어. 정말 당신에게 할 짓 못할 짓 다 했더군. 그러면서도 난 그게 내 나름대로의 최선이라고 생각했어. 정말 무엇보다도 내 자신에게 정직하고 충실한 시간을 갖고 싶었던 거야. 때론 그게 욕망이기도 했지만 내 안의 소리에 최선을 다해 응하면서 살았어. 물론 내가 얼마나 이기적인지 알아. 특히 당신에겐 더할 수 없는 폭력이란 것도.[3]

단 한 번이라도 남편의 돌아눕는 팔이, 다리가 내게 부딪친 적이 있었을까. 잠이 들기 전 남편은 나와의 사이에 보이지 않는 벽을 쳐놓기라도 하는 것일까. 잠든 남편은 움직일 줄 모르는 나무 인형 같았다.[4]

남편의 폭력성은, 적극적으로는 다른 여성과의 정사를 통해서, 소극적으로는 아내에 대한 권태와 혐오를 통해서 온다. 아내를 거부할 뿐 아니라 일상적 질서로부터 일탈함으로써 여러 부분에 걸쳐 무질

---

2) 주디스 뉴턴, 「오만과 편견」, 『여성해방문학의 논리』(창작과 비평사, 1990), 271쪽 이하 참조.
3) 김이정, 『길 위에서 중얼거리다』(문학동네, 1997), 203쪽.
4) 서하진, 「타인의 시간」, 『사랑하는 방식은 다 다르다』(문학과 지성사, 1998), 65쪽.

서를 초래한다. 그중에서도 가장 두드러진 무질서는, 무질서 자체가 유발하고 있는 폭력성이다. 그것은 남편 자신의 사회 생활은 물론, 특히 가정 생활의 질서를 파괴함으로써 아내, 즉 여성의 정신 전반에 큰 타격을 가한다. 물론 이러한 타격은 남성의 직접적인 폭언과 폭행에 의해 보다 적극적으로 발생하기도 한다. 여기서 새삼스러운 것은 이에 맞서 싸우는 여성들의 태도와 방법인데, 한마디로 그것은 대단히 적극적이다. 인내와 굴종이 전통적인 여성상이었다면, 1950년대 이후, 즉 20세기 후반의 한국 소설에서 남성의 폭력성에 대응하는 여성의 응전 방법은, 예전에는 비교적 소극적이었다.

자신이 네 여자들 중의 하나 취급을 받는다는 것이 부당한 일로 여겨지면서, 이렇게 되고 만 것은 아무래도 남편 때문이라는 생각이 들었던 것이다. 남편이 존중해 주지 않는 안사람을 누가 대접해 줄까. 아내 무시하기를 특기로 삼는 신무현. 그렇게 소리치고 싶은 신무현 씨 아내는 쿨럭쿨럭 와인을 삼킨다. 〔……〕 10년 전까지 그 여자는 남편이 꿇어앉으라고 하면 꿇어앉는 벌을 감수해야만 했다. 말대답을 하다 보면 뺨을 맞게 되었다. 잘못을 저지르면 그에 상응하는 대가를 치러야 한다는 것이 신무현 씨 믿음이었던 것이다. 결국 모임에 가는 신무현 씨를 따르지 않을 수 없었다. 그러나 아무 일 없었던 듯한 평온함을 위장하기란 쉬운 일이 아니었다. 나이와 함께 참을성은 줄어만 들었으므로 술기운을 빌려야 했다.[5]

그러나 90년대 후반에 와서 그 싸움의 방법은 훨씬 투쟁적이 되며, 다른 많은 가능성을 배제한 채 훨씬 단순화된다. 이 역시 폭력에는

---

5) 김향숙, 「환절기 소묘」, 『수레바퀴 속에서』(창작과 비평사, 1988), 154~156쪽.

폭력이라는 도식으로 요약될 수 있는 그 어떤 것을 지향한다. 외도하는 남성들의 폭력성에 대한 대항의 전술은, 그렇기 때문에 의외로 간단하고, 거의 모든 소설들에서 비슷하게 반응된다. 커다란 변화다.

「그만둬! 지금 내팽개치고 있는 게 누군데…… 나쁜 자식, 개자식! 복수할 거야. 내가 받은 이 수모를 그대로 돌려줄 거야!」
희경은 탁자 위에 있던 맥주컵을 들어 인섭에게 끼얹었다.[6]

남편의 얼굴을 주먹으로 갈겨 줬어야만 했는데…… 왜 그러지 못했을까. 어이없게도 너무도 간단히 모든 것을 포기해 버렸다. 한참의 시간이 흘러서야 알았지만 남편은 그녀의 자존심을 건드리려고 했던 것이다.[7]

우리의 결혼이 대책 없는 파국으로 치달을 즈음 나는 그때의 그에게 소리쳤다. 죽여 버리겠어! 언젠가 네가 내 앞에서 천천히 죽어 가는 걸 보고 말겠어![8]

「난, 언젠가는 그이를 죽이고 말 것 같아요.」
방 안으로 나와서도 여전히 웅크린 자세로 앉아, 그 여인이 한 첫마디는 그것이었습니다. 원한이나 적의, 그런 것들이 전혀 느껴지지 않는 목소리였습니다. 〔……〕 머리카락은 흐트러져 있고, 왼쪽 눈두덩이는

---

6) 김이정, 같은 책, 207쪽.
7) 김인숙,「그림 그리는 여자」,『유리구두』(창작과 비평사, 1998), 138~139쪽.
8) 공지영,「조용한 나날」,『존재는 눈물을 흘린다』(창작과 비평사, 1999), 203~204쪽.

벌써 푸르게 부풀어 오르고 있었습니다.[9]

「그런데 누가 먼저 파업을 했니?」
「응?」
운전사가 힐끗 돌아본다.
「니 남편과 너 중에서 누가 먼저 파업을 했냐구?」
「동시 파업이야.」[10]

그러나 여성들의 이러한 폭력성이 상대방 남성의 폭력성으로부터 직접 유발되고 있다고 단정하는 것은 타당치 않아 보인다. 여기에는 보다 다양한 방향에서 유래하고, 또 은밀한 모습으로 잠복해 있는 여러 형태의 상처들이 그 원인으로 작용하고 있는 것이 또한 사실이기 때문이다. 그중에서도 결손 가정 등 왜곡된 가정의 구조는 가장 빈번하게 나타나는 원인이다. 그러나 이 경우에 있어서도 가정의 구조적 왜곡은 대부분 가장, 즉 아버지 되는 남성의 외도나 폭력이 다시 원인이 되는 사례가 많은 것을 볼 때, 폭력의 배후와 남성과의 관계를 이 문제 논의에서 배제할 수는 없을 것으로 생각된다.[11] 이렇게 볼 때 폭력이 상처를 낳고 그 상처가 다시 폭력을 낳는 순환 구조가 이제 남녀의 성 관계를 거의 규칙적으로 형성해 가고 있는 상황이라고 할 수 있다. 그것은 폭력-상처-체념으로 이어졌던 전세대의 그것을 전복한다. 전세대의 그것은, 신세대 작가들과 비교적 근접해 있는 세대라 할 수 있는 김향숙의 경우에서 보여지듯, 폭력에 승복하고 순

---

9) 김형경, 「담배 피우는 여자」, 『푸른 나무의 기억』(문학과 지성사, 1995), 24쪽.
10) 차현숙, 「나비의 꿈, 1995」, 『나비, 봄을 만나다』(문학동네, 1997), 34쪽.
11) 이효재, 『여성과 사회』(정우사, 1979), 26~33쪽 참조.

응하지는 않을지언정 그에 대해 정면으로 맞서지는 않는 것인바, 말하자면 폭력 대 폭력의 구조를 갖는 것은 아니었다. 그 대신 그 저항은 몇 가지 형태를 만들어 냈다는 점에서 주목되어야 할 것이다. 예컨대 김향숙의 단편 「환절기 소문」에 나타나듯 ① 피상적 승복, ② 증오와 은폐와 잠복, ③ 음주를 통한 고통의 완화 같은 방법들이 그것이다. 1980년대에 씌어진 이 소설은 소설 전체의 분위기가 꽤 현대적이지만, 그럼에도 불구하고 그 방법들은 전통적인 관습 안에 머물러 있다. 요컨대 폭력에 제대로 저항하지 못한 여성들은 위장된 순종 속에 한을 감추고 있었는데, 이제 그것이 전면에 폭발되고 있다는 것이다.

(2) 주도적 성행위의 실천

1990년대 후반의 여성소설에서 남녀 간의 성행위가 여성에 의해 적극적으로 주도되고 있다는 사실은, 이 시기 여성문학의 가장 두드러진 특징이라고 할 수 있다. 사실상 현실 생활에서 이미 새로운 풍속처럼 자리잡기 시작한 이러한 성적 현상은, 전통적 윤리와 페미니즘적 도전 사이에서 적잖은 혼란으로 인식되고 있는데, 소설에서 이 현상은 벌써 긍정적인 검토의 대상이라는 인식 차원을 훨씬 넘어서, 새로운 성격으로 자리잡아 가고 있는 느낌이 강하다. 앞서 인용·분석된 「길 위에서 중얼거리다」의 여주인공 희경이 보여 주는 다음과 같은 행동은 이제 그녀만의 돌출적인 사건이 아니다.

「선배도 벗어요.」
희경은 소름이 돋은 팔을 감싸 안으며, 마지막 옷을 걸고 돌아서는 수현을 향해 말했다. 조금은 거칠고 낮은 음성이 명령인 듯, 애원인 듯 모호했다.

수현은 또 잠시 멈칫하더니 말없이 옷을 벗었다. 그는 돌아앉아 벗은 옷을 역시 옷걸이에 건 다음 이불 속으로 들어왔다. 잘 데워진 수현의 몸이 희경의 차가운 피부 표면을 스쳤다. 희경은 그의 알몸을 껴안았다. 수현도 멈칫거리던 팔을 뻗어 희경의 몸을 감싸 안았다.

[……]

수현은 완강했다. 그는 교묘히 닫은 입을 좀처럼 열지 않았다. 그럴수록 희경은 점점 더 집요했다. 결국 희경의 집요함에 밀리듯 수현이 입을 벌리자 희경은 그의 입속에 온몸을 던지듯 혀를 넣었다.

[……]

「……내게 …… 들어와요.」

메말라 갈라진 땅에서 새어 나오는 소리는 몹시도 거칠었다. 순간 수현의 몸이 갑자기 멈추었다.

「아냐, 그건 안 돼.」

[……]

「그렇게 여러 가지 의미 덧씌우지 말아요. 그냥 단순히…… 그래요…… 그냥, 성욕이라고 해요.」[12]

여주인공 희경이, 외도로 인해서 남편이 자신을 버림으로써 생활의 모든 질서가 붕괴되어 가고 있다고 생각하고 있는 상황에서 우연히 만난 대학 선배와 벌이고 있는 정사 장면이다. 숱한 소설 속에서 숱하게 등장하고 있는 것이 정사 장면이지만, 여성에 의해 주도되고 요구되는 장면으로서 이처럼 적극적이며 단호한 경우는 매우 드문 예에 속한다. 더욱이 그것이 아내나 애인에 의한 것이 아닌, 또한 그렇다고 해서 창녀나 직업여성에 의한 것도 아닌 경우로서는, 거의 희

---

12) 김이정, 같은 책, 233~235쪽.

귀하다고 할 정도다. 그러나 이제 이 일은 더 이상 희귀한 사례에 속하지 않는다. 이를 확인하기 위해서는 몇 가지 사례가 더 인용되는 것이 좋을 것이다.

그 정지의 시간 동안 나의 것이 온기를 회복하며 한 잎 한 잎 열려 그를 맛보고 빈틈없이 조이며 끌어안고 뜨거운 숨을 쉬며 깊이 빨아들여 마침내 삼켜 버리려 할 지경에 이르기까지.
그것이 무엇이었던가? 나는 유체 이탈된 영혼처럼 나의 내부뿐 아니라 외부에서도 결합되었다. 나는 그 모든 것을 너무나 생생하게 느끼며 동시에 너무나 생생하게 의식했던 것이다. 혈관이 진동을 일으킨 마지막 순간에 경련이 반복되는 동안 밤하늘에 번갯불이 일어나듯 내 존재의 어두운 뿌리에 불꽃이 하얗게 튀어 오르는 것이 눈에 보인 듯했다. 우리는 두 번의 섹스를 나눈 뒤 똑같이 잠이 들어 버렸다. '초원의 빛'이라는 모텔에서 나왔을 때, 이미 어두워진 하늘 끝에서 밤바람이 불어왔다. 처음으로 머리끝까지 피가 운반되는 신선한 생기가 몰려왔다.[13]

나는 한 시간쯤 꼼짝 않고 누워 있다가 마침내 실내 슬리퍼를 손에 쥐고 창문의 방충망 문을 열고 창틀을 타 넘어 밖으로 나갔다. 그리고 언덕길을 타고 윗집을 향해 살금살금 오르기 시작했다.
[……]
다섯 개의 돌계단을 올라가 현관문을 두드렸다. 그것이 소용없자 곧바로 블라인드가 쳐진 창문을 두드렸다. 창문이 열리더니 규가 아연하게 내려다보았다. 그 눈 속에 무슨 이런 짓을 하느냐는 금지의 뜻이 완연했다.[14]

---

13) 전경린, 『내 생애에 꼭 하루뿐일 특별한 날』(문학동네, 1999), 131~132쪽.

「벗어 봐, 네 몸을 보고 싶어.」

그녀의 그 말은 그를 순식간에 달구어 버렸다. 의미 같은 것은 더 이상 아무 데에도 없었다. 유선은 열렬히, 정말 열렬히 그를 받아들였고 그는 그날 밤 뱃속의 창자까지 모두 내쏟는 듯한 느낌으로 자신의 정액을 방사했다. 섹스를 사랑이라고 표현하는 사람들에게라면 그는 그 첫날밤의 일을 분명히 이렇게 말할 수 있을 것이다. 그날 밤, 그들은 정말로 열렬히, 열렬히 사랑했노라고.

사랑…… 그러나 사랑이라니.[15]

피곤할수록 정신이 말똥말똥해질 때가 있다. 생각이 꼬리에 꼬리를 문다. 그중에는 섹스에 대한 몽상도 있다.

한껏 몰두해서 일하다가 드디어 그 일을 끝마치고 나면 으레 겪는 일이다. 그동안 묶였던 시간이 눈앞에 자유롭게 펼쳐지며 불현듯 이완된 기분에 빠지고 싶어진다. 그런 때는 대개 혼자 술을 마신다. 하지만 오늘처럼 섹스가 생각나는 때도 이따금 있다.

(……)

그러나 섹스라는 멋진 운동은 파트너가 없이는 이루어질 수 없다는 점에서 결정적인 제약이 있다. 그러기에 지극히 대중적인 운동이면서도 공개적으로 보급시킬 수는 없는 것이리라.

(……)

섹스는 몸의 친근이다. 사람을 가까워지게 만들고 때로는 사랑하게도 만든다. 사랑하게 되어 섹스를 원하는 것이 순서이겠지만 먼저 섹스를 공유한 뒤에 사랑에 빠지는 일에도 많은 진실이 있다. 우정이나 호

---

14) 전경린, 같은 책, 141~142쪽.
15) 김인숙, 「유리 구두」, 같은 책, 9~10쪽.

감을 사랑으로 바꾸어 주는 것도 섹스이고, 교착된 관계를 결정적으로 밀착하거나 끊어지게 만드는 것도 섹스의 영역이다. 술에 취했거나 어떤 충동에 휘말려 관계를 가졌다고 해서 꺼름칙하게 여길 필요는 없다. 그렇게 시작된 사랑이 순서에 맞지 않는 것은 결코 아니니까. 또 그렇게 했는데도 사랑이 시작되지 않는다 해서 회한에 빠지는 일도 웁다. 그때는 그냥 조금 더 친해진 것뿐이다.[16]

나는 네 입에서 나오는 데카르트를, 라이프니츠를, 니체를, 벤야민을 알지 못했다. 〔……〕 그것은 네가 도스토예프스키를, 레르몬토프를, 푸슈킨을 모르는 것과 비슷했다. 또한, 내가 그들을 얼마나 알고 있는지를 나도, 너도 모르는 것과 비슷했다. 그러나 어느새 나는 아우라를 열망하듯, 너를 열망하게 됐다. 너와의 섹스를 원하는 게 아니라, 사랑을 원하는 것이었다. 내 질 속으로의 단속적인 삽입을 원하는 것이 아니라, 내 삶 속으로의 지속적인 삽입을 원하는 것이었다. 너의 시선을 받고 싶어했다, 나는.[17]

오래도록 열망했지만 결국 생의 어떤 부분도 지우개로 지울 수 없다는 것을 나는 깨닫는다. 생보다 진한 지우개는 이 세상에 존재하지 않는 것이다. 죽음조차도. 식사가 끝나자 나는 옷을 벗고, 강물이 베란다 밑에서 찰랑이는 모텔 방에서 김 대리와 익숙한 섹스를 했다.[18]

---

16) 은희경, 『마지막 춤은 나와 함께』(문학동네, 1998), 214~215쪽.
17) 김연경, 「'우리는 헤어졌지만, 너의 초상은', 그 시를 찾아서」, 『고양이의, 고양이에 의한, 고양이를 위한 소설』(문학과 지성사, 1997), 92~93쪽.
18) 공지영, 「조용한 나날」, 같은 책, 204쪽.

이처럼 남성을 주도하는 적극적인 성행위의 장면은 1990년대 후반 여성문학의 중요한 변화이자 도전이다. 그것은 이른바 남근주의(男根主義)라는 말로 매도되어 온 남성 우위의 이데올로기에 대한 가장 래디컬한 저항이며, 그러면서도 가장 구체적인 문학적 현장이다. 이른바 남근주의라는 용어는 여성문학, 혹은 페미니즘 논의에서 가장 빈번히 등장하면서 또한 가장 타기할 부분으로 배격되고 있는 바, 말하자면 남녀의 성 문제를 인격적·사회적·문화적인 시각에서 바라보지 않고 성기 중심으로 보는 시각에 대한 강력한 반발이 이 용어 사용 속에 숨어 있는 것이다. 이에 관한 논의는 지나치다고 할 정도로 풍성한데, 그중 다음과 같은 견해가 문제의 핵심에 닿아 있는 것 같다.

그러나 그녀〔뤼스 이리가라이(Luce Irigaray)〕는 엄연한 사실로서 존재하는 여성의 신체와 성적 쾌감을 여성의 자의식 탐구를 위한 출발점으로 삼는다. 그 이유는 바로 그것들이 남성의 담론에서는 아예 없거나 잘못 재현되어 왔기 때문이다. 여성은 이를테면 성기의 두 음순으로부터 나오는 확산된 성욕과 남근 중심적 담론과 같이 동일성만을 요구하는 가설 내에서는 이해도 표현도 될 수 없는 리비도적 에너지의 다중성(多重性)을 경험한다는 것이다. 남성적 담론은 "나는 수미일관성을 갖춘 통일적 존재다. 또한 세계의 의미 있는 것은 모두 나의 남성 이미지를 반영하는 것이다"라고 말한다. 이리가라이는 더 나아가 여성의 성이 남성적 논리와 언어에 대한 여성의 문제적 관계를 설명해 준다고 주장한다.[19]

---

19) 앤 로잘린드 존스, 「몸으로 글쓰기」, 『여성해방문학의 논리』(창작과 비평사, 1990), 176쪽.

요컨대 여성에 대한 남성의 지배는 남성 성기의 우월성이라는 그릇된 가설에 근거한 것으로서, 그 우월성의 정체가 적극적 성욕론을 바탕으로 한 것이라면 이제 당연히 불식·소멸되어야 한다는 주장이다. 이 주장은 여성 성기 역시 남성 성기 못지 않게 적극적 성욕을 지니고 있으며, 그런 의미에서의 우열은 의미 없다는 견해다. 존스는 여기서 한 발짝 더 나아가서 '여성은 바로 온몸에 성 기관을 가지고 있다'[20]고 말한다. 성기 중심으로 나오기 일쑤인 남성 우월론자에 대항하기 위해서는 반드시 여성 자신의 쾌감과 성욕을 깨닫고 주장해야 한다는 것이다. 1990년대 후반의 여성소설은, 마치 이러한 이론을 선험적으로 숙지하고 실천이라도 하는 듯, 재래의 관점으로 볼 때에는 놀라울 정도의 노골적 묘사를 보여 준다. 그 수준은 이제 성과 사랑의 분리라는 마르쿠제적 가설까지 입증할 만한 것이다. 동성애 문제는 그 구체적인 실현이라고도 할 수 있다. 성행위의 주체적 실천은, 그것이 반드시 사랑하는 이성 사이에서의 일만은 아니라는 데 도달함으로써 동성애와 자위행위를 포함, 급속도의 진보를 드러낸다.

1)「하지만 그렇게 사랑과 섹스가 확연하게 구분 지을 수 있는 것일까? 근데 이 나이를 먹도록 나도 꽤 여러 번 연애를 해봤는데 말이지, 여지껏 제대로 통한다고 느껴지는 상대가 없었어. (……)」[21]

혼자 있을 때 조용히 생각하다 보면, 그런 섹스가 대단히 재미있고 어색하지도 않다는 사실을 깨닫고 놀라곤 하였다. 좋은 점도 많았다. 같은 성이기 때문인지 서로의 욕망에 민감했고 같은 감정에 빠져 드는 때

---

20) 앤 로잘린드 존스, 같은 책, 같은 곳.
21) 이남희,「플라스틱 섹스」,『플라스틱 섹스』(창작과 비평사, 1998), 37쪽.

가 많았으며 굳이 말로 표현하지 않더라도 서로를 아주 잘 이해할 수 있었으며 서로에 대한 배려도 어디까지나 동등하게 주고받는 편이었다. 남자와 관계할 때의 미진한 느낌, 때로는 맛보게 마련인 굴욕적인 느낌은 이런 섹스에서는 없었다. 적어도 '누가 누구를 범한다'는 굴욕적인 표현은 전혀 적용되지 않는 것이다. '그것만 해도 대단하잖아.' 은명은 감탄하였다.[22]

 2) 그녀는 아무도 보지 않는다고 생각하며 빨간 치마 위에 손바닥을 대고 힘주어 문질러 자위를 하기 시작한다. 아무도 보지 않는다. 모두가 자신의 갈망에 눈이 멀어, 이 안에서는 아무도 볼 수가 없다.
 [……]
 그나마 가장 먼저 알아차린 것은 엘리베이터 걸이다. 짧고 은밀한 자위가 절정에 올라 끝나는 순간, 엘리베이터 걸은 엘리베이터가 보통 때보다 더 빨리 내려가고 있다는 것을 깨닫는다. 홀로 느꼈기 때문에 더욱 만족스럽고 소중한, 정사와 비슷한 자위의 여운을 달래며 그녀는 생각에 잠긴다.[23]

 1)은 여성끼리의 동성애를, 2)는 여성의 자위행위를 그리고 있는데, 두 장면 모두 우리 소설에서 처음 보는, 대담하면서도 리얼한 묘사로 가득 차 있다. 특징적인 것은, 섹스 묘사의 과감성에도 불구하고 그 분위기는 지극히 단정하고, 즉물적인 느낌마저 준다는 사실이다. 동성애와 자위행위는, 널리 알려진 대로, 이성 간의 성행위가 야기하는 여러 가지 문제들을 — 예컨대 임신 등 — 비켜 가면서 섹스

---

22) 이남희, 같은 책, 39~40쪽.
23) 송경아, 「엘리베이터」, 『엘리베이터』(문학동네, 1998), 19~20쪽.

그 자체를 즐길 수 있다는 점에서 이성애와 다른 성격을 갖는다. 말하자면 독자성과 자율성이 훨씬 뛰어나다고 할 수 있다. 자위행위와 동성애를 통한 섹스의 향유(享有)는, 여성들이 섹스의 파트너로서 반드시 남성을 전제로 하지 않는다는 점에서 성적 예속성의 탈피라는 중요한 문제를 시사한다.

(3) 가정의 안주성 거부

남성의 폭력성에 폭력으로써 함께 맞설 때, 그 여성이 속해 있는 가정이 붕괴에 직면하리라는 것은 쉽게 예견되는 일이다. 일반적으로 이혼이라는 형태로 나타나는 이 붕괴는 당사자 부부는 물론 자녀들에게도 심각한 위해를 가하는 현상으로서 정상 가정을 곧 결손 가정으로 추락시킨다. 따라서 이혼의 상당한 사유가 있다고 하더라도 가능한 한 그 마지막 선택은 회피되어 온 것이 사실이며, 특히 여성들에게 있어서는 쉽지 않은 선택으로 간주되어 왔다. 게다가 가정은 그 안정을 위협하는 여러 요인들에도 불구하고, 그 위협의 직접적인 당사자에게조차 은신과 휴식의 보루로 여겨져 왔다고 할 수 있다. 요컨대 여성들로서는 남성의 폭력 앞에서도 뛰쳐나가고 싶은 가정일지언정 그것을 지키는 모습으로 문학 속에서도 반영되어 왔다고 할 수 있다. 그러나 1990년대 후반 홍수를 이루다시피 하고 있는 여성소설들에서 이 같은 가정의 안주성은 격심한 동요를 겪고 있는 것으로 나타난다. 이 안주성의 거부는 크게 두 가지 배경에서 행해진다. 첫째는 남편이나 가족의 폭력성으로부터의 탈출이라는 여자의 입장이며, 둘째로는 자신의 또 다른 사랑, 혹은 성적 욕망의 성취를 위한 결단이라는, 성적 자아의 입장이다. 이제 그 예를 몇 가지 끌어내 보자.

1) 남편의 손찌검은 나날이 심해지고 언제부터인가 그 이유조차 불분명한 채로 매를 맞는 날이 계속되었다.
〔……〕
우리는 일주일이 멀다 하고 싸움을 벌였고 그때마다 그는 내게 주먹을 쳐들었다. 매번 나를 때린 후, 혹은 때리기 전 그가 참혹한 갈등에 빠진다는 것을 그도 나도 알고 있었다. 알면서도 그렇게 만드는 나를 향한, 알고도 그렇게 하는 그를 향한, 서로의 분노는 끝 간 데 없이 치솟아 올랐다.[24]

아무런 이유 없이 계속되는 폭력 속에서 1년을 보내고 그의 미국 근무가 끝났을 때 나는 혼자 남겠다고 말했다.
〔……〕
고통에도 내성이 생기는 것임을 나는 알게 되었고 그대로 일생 동안 내가 그 고통을 견디며 살 수도 있으리라고 생각하게 되었다. 동시에 나는 그와 헤어지지 않으면 안 된다는 것을 깨달았다.[25]

2) 남자들은 독신 여성보다는 이혼녀에게 더 호락호락하게 군다. 말 한마디를 걸어도 이혼녀 쪽에 더 허물이 없어지는 것이 공식적인 헌 물건을 대하는 남자들의 태도이다. 결혼 체험이 군 복무나 현장 근무, 해외 연수의 경험처럼 그 사람의 실력을 보장해 주는 이력이 될 수는 없다. 그러나 되지 못할 것도 없다. 어떤 문제에서 사람들은 오직 하나, 딱 한 번이어야 한다는 강박에 너무 쉽게 굴복한다. 그러나 내 생각에는 반드시 하나뿐이라야 하는 것이 세상에 그리 많지 않다. 결혼도 마찬가

---

24) 서하진, 「그림자 여행」, 『책 읽어 주는 남자』(문학과 지성사, 1996), 23~25쪽.
25) 같은 책, 28~29쪽.

지이다.

이혼이란 특별히 딱하다거나 절망적인 일은 아니다. 결혼 생활이 인생을 새로 시작하게 해주는 '멋진 신세계'가 아니듯이 이혼 또한 절대 겪어서는 안 될 '낙원 추방'은 아닌 것이다.[26]

3) 늘 느끼는 거지만 가장 선정적인 남자란 화이트칼라…… 특히 테크노크라트다. 실내에서만 살아 창백한 얼굴, 파릇파릇하게 깎은 뺨, 근육 없이 마른 몸, 무채색의 정장. 찔러도 푸른 피가 나올 듯한 그들을 남자의 상징으로 떠올리는 건 아마 그들이 이 현대의 실질적인 권력이기 때문일 거다. 〔……〕 지방 도시의 하급 공무원의 딸로 태어나 그녀가 꿈꾼 미래는 사랑받는 여자이기보단 성공하는 여자였다.

〔……〕

그날 밤 모텔에서 함께 밤을 보냈고, 이후 무섭게 빠져 들었다. 쉽게 곁을 내주지 않는 기질인데도 전 존재가 함몰되는 듯했고, 또 1년은 행복했고 그것은 곧 고통으로 뒤집혔다. 한 치의 틈도 못 견디는 소유의 열망, 심장이 깨어질 듯한 통증에 어쩔 줄을 몰라 그에게 이혼을 요구했을 때 그의 얼굴.[27]

이렇듯 여성들은 집이 안정과 안주의 장소로서의 기능이 이미 파괴되었다고 생각할 때 그곳을 과감히 버려 버린다. 비록 파괴가 진행 중이라 하더라도, 여성들이 그들 자신의 노력에 의해 그 파괴를 막아 보고자 노력했던 전세대의 의식과 행태는 더 이상 의미를 지니지 못한다. 그러한 노력을 하기에 남성들의 폭력성은 너무나도 가증

---

26) 은희경, 같은 책, 85쪽.
27) 윤효, 「모던 타임즈, 1996 '유리꽃'」, 『허공의 신부』(문학동네, 1997), 15~17쪽.

스럽고, 여성들 스스로의 욕망 또한 너무나도 뜨거운 것이다. 인용 3)이 보여 주듯이, 그 뜨거움은 때로 다른 가정을 파괴하려고 하는 유혹에까지 이르기도 한다. 욕망의 무게, 성적 자아의 발견과 독립이라는 명제가 가정의 전통적 중요성을 넘어서기 때문이다. 우선 인용 1)이 말하는 것은, 폭력이 지배하는 가정은 더 이상 가정이 아니며, 따라서 그 가정은 그 속에 머무를 가치가 없는 것으로 설명된다. 이러한 가정으로부터의 탈출은 불가피하며, 폭넓은 설득력을 지닌다.

그러나 인용 2)에서 그 설득력은 다소 흔들린다. 결혼이 '멋진 신세계'가 아니듯이 이혼 또한 '낙원 추방'이 아니라는 이혼 불가피론의 등장인데, 그 타당성이 자연스러우면서도 조금은 충격적이다. 타협과 인내와 같은 종래의 미덕은 자연스럽게 그 자리를 잃어버렸기 때문이다. 중요한 것은 자신의 욕망이다. 인용 3)은, 말하자면 그 욕망의 극점이 나타나는 경우라 할 수 있겠는데, 현실 생활에서 이따금 발생하는 일임에도 불구하고 소설에서 그것이 자연스럽게 정당화되는 일은 최근의 현상이라고 할 수 있다. 심지어는 자신의 욕망을 위해 협조하지 않는 상대방을 잘못의 정범(正犯)으로 간주하는 태도가 일반화된다. 가정은 더 이상 움직이지 않는 안주의 땅이 아니다.

III. 시의 경우

(1) 여성적 언어와 남성적 언어

소재면에서의 과감한 변화를 통해 주제 변경이 시도된 소설과는 달리, 시에서는 언어와 형식이라는 범주가 문제된다. 언어에 있어서도 여성과 남성의 성차(性差) 문제가 있을 수 있으며, 있다면 어떤 방식으로 그것이 가능할 것인가 하는, 다소 복잡한 양상이 제기된다. 말하자면 여성적 주체가 언어와 맺는 관계는 남성적 주체가 언어와 맺는 관계와 어떻게 다른가 하는 질문이다. 나아가서 도대체 여성적 언어와 남성적 언어의 구분이 가능한가 하는 질문이 자연스럽게 발생하고, 이 경우 여성 시인들의 시 작품은 어떤 언어의 기반 위에서 여성성을 실현하는가 하는 문제도 이어진다. 이 문제에 대해 가장 진지한 고뇌를 그의 문학 전체를 통해 치열하게 뿜어냈던 시인이 아마도 오스트리아의 여성 작가 바흐만일 것이다. 시와 산문을 함께 썼던 그에게 이 문제가 핵심 주제가 되었던 작품이 소설 『말리나(Malina)』인데, 여기서 그는 남성적 언어를 통해서만 세계에 접근할 수 있는 현실에 깊은 회의를 나타낸다.

  이러한 생각은 기본적으로 여성성 그 자체에 대해서는 전통적인 개념이 그 기반으로 보존되어 있다. 여성의 모성성이나 부드러운 특징이 병든 문명을 치유하는 능력을 지니고 있다는 생각인데, 이미 19세기부터 서구의 여러 여성 운동가들이 주장하던 터였다. 말하자면 남성은 악이며 여성은 선이라는 이분법적 도식의 전제 아래에서 여성은 '모성적·협동적·평화적' 덕목을 갖춘 존재이므로 여성들이 힘을 모으면 사회에 질서와 풍요와 안정을 가져다 줄 것이라고 생각했다.[28] 말하자면 남성과 여성의 속성은 전통적인 성격 그대로 유지·보존되는 가운데 남성의 속성인 폭력성을 완화·제거하면서 그 자리에 여성성을 앉혀 보자는 주장이라고 할 수 있다. 바흐만의 '여성적 언어'를 폭력성 짙은 남성 주도의 문명사회에 하나의 대안으로 제시하겠다는 입장으로도 해석된다. 여기서 '여성적 언어'란 구체적으로 어떤 언어인지, 문체론적으로 이른바 '여성 문체'라는 것이 미

---

28) 조혜정, 『한국의 여성과 남성』(문학과 지성사, 1990), 334쪽 참조.

약한 우리말에서는 미묘한 난점이 제기될 수 있다. 따라서 비록 확정된 형태로서의 문체는 아니라 하더라도, 시에서의 언어, 혹은 시어로서 남성적 말투에 대비되는 여성적 말투가 존재한다는 가설 아래 여성적 언어의 사용 문제가 논의될 수 있을 것이다. 사실상 우리말에서는 시어 혹은 산문 속의 대화체에서 여성적 언어라고 부를 수 있는 것이 존재해 왔는바, 이러한 여성적 언어의 부상(浮上)은 1990년대 후반 한국 시어에 오히려 감퇴하는 현상을 나타낸다. 여성적 언어에 의한 남성적 언어의 대체 현상은, 그 타당해 보이는 주장과 필요성에도 불구하고 날이 갈수록 약화되고 있는 것이다. 그보다는 차라리 여성적 언어의 남성화라는 차원에서 급격한 변모를 보여 주고 있는 것이 현실이다. 90년대 후반의 한국 시에서 여성적 언어에 의한 시적 현실의 확보는 기껏해야 한두 명의 여성 시인에게서 겨우 설득력이 얻어질 정도이다.

> 저것 좀 봐!
> 가냘픈 꽃대 사이사이에
> 한 잎의 마음 사이사이에
> 점점점…… 맺혀 있는 이슬방울 좀 봐줘
> 제발, 한 잎의 꽃잎 그 꽃잎
> 제 명대로 못 살까 두려워 긴기아남, 너는
> 제 몸의 피 한 방울 안 남기고
> 지금 이슬되어 역류했을 거야[29]
>
> ─ 박라연 「긴기아남 2」 중에서

---

29) 박라연, 『너에게 세 들어 사는 동안』(문학과 지성사, 1996), 23쪽.

이 시를 읽는 독자는, 시인이 여성이리라는 것을 어렵지 않게 짐작할 수 있다. 여성적 언어로 씌어져 있기 때문이다. 여성적 언어는 일반적으로 두 가지 범주를 통해 드러난다. 한 가지는 내용면을 통해서 나타나며, 다른 한 가지는 문체를 포함한 어법 전반을 통해서 인식된다. 여기서는 양면에 걸쳐서 여성적 언어의 인지가 확연히 가능하다. "저것 좀 봐!"라는 식의 개시 부분부터, 여성적 언어의 등장은 너무 확실하다. "봐!"라는 감탄사는 남성적 언어에서는 절대로 불가능할 정도이므로(남성적 언어는 이 경우 대부분 '보라!'라는 형식을 취한다) 여성 이외의 경우는 아예 생각되지 않는다. 게다가 "좀 봐줘", "제발", "역류했을 거야" 등 여성적 언어는 전형적으로 등장한다. 내용면에서도 전통적 여성성은 보존된다. 꽃, 꽃잎, 꽃대에 대한 섬세한 관찰과 묘사, 그리고 연약함의 강조 뒤에 숨어 있는 슬픈 호소력 등 모두 여성적 언어의 범주 안에 들어 있다. 이것들이 바흐만의 희망처럼 거칠고 폭력적인 남성적 언어의 대안이 될 수 있겠느냐는 문제에 대해서, 그러나 훨씬 많은 수의 여성 시인들은 강력한 의문을 던진다. 1980년대의 시인이지만 1995년 이후 오히려 적극적인 활동을 벌이고 있는 김혜순의 경우가 대표적이다.

> 오늘 나의 일용할 천사님들은
> 블루, 화이트, 브라운, 오렌지, 핑크라는 가명을 쓰는
> 다섯 까마귀였다
> 이놈들아 깨부술 테면 빨리 빵구내 줘라[30]
> ― 「타락천사」 중에서

---

30) 김혜순, 『불쌍한 사랑기계』(문학과 지성사, 1998), 18쪽.

몸속의 바다는 말라 있다
마른 바다에서 멀리 신기루
우리는 함께 벌거벗은 채
파도를 탄다 달빛이 우리의
벗은 몸을 씻는다 우리의 두 꼬리가
황금빛 바다를 탕탕 친다[31]   ―「수족관 밖의 바다」 중에서

두 편의 시들 가운데 일부분 인용인데, 여성 시인들을 포함한 현대 한국 시에서 유례를 찾기 힘들 정도의 난해성을 지니면서도, 다른 한편 강력한 이미지를 띠고 있다. 김혜순의 시에 대한 본격적인 분석과는 다소 떨어진 자리에서, 이 작품들은 여성적 언어를 거부하는 여성 시인의 독특한 상황을 보여 준다. 부드러움과 따뜻함, 그리고 수동적 순종형의 언어는 낱말이나 어법 그 어느 면에도 전혀 나타나지 않는다. 그 대신「타락천사」에서는 시적 화자가 분명히 남성의 모습으로 나타날 만큼 그 언어가 남성적이다. 그러나 "이놈들아 깨부술 테면 빨리 빵구내 줘라"의 의미가 고려된다면, 시적 화자는 여성이라는 짐작도 가능하다. 이렇듯 남성적 언어와 여성적 메시지의 혼조는 이 시인의 최근 시를 거의 전면적으로 지배한다. 두 번째로 인용된 시에서도, 여성 화자에 의한 섹스의 장면 묘사로서는 전통적인 여성 언어의 관습과 문법에서 벗어나 있다. 남성적 적극성/여성적 소극성의 대립 구조는 물론 여성의 관능성과 유혹이라는 상투적 내용의 답습도 보이지 않는다. 물론 수줍음이나 숨김 같은 정서 작용도 애당초 결여되어 있다. 그렇기는커녕 "황금빛 바다를 탕탕 친다"는 호쾌한 표현으로 성행위의 절정과 환희가 묘사됨으로써

---

31) 김혜순, 같은 책, 66쪽.

시적 화자의 남녀 구별이 근본적으로 무의미해진다. 여성인 김혜순 시인이 보여 주고 있는 이러한 성차의 무력화 시도는 다음과 같은 작품에서는 아예 여성성의 새로운 발견과 그 현시(顯示)라는 수준까지 나아간다.

물동이 인 여자들의 가랑이 아래 눕고 싶다
저 아래 우물에서 동이 가득 물을 이고
언덕을 오르는 여자들의 가랑이 아래 눕고 싶다

땅속에서 싱싱한 영양을 퍼 올려
굵은 가지들 작은 줄기들 속으로 젖물을 퍼붓는
여자들 가득 품고 서 있는 저 나무
아래 누워 그 여자들 가랑이 만지고 싶다
짓이겨진 초록 비린내 후욱 풍긴다

가파른 계단을 다 올라
더 이상 올라갈 곳 없는
물동이들이 줄기 끝
위태로운 가지에 쏟아 부어진다
허공중에 분홍색 꽃이 한꺼번에 핀다

분홍색 꽃나무 한 그루 허공을 닦는다
겨우내 텅 비었던 그곳이 몇 나절 찬찬히 닦인다
물동이 인 여자들이 치켜든
분홍색 대걸레가 환하다[32]　　　　　　—「환한 걸레」 전문이 시는 여성성의 내용으로 생산성을 내놓고 있다. 그 자체는 새로운 발견이 물론 아니지만, 여기서는 여성의 생식기를 생식기-성기와 교묘히 이미지 복합을 시키면서, 여성 성기가 단순한 욕망의 대상 아닌, 욕망의 주체이면서 동시에 생산의 주체임을 강렬히 암시하고 있는 것이다. 그 여성은 관능의 대상으로, 이른바 관능적 상황 속에 있는 여성만이 아닌, "물동이 인 여자들"로서 전통적인 노동과 가사의 현장에 있는 그들이다. 성적 관능성 역시 반드시 남성과의 짝짓기라는 상황이 전제되지 않은, 오히려 물동이로 상징되는 가사 노동의 일상성이 수행되는, 그 가장 전형적인 어떤 자리와 순간에 가장 아름답게 획득되는 것으로 나타난다. "물동이들이 줄기 끝/위태로운 가지에 쏟아 부어진다/허공중에 분홍색 꽃이 한꺼번에 핀다"는 대목은 그 자랑스러운 과시의 현장이다. 생식과 성은 더 이상 남성적 해석과 간섭 없이도, 그 자체가 분리되지 않은 모습으로 여성 고유의 능력이자 아름다움이 된다는 주목할 만한 전언을 담고 있는 시라고 할 수 있다.

(2) 언어 파괴와 여성적 자아

김혜순이 여성적 언어에 대한 도전과 그 파괴를 통해 여성적 자아의 독립을 추구하고 있다면, 그 어느 한 면에 집중적인 관심을 보이고 있는 여성 시인들은 상당수에 달한다. 우선 그 메시지에 있어서 여성의 독자적인 성적 욕망에 관한 진술이 그 하나의 경우이다.

그녀의 조그만 방은 문이 닫혀 있고

---

32) 김혜순, 같은 책, 73쪽.

그녀는 종일을 방 속에서 나오지 않는다
아침이 지나 정오에 이르면 그녀의 방은
온도가 높아지기 시작한다
책을 들고 있기도 하고
펜을 들고 있기도 하고
어느새 그녀의 손이 절로 제 젖가슴을 움켜 쥐면
그녀의 하반신은 뜨겁게 불타오른다
오후의 숨 가쁜 언덕을 오르는 그녀의 방
그녀의 몸에선 연기가 피어 오른다[33]

— 이선영, 「그녀가 혼자 있는 방은 뜨겁게 불타오른다」 중에서

소설에서 송경아 등이 그렇듯이 여성의 자위행위에 대한 묘사인데, 특징적인 것은 아무런 수치감이나 죄의식 따위의 전세대적 고정관념이 철저히 배제되어 있다는 점이다. 자위행위가 남성을 전제로 하지 않는다고 할 때, 이 시의 대상은 오직 욕망 그 자체일 뿐 일체의 다른 조건이나 요소는 제거되어 있다. 그 대상과 묘사의 단순성은 전례 없는, 그리하여 90년대 후반 여성시의 또 하나 특징을 형성한다. 욕망에 대한 적극적 탐닉은 시의 기존 문법을 무시하고 다소 저돌적인 자세로 나타난 신현림에게서는 더욱 처절하게 서술된다.

같이 살 놈 아니면 연애는 소모전이라구 남자는 유곽에 가서 몸이라도 풀 수 있지 우리는 그림자처럼 달라붙는 정욕을 터뜨릴 방법이 없지 이를 악물고 참아야 하는 피로감이나 음악을 그물 침대로 삼고 누워 젖가슴이나 쓸어 내리는 설움이나 과식이나 수다로 풀며 소나무처럼 까

---

[33] 이선영, 『글자 속에 나를 구겨 넣는다』(문학과 지성사, 1996), 16쪽.

칠해지는 얼굴이나
좌우지간 여자 직장을 사표 내자구 시발[34]
— 「너희는 시발을 아느냐」 중에서

이 시는, 시라고 부를 수 있는 요소들이 거의 배제된, 산문이라고 불러 무방할 시다. 서술된 내용도 직접적으로 여성의 성적 욕망과 그 해소 방법에 관한 불만·한탄으로 일관한다. 이선영의 그것이 자위행위에 의한 성적 욕망의 실현이었다면, 여기서는 남성과의 성교가 전제된 상대적 불평과 원망이라는 특징이 폭발된다. 따라서 이선영의 시는 비교적 묘사의 방법을 부분적으로나마 포섭하면서, 욕망이 모티프가 된 시적 공간을 형성하고 있으나, 여기서는 시적 공간 자체가 아예 결여되어 있다. 시인의 욕망은 너무나 거세고 거칠어 그 같은 공간의 필요성마저 염두에 두고 있지 않아 보인다. 특히 주목되는 점은, 그 거친 조야성(粗野性)이 단순히 욕망 자체의 처리에만 집중되어 있지 않다는 사실이다. 이선영의 시뿐 아니라 소설 일반에서도 확인되었듯이 욕망 자체의 해소와 그 문학적 처리 방법은 자위행위와 동성애로도 다양하게 나타났었다. 그때 성적 욕망과 남성과의 관계는, 다소 극단적인 표현을 사용한다면, 무관하다고 해도 무방할 정도였다. 그러나 신현림의 경우, 불만은 남성과의 관계에서 오히려 고조된다. 즉 남성들은 유곽에라도 가는데, 여성들은 그에 걸맞는 해소 방법이 없다는 것이다. 일종의 상대적 박탈감이다. 이렇듯 남성을 파트너로 인식하면서도, 막상 남성이 결핍되어 있다든가, 남성과의 이별·배신 등에 의해 남성에 대한 불신과 원망이 쌓여 있는 경우, 성적 욕망은 단순한 자위·동성애로만 나가지 않기도 하는

---

34) 신현림, 『세기말 블루스』(창작과 비평사, 1996), 98쪽.

것이다. 아이러니한 성격을 지니고 있기는 하지만, 여성의 성적 욕망을 이 같은 상황 속에서 표출함으로써 시단에 상당한 충격을 몰고 왔던 최영미를 이런 측면에서 다시 살펴볼 수 있을 것이다. 이미 1994년에 발표되어 이러한 방면에 첨병(尖兵)으로 홀연히 나타났던 시집 『서른, 잔치는 끝났다』에서 다음 작품의 예는 가히 주목된다.

> 어쨌든 그는 매우 인간적이다
> 필요할 때 늘 곁에서 깜박거리는
> 친구보다도 낫다
> 애인보다도 낫다
> 말은 없어도 알아서 챙겨 주는
> 그 앞에서 한없이 착해지고픈
> 이게 사랑이라면
>
> 아아, 컴―퓨―터와 씹할 수만 있다면![35)]
> ―「Personal Computer」 중에서(고딕체 강조는 시인)

성교의 속된 표현을 시의 전면에 그대로 노출시키고 있다는 점에서도 이 시는 도발적이지만, 여성 성욕의 구체적 실현의 한 형태를 새롭게 제시하고 있다는 면에서도 깊은 관심을 끈다. 그것은 성욕의 실현이 자위-동성애-이성애로 이어지는 구조에서 자위-동성애/컴퓨터-이성애로 이어지는 새로운 구조의 발생을 의미한다. 여기서 컴퓨터는 그 단계에 있어서 동성애와 같은 자리에 위치하고 있으나 그 기능은 달리 조명되어야 할 것이다. 동성애의 경우, 그것은 비

---

35) 최영미, 『서른, 잔치는 끝났다』(창작과 비평사, 1994), 76쪽.

록 남성과의 성교라는 접촉을 피하고 있으나, 그 대상이 되는 여성 역시 인간이라는 점에서 인간 상호 간의 성행위라는 범주 안에 포함된다. 그것은 이성 간의 성행위에 따른 여러 문제들, 예컨대 임신·결혼 등의 복잡한 과정을 회피할 수 있을지 모르나 동성인 인간 사이에 유발되는 감정적 교류와 환희, 혹은 고통을 회피하지는 못한다. 이렇게 볼 때 이성이든 동성이든 그 대상이 인간인 한에 있어서, 성적 교통으로 야기되는 갖가지 인간적 현상은 이 행위가 본질적으로 안고 있는 숙명으로 이해될 수밖에 없다. 이것이 회피되어야 한다면, 단 하나의 길은 자위행위뿐이다. 여기서 컴퓨터 성교론은, 그것이 단순한 희망 차원에서만 머무를 수밖에 없는 것이라 하더라도, 컴퓨터가 기능하고 있는 인공 지능의 사이버 세계를 감안할 때, 상당한 대안으로서의 의미를 띠는 것을 부인할 수 없을 것이다. 거기에는 인간과의 성적 교통에 따른 감정적 갈등 등 번잡한 문제가 애당초 배제되고, 욕망하는 인간 쪽의 조종과 지배가 어느 정도 가능하다는 조건이 잠재해 있다. 성적 주체의 일방적 에고이즘이 상당한 부분 발산되면서도, 자위행위의 건조한 일방성을 멀리할 수 있는 것이다. 최영미가 "친구보다도 낫다/애인보다도 낫다"고 말할 때 그것은 동성애/이성애를 넘어서는 컴퓨터 성교론의 우월성을 말하는 것일 것이다. 이러한 분석을 통해서 드러나는 것은 결국 욕망의 에고이즘인데, 그것이 남성 쪽의 성적 욕망이 일방적인 지배라는 폭력성에 근거해 왔다는 인식을 바탕으로 하고 있으므로, '에고이즘'이라는 부정적 진단 대신 '여성적 자아의 독립'이라는 긍정적 관찰이 보다 타당한 시점으로 진단된다.

    나는 앉는다. 허리 근처의 옷이 겹치고
    살갗에 좀 더 가까이 닿는다.

배 부분에서 살끼리 겹치고
허리는 둥근 선을 그리며 엉덩이 위에 얹힌다.
가슴이 좁혀져서
나는 듣지 못했던 내 숨소리를 듣게 되고
두근거리는 피의 운동을 느낀다.

〔……〕

〔……〕
다리는 성큼성큼 엇갈리다가
허벅지와 무릎 안쪽 사이에서 부딪친다. 그 감촉에
나는 깜짝 놀란다.
물론 아무도 눈치 채지는 못하지만
금지된 것 같은 느낌.

〔……〕

〔……〕
'나'는 내 '몸'일까?
네가 내 전부니? 혹은 그럴지도
생각을 담고 있는 그릇, 정신으로 극복해야만 하는 한갓 '영혼의 옷'
으로서가 아니라
스스로 가득 찬 아리따운 생명, 너
나의 몸이여.[36]   — 양애경,「검은 외투 속의 몸」중에서

---

36) 양애경,『바닥이 나를 받아 주네』(창작과 비평사, 1997), 14~17쪽.

여성적 자아의 발견과 독립은, 그리하여 이 시에서 보여지듯, 여성의 몸을 통하여 시작된다는 견해는 다시 한 번 그 타당성이 입증된다. 그러나 그 발견과 독립은 현실에서와 마찬가지로 문학에서도 그렇게 쉬운 일은 아니다. 앞서 언급한 바와 같이, 시의 경우 문체를 포함한 언어 일반에 대한 고려가 함께 병행할 때 그 타당한 보편성은 설득력을 높이기도 하고 낮추기도 하기 때문이다. 이를테면 여성적 자아의 독립을 주장하면서도 여성적 언어에 계속 의존하는 경우와, 그것을 파괴하고 이른바 남성적 언어를 선택할 경우로의 구분이 가능한 것이다. 이선영이나 양애경의 경우를 전자와 관련시킬 수 있다면, 김혜순이나 최영미·신현림은 후자와 관련된다고 할 수 있다. 여기서 여성적 자아를 여성의 성 내부로 깊숙이 들어가서 가장 비여성적인 언어로 끄집어내고 있는 또 다른 도발적인 여성 시인의 예를 들 수 있다. 『트렁크』라는 시집 전편을 섹스에 관한 해부학적 상상력으로 가득 채우고 있는 김언희의 경우다.

    탈수 중엔 뚜껑을 열지 마시압

    몸체를 격렬히 떨며
    회전 수축하는
    기계 질(膣)

    손대지 마시압 나는 지금
    탈수 중
    탈수 중
    탈수 중

혈관 속을 흐르는 전기 피
전기 욕정으로
요분질
중

혀를
빼어 물도록 쥐어짜인
쭈글쭈글한 껍데기 세상을
퉤,
뱉어 버리기 위하여[37]   ―「탈수 중」전문

　이 시는 두 가지의 해석을 가능케 한다. 그 하나는, 성적 욕망과 흥분의 절정에 있는 한 여성의 상황을 사실적으로 받아들이는 해석이다. 이럴 경우, 이 시는 외설에 가까울 정도의 극사실성으로 독자를 전율시킨다. 성기는 물론 성교의 상황에 대한 가열한 묘사는 여성 시인으로서의 여성적 언어는커녕, 남성적 언어라고 하더라도 그 도발성이 거의 폭력적이다. 다른 한 가지의 해석 방법은 이 시를 치밀한 상징으로 읽는 것이다. 이때 이 시의 대상은 전기에 의해서 돌아가는 기계로 읽혀질 수 있다. 전자인 경우는 말할 나위 없고, 후자의 경우라 하더라도 그 성적 상상력의 질감은 역동적인 수준을 넘어선다. 그러나 김언희에게 있어서 그의 시집 도처에 나타나는 성적 소재 및 그 상상력의 형태가 궁극적으로는 세계에 대한 비극적 인식 및 인간 혹은 생명의 비하라는 세계관과 연관되었다는 점에서 특이하다. 앞의 시에서도 "쭈글쭈글한 껍데기 세상을/퉤,/뱉어 버리기

---

[37] 김언희, 『트렁크』(세계사, 1995), 56~57쪽.

위하여"라는 끝 부분이 강력히 진술하듯이 여성의 질이 회전 수축한 다거나 전기 욕정으로 요분질하는 것이 모두 "껍데기 세상"에 대한 반란이라는 의미이다. 이러한 의미 연결은 다소 부자연스럽다. 그러나 정욕을 터뜨릴 방법이 없다고 소리 지르는 신현림이나 컴퓨터와 차라리 성행위를 하고 싶다는 최영미와 기본적으로 이 시인의 인식은 궤를 같이한다. 그것들은 모두 남성이 지배하는 세계에 대한 성적 예속화의 거부이자, 그것에 자신들의 몸을 던져 정면으로 도전하고 있다는 점에서 폭력적이다. 이렇게 볼 때 조금쯤 부자연스러워 보이는 김언희의 세계 부정 — 성기로서의 그의 육체 모두를 던져 행하는 — 은 여성 성욕의 실현과 여성적 자아의 발견이라는 측면에서 매우 래디컬한 국면을 지닌다. 그것은 마치 1980년대 여성 시인 최승자가 자궁을 가리켜 생산의 장소 아닌 죽음의 장소로 인식하고 있듯이[38], 여성의 성이 전반적으로 남성과의 관계에 있어서 생산적인 사랑의 역할을 하고 있지 못하다는 숨은 의식을 반영한다. 마치 주검처럼 널브러져 있는 여성의 성은 김언희에게서 '허기'(당신, 이리 와/배때기 째 벌려지는, 이/허기 속으로[39]), '비참'(당신의 음경에/꼬치 꿰인 채/뜨거운 전기오븐 속을/빙글빙글빙글/영겁회귀/돌고 돌게요/간도 쓸개도 없이[40]), '오욕'(탱탱한 비닐 정조막을 덮어쓰고/비늘친 알몸으로 당신의/식욕을/기다린다[41]) 등으로 나타난다. 그것은 결핍이나 배신, 이별로 나타나는 부재의 남성보다 훨씬 참담한 상태로 부각된다. 김언희의 해부학적 상상력은 그러므로 여성의 몸이 남

---

38) 최승자, 『즐거운 일기』(문학과 지성사, 1984), 49쪽.
39) 김언희, 같은 책, 55쪽.
40) 같은 책, 12~13쪽.
41) 같은 책, 69쪽.

성의 성적 욕망의 대상으로서 유린되어 온 현실에서 유발되었다는 해석이 가능해진다. 그의 다른 시이다.

  ……태어나 보니
  냉장고 속이었어요

  갈고리에 매달린 엉덩이짝이 나를
  낳았다는데 무엇의
  엉덩짝인지
  아무도 모르더군요

  지하 식품부
  활짝 핀 살코기 정원에서
  고기가 낳은
  고기[42]　　　　　　　　　　—「태어나 보니」중에서

 남성의 일방적인 성적 횡포는 관습이라는 이름 아래 도처에서 빈발하고, 심지어는 사랑하는 남녀 사이의 성행위의 실제 현장에서 모욕적으로 자행된다는 것이 시인의 은폐된 고발이다. 그러나 그 은폐는 감추어진 깊이만큼 높은 탄력으로 뛰어올라 그의 언어를 비여성적인 언어의 파괴력으로 몰고 간다. 이렇게 볼 때 소설의 경우와는 달리, 시에서는 이른바 여성적 언어로부터의 과감한 탈피를 통한 언어 파괴라고 부를 수 있는 독특한 현상이, 여성성을 확보·구축하는 과정에서 여성시의 새로운 내용으로 나타나고 있다고 할 수 있다.

---

[42] 김언희, 같은 책, 63쪽.

1980년대의 황지우·이성복 등의 남성 시인을 능가하는 여성 시인들의 언어 전복 현상은 이러한 시각에서 또 다른 조명을 받아야 할 것으로 판단된다.

IV. 평론의 경우

1990년대 후반 여성문학의 가장 특징적인 현상 중의 하나는 여성 평론가들의 대거 등장이라고 할 수 있다. 시·소설 분야와 달리 평론은 여성 문인들의 진출이 매우 희소한 분야로서 20세기 한국 문학 전반을 통틀어도 그 수는 한 자리에 머무는 형편이었다. 강인숙, 이인복, 정효구 등 극소수의 평론가들을 90년대 이전에 가졌을 뿐인 여성 평단은 90년대에 들어와서 예전과 비교할 수 없는 놀라운 수로 증가한 여성 평론가들을 만나게 되었다. 박혜경, 최인자, 최성실, 김영옥, 김미현, 신수정, 백지연, 황도경, 정끝별 등 거의 두 자리에 육박하는 인물들이 짧은 시간 내에 배출되었다는 사실은, 이러한 현상 하나만으로도 90년대 여성문학의 중요한 특징이라고 할 수 있다. 그도 그럴 것이, 문단 내부에서도 여성문학은 주로 시 부문에 적합한 것으로 받아들여져 왔고, 소설 쪽은 이보다 조금 덜 적합한 것으로, 그리고 평론 쪽은 아예 어울리지 않는 것으로 여겨져 온 것이 종래의 통념이었기 때문이다. 이러한 통념은 여성-감성적/남성-논리적, 여성-서정적/남성-서사적이라는 이분법적 도식을 배경으로 한 것으로 볼 수 있다.[43] 이러한 도식은 철저하게 검증된 상태에서

---

43) 리처드 에번즈, 『페미니스트』(창작과 비평사, 1997), 16~32쪽 참조. 이러한 등식에 대한 여러 견해가 잘 정리되어 있다.

이루어졌다기보다 다소 선험적인 분류라는 혐의를 받기 쉬워졌는데, 바로 90년대 여성 평론가들의 대거 등장이 그 반증이라고 할 수 있을 것이다.

　90년대 여성 평론가들의 활약은 남녀의 구분이 감성적/논리적이라는 대립 구조에 대해서도 도전이 될 수 있으나, 그 밖의 요인도 연구의 대상이 되어야 할 것이다. 그 가장 중요한 문제 제기는 페미니즘의 대두와 여성 평론가들의 진출이 시기적으로 맞물려 있다는 사실이 의미하는 함수 관계이다. 이것은 페미니즘의 내용이, 여성문학으로 하여금 평단으로의 진출을 조장하였으리라는 추론을 가능케 한다. 평론의 성격이 비판과 더불어 해석과 감상을 포함하는 것이라면, 어떤 의미에서 여성문학은 남성 평론가들에 의한 비평 행위에 관습적으로 만족해 왔는지 모른다. 90년대 여성평론은 바로 이러한 관습과 행태에 대한 전복적 의미를 띠는 것으로 해석될 수 있다. 말하자면 여성소설과 여성시에 대한 분석과 평가를 더 이상 남성적 시각에 맡기지 않겠다는 강렬한 의지의 소산으로 읽혀져야 하리라는 것이다. 90년대 후반 여성문학의 대표 주자라고 할 수 있는 은희경에 대해 내린 90년대 후반의 한 평론가 김미현의 다음과 같은 진단은, 이와 관련하여 깊이 음미될 만하다.

　　순수함이나 도덕성은 남의 이익을 포기시킬 때가 아니라 자신의 이익을 스스로 포기할 때 생기기 때문이다. 그녀의 위악은 고통을 피하는 것이 아니라 고통을 미리 겪어 버리는 것에 있기 때문에 그녀를 두 배로 더 아프게 한다. 은희경의 소설 속에 나오는 위악의 진정성은 그것이 고통을 준다는 사실이 아니라 이처럼 고통스러운 줄 알면서도 무릅쓰는 용기에 있다.[44]

일견 지나치게 남자 관계가 분방하고 자유로운 성 관념을 지니고 있는 것처럼 보이는 주인공들로 된 소설의 작가를 변호하는 논리이다. 섹스와 그에 따른 사회적 약속이나 규범을 동행시킬 수 없는 이유를 주인공 여성은 '희망을 갖는 일이 두렵기' 때문이라고 말하고 있는데, 평론가 김미현은 이것을 가리켜 "위악의 진정성"이라고 평가한다. 더 자세히 설명한다면, 여성은 성행위를 매개로 해서 남성에게 속아 왔기 일쑤였기 때문에 양자를 함께 묶는 관습을 여성 쪽에서 먼저 깨뜨린다는 것이다. 말하자면 속지 않기 위해서는 먼저 속여야 하며, 상대방의 사랑을 믿을 수 없는 잠재적인 불신 상태가 불가피하다는 주장이다. 그것은 고통스러운 위악이지만 차라리 진정성을 지닌다. 배신 같아 보이는 이러한 결단이 오히려 순수하고 도덕적이라는 김미현의 논리에는 남성의 폭력적 관습에 대항하는 여성적 자아의 전략과 그에 대한 윤리적 자부심이 숨어 있다. 그 전략을 '용기'로 높이 평가하는 견해에는 남성평론이 도달할 수 없는 여성 평론가 특유의 독자적 세계가 숨 쉰다. 그리하여 90년대 여성 평론가는 지금까지의 남성 평론가들이 발견하지도, 전개하지도 못했던 새로운 논리를 개진하는데, 사랑의 영역과 관련된 그 논지는 확실히 발전적인 측면을 지닌다.

> 진희(주인공 여성)가 사랑하는 것은 사람이 아니라 사랑이다. 그녀는 사랑을 사랑한다.[45]

은희경은 사랑 자체를 부정하거나 파괴하려는 것이 아니라 사랑에

---

44) 김미현, 「사랑의 상형문자」(『마지막 춤은 나와 함께』 해설), 282쪽.
45) 같은 책, 286쪽.

대한 우리의 사유 방식을 바꾸어 놓으려는 것이다.[46]

90년대 후반의 여성 작가가 보여 주는 격렬하면서도 단정한 사랑의 서사를 남성에 대한 여성의 예속적 사랑이라는 관찰 방법에서 과감하게 끊어 내는 논리이다. 주인공 여성이 끊임없이 이 남자, 저 남자와 사랑의 행각을 벌이는 까닭은, 어떤 남자 한 사람을 사랑하기 때문이 아니라 사랑 그 자체를 사랑하는 까닭이라는 것이다. 자위행위나 동성애와 같은 차원에서 성적 자아와 그 독립성을 실현하고 있다는 생각이다. 페미니즘에서의 성적 사랑은, 김미현에 의하면 '사랑에 대한 사유 방식을 바꾸어 놓는 일'이다. 은희경에 대해서 그는 이것을 '거꾸로 된 사랑을 위해 은희경은 지금도 마지막 춤을 추고 있다'고 다소 불안해하면서도 페미니즘의 '거꾸로 된 글 읽기'의 당위성을 변호한다. 한 세대의 시인·작가 들이 동세대의 평론가들을 갖고 있다면, 90년대의 여성 시인·작가 들이 같은 세대의 여성 평론가들을 다수 확보하고 있다는 것은 그들에게 행복한 일이다. 자칫 세기말의 퇴폐적 현상이라는 부정적 평가와 만날 수도 있는 여성의 성 문제가 90년대 후반 여성문학 안에서 긍정적 의미와 연결될 수 있다면, 이들 여성 평론가들의 활동과 무관하지 않을 것이다. 남성 세계의 비정함과 황량함, 그 속에서의 인내와 적응을 모성적 여성성으로 받아들여 온 어머니 세대를 비판하고 거부하는 윤효의 소설을 분석한 또 한 사람의 여성 평론가 신수정의 다음과 같은 진술도 이러한 진용(陣容)의 중심부에 놓여 있다.

사막의 모래더미에서 영원히 살아남을 그 무언가를 발굴해 내고자

---

46) 김미현, 같은 책, 292쪽.

하는 윤효의 소설은 그리하여 생의 정점에 선 자가 되돌아보는 공포와 그 공포가 빚어내는 역설적인 아름다움으로 가득 차 있다. 사막에서의 사랑이란 그런 것이다.[47]

여성적 자아가 정당하게 실현되지 못하는 세상에서의 사랑을 "사랑의 사막"이라고 예리하게 지적하면서도, 그 사막에서의 사랑을 "그 공포가 빚어내는 역설적인 아름다움으로 가득 차 있다"고 신수정은 격려한다. 이 격려는 성적 독립을 통해 여성적 자아를 획득하려고 하는 여러 여성 작가들에게는 힘찬 원군(援軍)이 된다. 90년대 후반의 여성 평론가들 가운데 가장 활발한 활동을 전개하는 평론가 중 하나인 신수정의 이러한 견해는, 여성의 성적 자아와 그 독립성의 중요성을 강조하면서도 래디컬한 극단론으로 경사되지 않고 있다는 점에서 한층 주목된다. "역설적인 아름다움"이라는 표현이 말해 주듯, 그에게는 여성의 성과 그 인간적·사회적 기능이 남성과의 관계에 있어서 반드시 물량적인 동등을 의미하는 것으로 나타나지는 않는 것 같다. 이 점에 있어서 신수정의 입장은 이른바 생리적·물리적 남녀평등론 아닌, 문화적 평등론에 기울어 있다. 문화적 평등론은 여성의 성적 자아가 남성의 그것에 비해 기능적으로 열등하다든가 사회적으로 부당하게 대우되어 왔다는, 이른바 여성 차별론을 애당초 거의 의식하지 않고 있다는 점에서 문학적이라고 할 수 있다. 모든 문학은 필경 '역설적인 아름다움'이기 때문이다. 문학의 자리에서 볼 때 모든 현실은 일종의 공포이며 억압이다. 문학이 이 공포와 억압으로부터 인간을 지키기 위한 눈물겨운 노력이라면, 그 노력이 값지기 위해서는 공포가 더욱 가공스러울 필요가 있을는지 모른다. 그것

---

47) 신수정, 「사랑의 사막, 사막의 사랑」(『허공의 신부』 해설), 277쪽.

은 역설이다. 문학은 그러나 이 역설의 구도 속에서 그 가치와 의미가 선명해진다. 핍진한 삶과 그 삶을 조장해 온 남성적 세력을 수동적으로 추종한 여성으로서의 어머니를 거부했던 딸이 그 어머니에게서 오히려 무서운 끈기와 자존심을 발견한 것으로 여성 작가 윤효의 소설들을 분석해 낸 신수정이, '공포가 빚어내는 역설적인 아름다움'을 보았을 때, 그 아름다움은 바로 문학 본원의 아름다움으로 통한다. 자칫 잘못 읽힐 때, 페미니즘 대신 순응주의적 여성관으로 반영될 수도 있는 이러한 문학관 속에는 오히려 남녀평등이 당연히 전제된 여성적 자존심이 자리잡고 있다. 이러한 자존심은 그리하여 마침내 여성 작가뿐 아니라 남성을 포함한 작가 일반으로 확대되어 때로 부정적인 이미지로까지 그려졌던 여성의 자궁에 대해 다음과 같은 통합적인 관찰을 가능케 한다. 여성 평론가에 의한 종합적·전체적인 인간 이해가 더욱 활발해지리라는 예견은 여기서 상당한 타당성을 얻게 될 것으로 보인다.

    우주적 차원으로까지 확대된 대어머니의 자궁은 이제 더 이상 여성성에 국한된 그 무엇이 아니다. 어머니를 중심으로 저만큼 물러앉아 외로워하는 아버지를 허용하는 식의 이분법이 사라진, 자꾸 또 다른 결핍의 극복, 즉 또 다른 여인을 대리로 찾아다니는 욕망과 갈증을 다 풀어내 버릴 수 있는 거대한 합일의 소용돌이, 그것이 한승원이 희구하는 구원의 세계인 것이다.[48]

---

48) 김영옥, 「울렁거림의 시학, 출렁거림의 신화」(한승원 시집 『사랑은 늘 혼자 깨어 있게 하고』 해설), 125쪽.

V. 성의 겸손한 이해를 위하여

20세기가 지나가고 21세기를 맞는다. 시간의 범주에 관한 한, 가장 엄청난 변화, 즉 밀레니엄의 변화에 직면하여 세계는 새로운 경험에 관한 예감으로 인해 불안과 흥분, 기대 속에서 전율하고 있다. 그 가운데에서도 문학은 두 가지의 커다란 현상을 환상 아닌 현실로 바라본다. 그 하나는 문학의 양식(樣式)과 본질에 관한 새로운 도전과 과제이며, 다른 하나는 이른바 페미니즘으로 일컬어지는 여성문학의 급격한 대두이다. 전자가 애니메이션과 PC문학 등 영상 문화에 접속된 문학 영역의 변화와 관계되는 것이라면, 후자는 부계 사회의 가부장적 질서에 대항하는 여성운동의 문학화라는 테마 중심의 변화를 목표로 한다. 사실상 현대 한국 문학은, 문학이 모든 반인간적 억압 질서를 비판함으로써 자유로운 인간성의 확보와 획득을 지향한다는 그 현대적 개념의 수용에도 불구하고, 그렇지 못한 현실과 혼합된 상황을 거듭해 왔다. 가령 봉건적 질서와 유교적 가치관을 부분적으로나마 지지하고 있는 이문열·이인화 등의 평가에서 나타난 혼란을 그 반증으로 삼을 수 있을 것이다.[49]

여성문학이 여기서 여성의 몸과 성의 문제를 화두로 삼아 문제를 본격적으로 제기하게 된 것은, 이 상황에 대한 정면 대응으로서, 논리의 순서상 설득력을 지닌다고 할 수 있다. 그 결과, 이 글이 불충분한 대로 밝히고 있듯이, 여성은 그 몸의 생리, 그와 결부된 정신적·영적인 활동에서 남성과 아무런 차이를 지니지 않는 것으로 입증되었다. 따라서 지금까지의 차별성은 사회적·문화적인 관습의 차이에서 야기된 것으로 파악된다. 소설·시·평론으로 구성된 문학은 삶의

---

49) 김신명숙, 『if』 창간호 (1997), 68~73쪽 참조.

현실을 세밀하게 추적·반영함으로써 차별성의 반인간적·반문화적 성격에 접근한다. 특히 여성의 성적 욕망이 본질상 얼마나 강렬한가 와, 그것이 미치는 현실적 영향력의 무게를 생각할 때, 이 분야에 대한 보다 깊은 관심과 진지한 탐구는 21세기의 새로운 문학 현상을 이해하기 위한 필수적인 조건으로 떠오른다.

그러나 이 탐구는 필연적으로 또 다른 문제와 만나게 된다. 그것은 오랫동안 금기시되어 온, 적어도 공론화가 기피되어 온 여성의 성욕 문제가 여성 작가 스스로에 의해서, 그것도 상당히 과격한 표현과 방법에 의해 행해짐으로써 야기되어 온 성 모럴의 공황 현상이다.[50] 물론 이 현상은 잠재적이지만, 충분한 개연성을 지니고 있다. 혹은 남성 중심 사회의 성적 폭력성이 여성의 참여에 의해 소멸·완화되는 것이 아니라, 오히려 배가하지 않겠느냐는 우려도 그 방어 논리를 충분히 갖추지 못한 형편이다. 성은, 그것이 남성에 의한 것이든 여성에 의한 것이든, 전면적으로 노출될 때 과장의 측면으로 빠져 들기 쉬우며, 비판의 결과보다 퇴폐·타락의 결과로 유도되기 쉬운 속성을 지녔기 때문이다. 새로운 세기의 여성문학은 그런 의미에서 보다 총체적 인간관·세계관을 준비해야 할 것이다.[51] 남녀평등은 공의와 가치 면에서의 상향적 평등으로 올라서야 하며, 남녀 공범의 악마적 타협의 얼굴이 되어서는 안 된다. 이런 의미에서 21세기의 한국 문학은 겸손한 성의 상호 이해를 위한 새로운 도전 앞에 직면해 있다고 할 것이다.

---

50) 무엇이든 산업화하려고 하는 후기 공업 사회의 특성은 여성의 성 개방과 진출을 산업적 측면에서 입을 벌리고 포섭하고자 한다. Kathleen Barry, *The Prostitution of Sexuality*(New York University Press, 1995), 122~164쪽 참조.
51) 같은 책, 304~309쪽 참조. 이 책은 여기서 '인권이라는 새로운 페미니스트(a new feminist human rights)'라는 개념을 내놓고 있다.

욕망인가, 자아인가 — 뿌리에 관하여
— 김규린의 첫 시집 『나는 식물성이다』

I
새벽마다 나는
내 뿌리를 처형하였다
뚝뚝 흘리는 상심의 나침반을 저 멀리 돌아 나오며
기나긴 환각의 巡禮가
벌어진 환부를
슬프게 감아 주었다

 김규린의 시는 뿌리뽑기하는 일 같아 보인다. 무슨 뿌리? 아니 뽑히는 뿌리도 있나? 이런 황당함은 그의 시를 읽는 모든 이들에게 아마도 예외 없이 일어날 것이다. 물론 나 역시 예외가 못 된다. 따라서 나의 김규린 시 읽기는 그의 뿌리 찾아 더듬기 이외에 별다른 것이 되지 못한다. 대체 그의 시가 그 뿌리 때문에, 그 뽑고 싶어도 잘 뽑히지 않는 뿌리 때문이라는 짐작은 얼추 맞는 이야기가 될까. 「혹독한 연서(戀書)」에서부터 그 단서를 끌어내어 얼러 내고 골라내 보면 어떨까.

새벽마다
장례 행렬이 스쳐 지나갔다
한적한 촌락의 호수처럼
웅크려
안에서 흐르는 木鍾의 이상한 難破를
들었다
나는 슬금슬금 뻗쳐 오르는
가슴께의 땅거미를 찢으며
수상한 메아리 끝에
위태롭게 매달렸다
멎은 기도처럼
꽃들이 무더기로 피고
난파하는 뿌리들은 들판에
무수히 무덤을 쌓았다

  두 부분으로 이루어진 시에서 바로 위의 인용은 전반부에 해당하는데, 이 글의 모두 부분에 미리 뽑아 놓은 후반부와 비교해 볼 때, 전반부의 양이 훨씬 압도적이다. 뿐만 아니라 그 진술된 내용도 전체 시의 핵심을 거의 구성하고 있다. 이제 이 시를 보다 가늘게 뜯어보자.
  이 시에서 시적 화자인 '나'는 위태롭게 매달려 있다. 다른 많은 시들—거의 모든 시들—에 편재해 있는 이 같은 '위태로운 매달림'은 김규린 시의 기본 모티프로 떠올라 있다. 왜 시인은 여기저기서 위태롭게 매달려 있는가. 사실, 매달려 있다고 한다면 그 모습은 미상불 위태롭게 보이게 마련이다. 그런데 시인은 그 모습이 마치 가장 시인다운 어떤 포즈라도 되는 듯 빈번하게 그런 자리에 나와 있다.

작품 「혹독한 연서」에서 시인이 매달려 있는 그 자리는 "수상한 메아리 끝"이다. 수상한 메아리라면 그것은 하나의 추상인데 별다른 설명이 동반되지 않으므로 그야말로 수상하기만 하다. 말하자면 시인이 매달려 있는 곳이 분명치 않다. 그 대신 이 시에는 시인의 직접적인 설명 이외의 상황 묘사가 다소 떨어진 곳에서 진행된다. 그것들은 두 가지로 나타난다. 하나는, 새벽마다 장례 행렬이 지나간다는 사실이며 다른 하나는 목종의 이상한 난파가 들린다는 사실이다. 두 가지의 상황 묘사는 우선 그것들이 현실 속의 것이 아님을 보여 준다. 실제 현실 속의 장례 행렬이나 종의 파괴가 아니라는 점은, 그것들끼리의 어떤 인과 관계나 연관성도 결여되어 있다는 데에서 쉽게 확인된다. 그렇다기보다는, 그것들은 차라리 내면의 풍경, 즉 시인의 의식이나 심리의 어떤 구석을 훑고 지나가는 내적 상황의 표현인 것이다. 따라서 새벽의 장례 행렬과 목종의 난파는 '나'를 위태롭게 "수상한 메아리 끝"에 매달리게 하는 어떤 상황이다. 그것은 무엇인가. 장례가 있다면 누군가가 죽었을 것이다. 종이 깨졌다면 이 역시 전달과 경고의 기능이 죽었다는 뜻일 것이다. 결국 시인의 내면 속에는 자연스러운 커뮤니케이션이 끊기고 활력을 넣어 주는 힘이 소진되고 있는 것이다. 그 결과 시인은 위태로운 매달림의 형태로, 그것도 실체 아닌 메아리에 매달리는 모습으로밖에 존재할 수 없는 일종의 위기와 만난다. 쇠잔과 절망의 현실이다. 문제는 그런데 다음 시행에서 미묘하게 전개된다. 다시 한 번 읽어 보자, 매달림의 뒷부분.

 몇은 기도처럼
 꽃들이 무더기로 피고
 난파하는 뿌리들은 들판에
 무수히 무덤을 쌓았다.

왜 뜬금없이 기도가 멈추어지는가. 기도는 종교 행위다. 그것도 간절한 종교 행위다. 거기에는 기도하는 자의 절박한 간구, 즉 소망이 담겨 있다. 그러나 그 기도가 지금은 멈추어져 있다. 소망을 포기했거나 기도의 필요성이 약화된 탓이리라. 놀라운 것은 여기서 꽃들이 무더기로 피고 있는 현상이 마치 "멎은 기도처럼" 비유되고 있다는 사실이다. 좀처럼 연결되기 힘든 연상대 위에서 씌어지고 있는 이 비유는, 사실 시의 비유로서 썩 좋은 비유는 못 된다. 그러나 그 속에는 다소 거칠게 응축되었다 하더라도, 어떤 종류의 상징적 함축이 들어 있는 것은 사실이다. 이때 "멎은 기도"란 오히려 기도가 이루어졌음을 뜻하는 것이 아닐까. 기도의 필요성이 적어져서가 아니라 기도가 성취되어서 기도가 멎었으리라는 해석이다. 그러나 꽃들은 기도의 응답이라도 되듯 곳곳에서 개화한다. 이어서 뿌리들은 모두 죽어 자빠지고 무덤을 쌓는다. 이때 뿌리들은 꽃을 피웠다는 사명의 완수로 그 생명을 다했다고 볼 수 있으나, 다른 한편으론 꽃과 뿌리가 서로 다른 기능 — 아예 대립적인 기능일지도 모른다 — 으로 맞서 있다는 해석이 가능할 수도 있다.

자, 이 시를 읽는 독자들에게 이제 위태롭게 어딘가에 매달려 있는 시인은 눈 밖으로 슬그머니 밀려나 있다. 대신 전면에 등장한 것은 꽃과 뿌리이다. 꽃과 뿌리는 일반적으로 한쪽이 결과, 한쪽이 원인으로서 이해된다. 둘은 인과 관계로 묶여 있다. 그러나 꽃을 피웠다고 해서 뿌리가 죽는 것은 아니다. 더구나 이 시에서 꽃은 뿌리와 노동과 고행 끝에 얻어진 어떤 결실로 나타나지 않는다. 요컨대, 꽃은 시적 자아가 아니다. 시적 자아라면, 차라리 거기엔 뿌리가 더 가까이 근접해 있다.

새벽마다 나는

내 뿌리를 처형하였다
뚝뚝 흘리는 상심의 나침반을 저 멀리 돌아 나오며
기나긴 환각의 巡禮가
벌어진 환부를
슬프게 감아 주었다

아, 이제야 알겠구나. 새벽마다 스쳐 지나간 장례 행렬의 주인공을. 그 죽음의 임자는 바로 뿌리였던 것이다. 그것도 시인 자신의 의식의 뿌리—게다가 그 뿌리는 시인 스스로의 손에 의해 처형되었다고 하지 않았는가. 잘린 뿌리, 죽은 뿌리가 결국 이 시의 시적 자아인 셈이다. 시인은 끊임없이 스스로의 의식의 뿌리를 자르고 그것을 우리에게 시의 이름으로 내보여 준다. 상처와 불구의 모습일 수밖에 없는 것을 기껏해야 "환각의 순례"가 그 환부를 감싸 주는 그 모습을. 바로 이 모습이 "위태롭게 매달려" 있는 모습이다. 그렇다면 김규린이 죽이고 잘라 내는 의식의 뿌리는 구체적으로 무엇일까. 아니, 그는 왜 매일같이 그것을 자르고 있을까. 이 두 가지의 의문을 풀어 내는 일이 바로 이 시인을 이해하는 일이다.

II

'뿌리'는 김규린 시 도처에 솟아나 있다(고딕체 강조는 필자).

서른이 되니
죽은 절벽에 오르고 싶다.
반짝반짝 윤나게 닦은 처용 가면을
뿌리째 뽑아 들고

은침봉 위에서 더덩실 춤추다가
가면을 뚫고 나온 마마 자국이
휘영청
하두 슬피 밝아서 　　　　　　　　　　　—「성대한 이정역」

하늘 쪽에 뿌리 두면 상처들은 우르르
사과 알이 된다고 믿는 하늘색 잎들이
붉은 火傷을 닦고 있다 　　　　　　　　—「슬픔」

산다는 건 불치 같애
무거운 가지들이 자꾸
검은 기둥처럼 캄캄히 가로막으니
차라리 암세포나 되어 그 기둥에 납작
눈부신 뿌리 내릴까 　　　　　　　　　—「어느 날 문득」

사랑의 검버섯은 불치다
불치병을 경험한 자만이
너와 내가 나눈 2인칭의 진물을
이해할 수 있다
몰래 방류해 버린 우리의 뽀얀 물줄기가
세상을 지나
뿌리 아래서 초록 거푸집 짓더니
만장처럼 작별한 것들 향해 잎사귀 쳐든다　—「한때 소나기」

아무도 가지 않는 으슥한 하늘 쪽에 빨대 꽂는
악착스런 줄기들

슬픈 뿌리에서 저질러진
조生이
힘겨운 육신 끌며 끌며
빨대를 기어오르고 있다.　　　　　　　—「곡예사」

문득 알 수 없는 손이 다가와
내 가슴을 찬찬히 더듬고
뜨거운 피 스며들어 마침내 사지가 고요히 풀려 흐를 때
저만치서 조각상이 꽃씨를 던진다
스멀스멀 자라나는 잔뿌리……
오래 뿌리의 전신에 귀 기울이면 차츰
잘록해지는 허리께에서 실핏줄만 한 햇살이
환하게 새어 나오고 있다　　　　　　—「거듭나기」

　그물 속에 허우적거리는 꿈…… 성긴 그물 저편 하늘은 빛나고 내 가난한 셔츠를 비춰 오지만 이 구속으로부터 구원해 주진 못한다 다만 늑골 근처 잎이 자라 차례로 온몸 덮어 가는 것을 조용히 바라볼 뿐, 그 때 처음 깨달은 뿌리의 통증……
　누군가 버리고 간 대지와 누군가 버리고 간 우리들의 하나님은

뿌리에 묻은 채 썩고 있다

썩은 뿌리에서 핀 꽃은 위태롭다
날아간 새들은 돌아와 부리를 묻고, 다시는
좀처럼 떠나지 않는다　　　　—「버려진 우리의 표정」

고개 들어 올려다보면 은밀히 붉어지는 하늘
가슴에 와 세차게 박히는 앵두 알맹이들

뿌리는 술병을 넘쳐흘러 나를 적신다
그것을 자를 수 없다 　　　　　　　　—「뿌리에 관하여」

다 못한 말씀으로 잔뿌리
어루만지시나
갈림길마다 강심을 뒤지던 내
발바닥에서
상기된 은침들이 자잘히
뻗어 나간다 　　　　　　　　—「할아버지, 그리운」

나무와 늑대 사이
그대가 있다
식물의 뿌리로 평화롭게 평화롭게
地球에 붙어 자생하지만
간혹 뜨거운 그 발톱에
가슴이 찬란히 뜯겨 나간다

— 詩 　　　　　　　　—「나무와 늑대 사이」

조악한 꽃들에서 뿌리가 번지고 있었다
문득 가슴에서
싹이 만져졌다. 　　　　　　　　—「네 번째 눈물」

네가 건넨 뿌리를 허리에 두르니
후끈 메말랐던 수액이 달아오른다.　　　—「벼랑에 핀 남녀」

너의 뿌리가
나의 눈물을 지나
마른 꽃 피울 때
나는 보았다　　　　　　　　　　　　—「불 켜진 窓」

객차들이 하나 둘씩 잠들고
깔려 있던 뿌리들은 몰래 일어나
외딴집 창문을 기웃거리다 마른 짚더미 속에
고단하게 드러누웠다.
아무도 관심 기울이지 않지만
뿌리들이 짚 속에서 삐삐 불 때
방금 사냥 마친 늑대의 피울음 소리가 났다　　—「열차 안에서」

　거의 모든 시들에 불쑥불쑥 튀어나오고 있는 뿌리. 김규린 시는 이 뿌리 때문에 괴로워하고 있는 고백 이외에 다름 아닌 것으로 보인다. 그 뿌리는 무엇보다 아무리 없애려고 해도 없어지지 않는다는 점에서, 그리고 바로 그 뿌리와 더불어 삶의 여러 국면들이 전개된다는 점에서 근원의 어떤 욕망을 가리키고 있다. 시인은 그 욕망을 껴안고 있는데, 그 욕망은 작은 기쁨을 주지만 그보다는 오히려 더 큰 고통을 주는 것으로 토로된다. 욕망의 이러한 모습은 그것의 일반적인 기능이기도 하다. 그러나 김규린의 그것은 가혹하다고 할 정도로 고통스럽게 표현된다. 시인은 끊임없이 욕망을 제거하려고 하기 때문이다. 그는 그것을 죄악이라고 생각하기 때문일까. 아니

대체 그는 그 고통스러운 뿌리 뽑기가 가능하다고 믿는 것일까. 앞의 인용들에서 보여지듯, 시인은 뿌리의 제거가 가능할뿐더러, 반드시 그것은 뽑혀져야 한다고 믿고 있다. 그런 의미에서 김규린은 삶의 근본주의자라고 할 수 있다. 근본주의(fundamentalism) — 그것은, 뿌리는 심어지거나 뽑혀져야 한다고 굳게 믿는 그런 믿음이다. 흙 위로 맨살이 조금쯤 드러나 흐트러져 있는 뿌리의 조각들은 여기서 인정되지도 상상되지도 않는다. 이렇듯 양쪽에 기울어진 채, 그 사이의 다른 어떤 섬세한 실존의 부스러기도 허용하지 못하는, 다소 좁다면 좁은 상상력의 넓이로 인해 시인의 고통은 생산되고 증가한다. 그렇기 때문에 김규린의 시적 상상력은 도덕적이며 관습 안에 있다.

모든 뿌리가 이 시인에게 잘려져 죽어 가는 것은 아니다. 오히려 '자를 수 없다'고 그 근절과 살해가 단호히 거부되기도 한다. 그러나 그 어떤 경우에 있어서도, 모든 뿌리는 '잘려지거나' '잘려지지 않거나' 둘 중 하나의 모습으로 등장한다. 말하자면 뿌리에 관한 한 시인의 발상은 철저하게 '자르기'를 중심으로 번져 간다. 뿌리의 장례 행렬 아닌, 뿌리 해방의 한 예를 추적해 보자. 「거듭나기」와 「뿌리에 관하여」에서의 부분 부분을 다시 인용한다.

저만치서 조각상이 꽃씨를 던진다.
스멀스멀 자라나는 잔뿌리……
오래 뿌리의 전신에 귀 기울이면 차츰
잘록해지는 허리께에서 실핏줄만 한 햇살이
환하게 새어 나오고 있다.

고개 들어 올려다보면 은밀히 붉어지는 하늘

가슴에 와 세차게 박히는 앵두 알맹이들

　　뿌리는 술병을 넘쳐흘러 나를 적신다.
　　그것을 자를 수 없다.

　앞의 인용은 「거듭나기」에서의 뒷부분, 뒤의 것은 「뿌리에 관하여」 중 역시 뒷부분이다. 작품 「거듭나기」에서 뿌리는 스멀스멀 자라 가면서 마침내 "실핏줄만 한 햇살"을 내놓는다. 그 뿌리는 절묘하게도 '자르기'를 피해 제 모습을 해방시키고 있다. 여기서 흥미로운 것은 실핏줄만 한 햇살이 "잘록해지는 허리께"에서 새어 나오고 있다는 사실이다. 뿌리의 해방과 성장이 성적 욕망의 해방과 충족이라는 의미와 연결되고 있는 이러한 묘사는, 김규린의 뿌리가 욕망—성적 욕망의 범주에 드리워져 있음을 보여 준다. 결국 시인은 성적 욕망이라는, 결코 제거하고자 해도 제거할 수 없는 뿌리 때문에 괴로워하고 있는 것인데, 이 괴로움은 그것을 죽여야겠다는 단호한 의지 때문에 더욱 배가되었다는, 그 경로가 밝혀진다. 그러나 그 의지가 의도적이든 아니든 약화되거나 해소되는 곳에서 그 뿌리는 차라리 "꽃씨"와 "햇살"이라는 충족을 만나고, 시인의 고통스러운 시선 밖으로 나갈 수 있게 된다. 뿌리의 이 같은 긍정의 시학이 조용하게 전개되고 있는 작품 「거듭나기」의 앞부분을 모두 연결시켜 보자.

　　보일 듯 말 듯한 가슴 아래 손가락을 넣어 본다.
　　청동 조각상이 수줍게 고개 든 순간
　　뭉클한, 어디선가 심장이 만져질 듯하다.

　시는 이렇게, 아마도 시인의 가슴이 틀림없을 몸의 한 부분을 열어 주면서 시작한다. 거기에는 몸 이외의 어떤 관념도 개입하지 않는, 시인 김규린으로서는 드물게도 모든 강박을 벗어 버린 공간이 자유롭게 펼쳐진다. 그가 발견한 자신의 몸은 더욱 세밀한 묘사의 진전을 얻어 간다.

> 이상하다 조각상의 반질거리는 살갗에
> 눈감아 버린 나의 전신이 들여다보인다
> 순례자처럼 망연히
> 나는 조각상 속으로 걸어 들어간다.
> 좁고 남루한 갈비뼈 근처
> 따스한 꽃들이 무더기로 피고
> 꽃들이 잔잔히 흔들리면 언뜻 비춰진 내가
> 가늘게 휘청거린다.
> 가만 바라보면, 세심한 혈관이 발밑을 적시고……

그렇다. 비록 "좁고 남루한 갈비뼈 근처"라고 겸손하게 묘사되고 있으나 이어 거기서 무슨 "꽃들이 무더기로" 핀다고 다시 반전되듯 이 몸—젊은 여성의 몸은 그 표현 그대로 충분히 아름답다. 그러나 아름다운 몸에 대한 아름다운 발견, 아름다운 묘사는 다음 순간 문득 끊긴다(고딕체 강조는 시인).

> 불현듯 내 몸을 밀어낸 것은
> 부슬부슬 내려앉기 시작한 어둠이었을까
> 어둠이 내리고 창문을 두드리는 웅성거림이 들리지만
> 손잡을 수 없다, 나는 닫혀 있다.

몸의 순례는 갑자기 중단된다. 시는 그 이유를 "어둠이었을까" 하는 자문의 수준에서 밝히고 있다. 보다 확실하게 주어져 있는 상황은 "나는 닫혀 있다"는, 어떤 선험적인 심리 상태에 대한 보고뿐이다. 앞서 나는 그것을 시인의 도덕적 상상력과 관련지어 본 바 있는데, 여기서 시는 다시 반전한다.

> 문득 알 수 없는 손이 다가와
> 내 가슴을 찬찬히 더듬고
> 뜨거운 피 스며들어 마침내 사지가 고요히 풀려 흐를 때
> 저만치서 조각상이 꽃씨를 던진다

닫힌 몸은, 알 수 없는 손이 가슴을 더듬고 뜨거운 피가 스며들자 다시 열리고, "마침내 사지가 고요히 풀려 흐"른다. 알 수 없는 손으로 나타나기 때문에 몸을 열어 준 힘을 설득력 있게 밝혀 내기는 힘들다. 그러나 "문득 알 수 없는 손"이 다가왔다는 진술은, 그 문장이 수동태로 바꾸어진다면, 결국 시인 자신의 내면적 움직임에 의해 몸이 풀리고 있다는 사실로 설명된다. 이렇게 해명된 이 시의 구조는, 결국 욕망에 대한 시인 의식이 이중적임을 보여 준다. 욕망을 풀어 보고 싶다는 잠재의식과 그것을 억압하겠다는 명징한 의식과의 싸움. 그의 시는 그 싸움이 빚어내는 전리품이다. 이 싸움이 평화를 가져올 때, 전리품은 더욱 찬란하게 빛난다. 시「뿌리에 관하여」는 그 평화의 모습을 아주 평화스럽게 전하고 있다. 고통스러운 싸움 끝에 얻어진 성숙이 가져다 준 평화. 앵두가 녹아 앵두술이 되기까지의 과정과 그 완숙의 모습이 예민한 관찰에 의해 아름다운 묘사를 얻고 있는 이 시의 백미는, "뿌리는 술병을 넘쳐흘러 나를 적신다"는 시구를 통해 완성된다. "앵두 알맹이들이 서로의 몸을 비비며 술렁거

리다"가 이윽고 만나게 된 "은밀히 붉어지는 하늘"! 그 성숙의 시간 속에서 시인은 뿌리가 뽑혀져야 할 죄스러운 욕망 아닌, 뻗어 나가는 생명의 힘이라는 사실을 깨닫는다. 이 깨달음 때문에 시인은 평화 속으로 들어갈 수 있다.

 김규린의 시가 그러나 아직 성숙과 평화를 행복하게 누리고 있는 것만은 아니다. 무엇보다 두 욕망 사이의 갈등이 여전히 거칠게 진행되고 있기 때문이다. 이 갈등은 아마도 계속될 것이며 또 쉽게 해소되어서도 안 될 것이다. 갈등 없이 싸움은 없으며, 싸움 없이 평화와 성숙도 없기 때문이다. 우리에게 중요하게 다가오는 것은 문득 획득된 성숙의 열매 아닌, 성숙으로 가기까지의 치열한 성장의 기록이다. 그 기록이 바로 시다. 「터부의 여자」에 그려지고 있는 그 아름다운 기록과 더불어 시인 김규린의 싸움이 더 큰 싸움이 되어 세상의 모든 것을 감싸 안는 깊은 성숙으로 나아가기를 기대한다.

> 불길이 내 치마를 대신 태우는 동안
> 뿌리 닮은 가지들은 일 센티씩 더 자란다
> 까맣게 타버린 매캐한 치마 속에서
> 먹음직스런 세상의 肉味가 느릿느릿 새어 나온다
>
> 하늘을 받치는 뿌리에게서 벌어진
> 裸木 하나의 죽음 위로
> 망령되게 늘어난 부레들이 날아오른다
>
> ─「터부의 여자」 중에서

불꽃과 재를 지나서
— 서하진의 소설들[1]

> 그리고 사그라지는 불씨 같은 남은 날들을 살고 있을 어느 날, 아득한 곳에서 돌아온 새처럼 여자가 다시 나타날 것이다. 꼭 그럴 것이다…….
> (Ⅵ, 156쪽)

다양한 소재의 섭렵에도 불구하고 서하진의 소설 주인공들은 이른바 작가와의 동일화 현상을 비교적 그대로 드러내고 있다. 요컨대 그것은 30대 여성의 일상이다. 물론 30대 여성이라고 해서 모두 서하진과 같은(혹은 비슷한) 일상생활을 지내고 있는 것은 아니다. 그러나 심리적·사회적으로 일반화된 30대 여성의 일상에 이 작가의

---

[1] 이 글에서 서하진의 소설들은 「홍길동」Ⅰ, 「나무꾼과 선녀」Ⅱ, 「타인의 시간」Ⅲ, 「사랑하는 방식은 다 다르다」Ⅳ, 「겨울의 끝」Ⅴ, 「탑선리」Ⅵ, 「깊은 물속」Ⅶ로 표기한다.

명민한 두 눈이 섬세하게 닿아 있는 것만큼은 틀림없다.
 대체 여성에게 있어서 30대란 무엇인가. 심리학적·사회학적 고찰의 전문성 옆으로 비껴 나 있을 수밖에 없는 이 글은, 그러나 그 두 관점을 포함한 이른바 보다 포괄적인 어떤 인간적 시각을 붙잡게 된다. 예컨대 그것은 정염의 한 점 불꽃의 타오름과 그로부터 생겨난 재의 모습으로 형성된 시간·공간이다. 불꽃을 준비하는 사춘기와 그 폭발로 이어지는 20대, 거기까지는 하나의 숨 가쁜 자연현상이다. 그러나 결혼을 전후하여 만나게 되는 제도와의 충돌은 그 여성을 사회 현상 속에 가둔다. 거기 가두어진 불꽃은, 불꽃이 강렬하고 화려할수록 짙은, 어둡고 지루한 재를 남겨 놓는다. 30대는 이 불꽃의 기억과 재의 시작을 함께 바라보는 시기이다. 물론 삶에서 불꽃의 발화가 일회성으로 끝나는 것은 아니므로 이런 식의 고찰이 노상 타당한 것은 아니다. 그러나 적어도 그 발화의 순수성이 숨겨진 정열과 순도를 감안한다면, 그리고 나이와 제도의 불가피한 간섭을 계산에 넣는다면, 30대 여성의 일상이 이 같은 관찰로부터 아주 자유스러울 수만은 없을 것이다. 물론 어떤 경우는 이 관찰과 애당초 무관한 모습으로 흘러갈 것이고, 어떤 다른 경우는 이 관찰을 정면으로 거부할 것이다. 그러나 서하진의 소설은 그 두 쪽 어느 곳으로도 가지 않는다. 왜냐하면 이 시기를 불꽃과 재라는 두 축 아래에서 바라보는 관점이야말로 가장 성실한 성찰이기 때문이다. 문학은 삶에 대한 가장 성실한 성찰 아닌가.
 서하진의 두 번째 소설집 『사랑하는 방식은 다 다르다』는 첫 소설집 『책 읽어 주는 남자』에 이어 이와 같은 그의 관심을 한결 분명하게 해준다. 일곱 편의 중·단편으로 이루어진 이 책에 수록된 작품 모두 이 같은 범주 아래 놓여 있는데, 특히 소설 화자의 시점이 30대 안팎인 점은 완전히 동일하다. 예컨대 「깊은 물속」의 나, 「타인의 시간」의 나,「겨울의 끝」의 지연,「탑선리」의 안골댁,「나무꾼과 선녀」의 지수,「홍길동」의 영주, 그리고「사랑하는 방식은 다 다르다」의 정애·여진·천혜 등 이들은 소설 속에서 직접적으로 제시되었든 은밀하게 숨어 있든 대체로 30대 나이의 여성들로 짐작되는 인물들이다. 처녀소설집 『책 읽어 주는 남자』와 달리, 아예 여성들을 주인공들로 전면에 내세우고 있다는 점에서 작가의 얼굴이 훨씬 강렬하게 부각되고 있는데, 그 특징을 파악하기 위해서는 아마도 다음과 같은 분석이 도움이 될 것이다.

작품	주인공	결혼 관계	아이	소재(사건)
I	영주	결혼	있음	혼외정사
II	지수(주부)	결혼	임신 중	불안
III	나(주부)	결혼	없음	부부 관계 사실상 단절
IV	정애·여진·천혜(주부)	결혼	있음	부부 관계 불화
V	지연(여류소설가)	미혼	있음	아비 사망
VI	안골댁(노파)	불명	있음	아비들 불명
VII	나(주부)	결혼	행방불명	부부 관계 악화

이러한 도식은 서하진의 여자들이 어떤 상황 속에 처해 있는지 개략적으로 전해 준다. 그러나 몇 발짝 더 '깊은 물속'으로 들어가 보면 이른바 이들의 닫힌, 왜곡된, 그리하여 주체하기 힘들어 보이는 내면의 상황이 떠오른다. 이런 것들이다.

남편은 나를 사랑하고 있을까. 한 번도 물어본 적이 없는, 한 번도 물어볼 생각을 해보지 않은 일이었다. 그 물음을 떠올리자 나는 남편에 대해서 내가 무엇 하나 제대로 알고 있는 것이 없다는 것을 깨달았다.

(Ⅶ, 235쪽)

　단 한 번이라도 남편의 돌아눕는 팔이, 다리가 내게 부딪친 적이 있었을까. 잠이 들기 전 남편은 나와의 사이에 보이지 않는 벽을 쳐놓기라도 하는 것일까. 잠든 남편은 움직일 줄 모르는 나무 인형 같았다. 때로 깊은 잠에 빠진 듯한 남편의 어깨에 조심스레 손을 대보지만 딱딱한 견갑골에 손이 가 닿기 무섭게 남편은 끙 소리 내며 돌아누웠다. (Ⅲ, 65쪽)

　절망의 끈으로 이어진 남편과 나. (Ⅲ, 78쪽)

　천천히 그녀의 손이 내게로 건너왔다. 핸들을 쥔 내 손 위에 얹힌 지연의 그것은 차가웠다. 이차선이던 도로가 좁아지고 멀리 강이 보일 때까지 지연은 손을 거둬 가지 않았다. 내 손바닥이 축축해졌지만 지연의 손은 조금도 따뜻해지지 않았다. (Ⅴ, 123~124쪽)

　움직임이 없는 탑들의 검은 얼굴이 안골댁을 지그시 내려다보았다. 탑은 말이 없지만 그 깊숙한 시선은 그녀 내부의 오래된 삶, 비밀스럽고 고통에 싸인 삶을 불러 일깨우며 서서히 그녀의 몸속으로 스며들었다. 얼룩진 낡은 벽 안에서 일어났던 일들과 그 일들을 감싸던 사랑, 증오, 절망을 하나씩 되새김질하는 안골댁의 가슴속에서 이윽고 그 모든 기억들이 탑의 검은 시선처럼 천천히 굳어 가고 안골댁은 자신이 그 탑들과 하나가 됨을 느낀다. (Ⅵ, 132쪽)

　어느 순간 아이가 몸을 뒤치며 여리고 부드러운 소리를 내면 지수는 아이가 깰 것을 겁내듯 소리 죽여 울었다. 눈물이 빠져나올수록 몸은 점점 물기 먹은 솜처럼 무겁게 가라앉았다. 퉁퉁 부은 얼굴. 부기가 빠지지 않아 제대로 맞지 않는 신발을 꺾어 신고 그녀는 자주 어두워지는 골목을 서성거렸다. (Ⅱ, 52쪽)

그런데…… 그녀는 다른 빛의 늪이었는가. 날카로운 쇠붙이와 깨어진 유리 조각을 안고 있는 늪이었던가. 한차례 분노의 파도가 지나고 내게 남은 것은 슬픔도 허무도 아니었다. 〔……〕 허깨비의 삶을 지키기 위해 나는 이제 내 나무를 자르고 죽이고 마지막 단 한 잎사귀마저도 빈틈없이 훑어 내야 하는가. (Ⅰ, 30쪽)

남편은 나타나지 않았다. 정애는 테이블 가운데 놓인 성냥을 들고 치익 불꽃을 피워 올렸다. 유황 냄새가 손 안에 가득 번지며 빈속의 허기를 불러냈다. 불현듯 남편과 살아온 5년 내내 허기에 시달렸다는, 스스로도 이해할 수 없는 느낌이 몰려들었다. (Ⅳ, 90쪽)

앞의 인용들 가운데에서 한 편(「홍길동」)을 제외하면 모든 소설의 화자들이 30대로 추측되는 여성들이다. 그리고 그들은 한결같이 불행한 환경과 조건에 처해 있거나, 적어도 그렇다고 본인이 절실하게 느끼고 있는 의식의 소유자들이다. 남성이 화자로 나온 작품 「홍길동」에 있어서도 이러한 여성은 소설 화자와 같은 비중의 주인공으로 등장한다. 불행의 원인과 배경 역시 비교적 선명하게 드러나 있는데, 그것은 대부분 결혼 생활에서부터 나온다.

결국 대부분의 여자들은 결혼을 했으나 행복하지 않고, 결혼하지 않은 여자들도 이미 성 관계를 가져 본, 이른바 유경험자들이다.

보다 정확하게 꼬집는다면 이들의 불행 혹은 불행감은 성 관계에서 비롯되는데, 성 관계는 불행의 전면에 그 원인으로 그려져 있지 않은 경우에 있어서도 그 먼 뿌리에서 집요한 작용을 하고 있는 것으로 분석된다. 이 점을 분명히 하기 위해서 이 소설집의 핵심을 이루고 있는 것으로 보이는 중편 「깊은 물속」을 찬찬히 읽어 볼 필요가 있다. 「깊은 물속」의 화자인 주부는 사랑하는 사람과 결혼을 하지 못하고 아버지가 소개한 남자와 결혼하여 미국에 살고 있다. 그러나 그녀는 과거를 깨끗이 잊고 새로운 생활에 적응하고 있는 상황에 있지 않다. 그렇기는커녕 전에 사랑하던 남자로부터 잊혀졌다는 사실을 확인하는 순간 "망각이라는 것이 얼마큼 잔혹한 것인지"를 알게 되었다고 생각할 만큼 과거와의 끈에 붙잡혀 있는 여자다. 이러한 생각은 그녀가 편집증에 가까울 정도로 집념이 강한 여성이라는 판단을 갖게 한다. 그렇다면 그것은 성격의 문제인가. 우선 이 소설에서는 성격의 문제라기보다, 순수한 시간에 대한 애착과 방어라는 측면에서 이해가 가능하다. 비록 그녀의 애인이 다른 여자와 결혼했다고 하더라도 그녀를 잊지 못하고 괴로워하리라는 상상을 그녀는 지키고 싶어한 것이다. 소설 속의 표현을 그대로 옮긴다면, "그 여자와 안온한 날을 보내더라도 밤이면 고통스러운 기억에 몸을 떨며 아파하고 잠을 설칠 것이라는, 그 생각에 기대어 나는 살 수 있었"던 것이다. 그러나 그녀의 그러한 기대는 둘 사이에서 생긴 아이만을 궁금해하는 남자에 의해서 파괴되고 그녀의 불행은 과격화·일상화된다.

「사실은 궁금해서, 저어…… 아이 말야…….」
그의 다음 말이 이어지기 전에 나는 수화기를 내려놓았다. 그가 알고 싶어한 것은 내가 아니었다. 아이, 그의 아이였다. 〔……〕 실성한 여자처럼 나는 비실비실 웃음을 흘렸다. 내 얼굴은, 근육은 내게 속한 것이 아니었다. (170쪽)

그녀의 이러한 슬픔은, 자신의 과거를 이미 눈치 채고 있는 남편의 따뜻한 배려, 그리고 미국이라는 새로운 생활환경에도 불구하고 조금도 완화되지 않는다. 물론 남편을 경제적으로 지원해 준 친정아버지의 음험한 계산이 남편의 따뜻한 배려를 가져왔다는 의식 때문에, 그 따뜻함은 오히려 절망감을 증폭시킨 면이 있다. 어쨌든 그녀는 평안해 보이는 미국의 일상을 전혀 따라가지 못하고 겉돈다. 그녀가 미국에서 그나마 대화를 나눈 사람은 장터의 어린 소녀와 변태 소리를 듣는 교포 남자. 요컨대 그녀의 생활은 정상에서 벗어나 있다. 이러한 불행을 나는 왜곡된 결혼 관계 내지 성 관계에서 유래된 것으로 앞서 지적하였는데, 거기에는 '아이' 문제가 덧붙어 개입되어, 그 원인의 중층 구조를 형성하고 있다. 「깊은 물속」이라는 제목이 암시하듯이 꽤 깊은 사연을 배경으로 하고 있는 그 구조는, 소설 화자인 여성이 이미 아버지의 혼외정사의 산물이라는 점, 자신의 아이가 그 아버지에 의해 출산 직후 대면조차 되지 않은 상황에서 없어져 버렸다는 점, 그리고 앞의 인용이 보여 주듯 애인에 의해 자기보다 먼저 관심의 대상이 되었다는 점 등으로 복잡한 양상을 띤다. 그러나 한 가지 분명한 사실은 그 모든 양상들이 왜곡된 성 관계의 소산이라는 점이다. 이 때문에 아이의 자리 자체가 불확실하고 아이를 바라보는 시선 또한 단순할 수 없는 특징을 지닌다. 따라서 아이 문제는 서하진 소설들에 편재해 있는 왜곡된 성 관계의 불행한 현재화(顯在化)라고 할 수 있다. 그리하여 아이는 생명과 희망의 자리에서 밝은 모습으로 나타나지 않는다. 그 반대다.

남편은 당분간 아이를 갖지 말자고 말했었다. 〔……〕 아니 죽는 날까지 누구의 아이도 낳고 싶지 않았다. 내 뱃속에 또 다른 생명체를 잉태하는 일을 견뎌 낼 수 있을 것인가. (168쪽)

아, 딸랑이. 아이가 잠을 깨면 연한 풀잎 같은 손에 쥐어 줄 딸랑이. 그런데, 아이는…… 아이는 어디 있는가. (188~189쪽)

나는 누군가와 이야기를 하고 싶었다. 누구라도 붙들고 '내게도 아이가 있었다. 아이가, 아이가 있었다'고 말하고 싶었다……. (220쪽)

내가 알지 못하는 어떤 이유로 여자를 버린 남자와 버림받은 여자의 몸을 타고 자식을 앗긴 여자. (229쪽)

그것이 빠져나왔을 때의 그 텅 빈 공허감…… 아이를 안을 수 없다는 것을 알았을 때 내 앞에 장막처럼 드리우던 짙은 어둠……. (231쪽)

서하진 여인들의 불행을 나는 왜곡된 성 관계와 관련지었는데, 사실 왜곡되지 않은 성 관계란 무엇인가. 결혼? 물론 그것은 법률과 도덕·관습의 울타리 안에서 축복으로 인정된다. 그러나 얼마나 많은 부부들이 이 제도 안에서 갈등과 알력의 세월을 보내고 있는가. 이혼과 가정의 와해라는 현상의 증가를 감안해 본다면, 결혼 역시 왜곡된 성 관계와 완전히 무관한 곳에 있는 것인지 문득 의심스러워지는 현실이다. 그렇다면 성 관계란 애당초 '왜곡'의 숙명을 안고 생겨난 것인지 모른다. 그것은 인류 최초의 원죄인 욕망의 모습일 것이며, 이 욕망은 태생적으로 왜곡되어 있다. 그것은 말하자면 하나의 불꽃이다. 왜 니체가 말하지 않았던가. "그렇지, 내가 어디서 왔는지 난 알지!/불꽃처럼 게걸스럽게/나는 나를 불사르고 소멸시킨다./빛은 내가 잡고 있는 모든 것,/재는 내가 놓아 버린 모든 것,/정말이지 나는 불꽃이라니까!"(「이 사람을 보라」) 욕망은 불꽃이며, 불꽃은 생명의 원천이다. 그러나 생명은 불씨로 주어져 불꽃으로 타오를 때만 주어지는 이름은 아니다. 생명은 생명으로 키워져야 생명이 되며, 생명으로서의 일생을 산다. 불꽃으로 타오르고 꺼져 갈 때, 거기에는 생명의 일생 대신 긴 재만 수북이 남는다. 불꽃이 강렬할수록 그 재는 길게 남는다. 이 작가의 불꽃은 생명이 못 된 생명, 긴 재로 쌓여 있는 생명의 아픔을 여기저기서 내보여 주고 있다. 섹스―결혼―출생―생명―죽음으로 이어지는 고전적인 삶의 회로가 단절된 세계의 증언으로서, 서하진의 아이들은 고통스러운 행로를 걷고 있는 것이다.

가령 「나무꾼과 선녀」에서 지수의 불행은, 폐결핵 걸린 남편으로 인해 그녀의 태아가 무엇인가에 감염되어 이상한 아이가 태어나지 않을까 하는 불안과 관계된다. 그 불안은 고작 그녀가 스무 살 때 스물한 살 된 남편과 만나게 된 '왜곡된 성 관계'를 원경(遠景)에 놓아 두고 있다. 게다가 아내를 잃은 아버지는 딸들이 보기에 결코 올바르다고 할 수 없는 성 관계를 공공연하게 자행하는 것으로 암시된다. 다시 말해, 성 관계들은 왜곡되고, 새로운 생명의 싹에서는 무언가 죽음의 냄새가 난다. 이러한 소설 현실은 「타인의 시간」에서도 「탑선리」에서도 은밀한 변주와 더불어 계속된다. 「타인의 시간」에서도 소설 화자인 주부는 남편과의 사이에 화평한 가정을 꾸미지 못한다. 까닭은 두 가지, 자신의 친정어머니가 정신이상 증세가 있기 때문에 남편이 그녀의 딸인 아내에 대해서 불안감을 갖고 있다는 점 한 가지, 게다가 그녀에게는 결혼 전 사귀던 남자가 있었고 그로 인해 남편이 고통스러워하고 있다는 사실이다. 여기서도 화자인 여성은 이미 왜곡된 성 관계의 주인공으로 투영된다. 그 왜곡된 과거는 현재에도 끊임없이 영향을 미쳐, 오늘의 정상적인 성 관계를 방해하고 단절시킨다. 그 결과 부부 사이에는 당연히 아이가 생겨나지 않으며, 없는 아이는 화자인 여성의 불행을 증폭시킨다.

「대니와 너는 언제 아기를 가질 거야?」
「우리는……」
　나는 멍청히 스티브의 푸른 눈을 바라보았다. 새해에는 2세를 기대하는 대니와 메리……. 〔……〕 금발 아래 반짝이는 스티브의 눈이 나를 보고 웃었다. 머릿속이 텅 빈 듯 어지러웠다. (82~83쪽)

　다른 한편 아이가 희망 대신 절망의 기호로 씌어지고, 아이가 생명으로 커가지 않고 죽음의 그림자로 나타남으로 말미암아 거꾸로 모든 성 관계나 부부 관계 역시 희열의 시간, 행복의 장소 아닌 절망·죽음의 동작으로 인식·발전되는 것은 당연한 결과라고 할 수 있다. 예컨대 유부남을 소설 화자로 하고 있는 유일한 작품 「홍길동」에서 주인공 남성이 방송 작가 여성과 정사를 벌이면서도 희열을 발견치 못하는 현상이 이와 관련하여 주목된다.

　그런데…… 그녀는 다른 빛의 늪이었는가. 날카로운 쇠붙이와 유리 조각을 안고 있는 늪이었던가. 한차례 분노의 파도가 지나고 내게 남은 것은 슬픔도 허무도 아니었다. 〔……〕 아무런 생각도 떠오르지 않았다. 〔……〕 눈을 감았다 뜨면 늪은 맑은 강물이었고 다음 순간 피 흐르는 소용돌이였으며 푸른 나무는 악귀의 손톱을 한 괴물이었고 그 잎들은 바닥 모를 깊이의 동굴 같은 눈동자였다. 〔……〕 그것은…… 지옥이었다. (30쪽)

　그리하여 마침내 남자는 "그즈음 나를 사로잡고 있던 것은 죽음이었다. 존재의 소멸로서의 죽음"이라고 고백한다. 성행위가 생명의 씨 아닌 죽음의 전조(前兆)가 된 것이다. 그렇기 때문에 부재와 결핍 아닌 현실적 존재로서의 아이는 죽음과 더불어 출생하거나 적어도 죽음을 그 후사(後史, Nachgeschichte)의 자리에 불러온다. 「탑선리」와 「겨울의 끝」은 그것을 보여 준다. 안골댁이라는 노파를 주인공으로 삼고 있는 「탑선리」에는 두 명의 여인들, 즉 안골댁과 낯선 젊은 여인이 등장한다. 이 여인들은 각각 자식을 하나씩 두고 있는데 한결같이 그 아비가 없다. 소설은, 안골댁의 경우 빨치산으로 입산한 그녀의 남편으로 오인된, 알지 못할 사내에 의해 그녀가 잉태하였으며 아들을 낳았다고 말한다. 그 사내는 그 뒤로 다시 출현하지 않았으므로 아들의 아비는 없는 것이나 다를 바 없다. 아이가 생겼지만 이번에는 아비가 없는, 「깊은 물속」 등과 같은 소설들과 반대되는 상황이 빚어지고 있는 것이다. 그런가 하면 그녀 혼자 살고 있는 시골집에 느닷없이 나타난 낯선 젊은 여인은 임신 중이었고, 결국 아이를 낳는다. 아이의 아비로 추정되는 사내가 뒤에 나타나는 장면이 있으나 그 역시 불확실하게 처리된다. 이 낯선 사내와 낯선 여인. 그들은 모두 아이를 세상에 내보내는 데에 성공하고 있으나 막상 그들 자신의 신분은 세상에 내놓지 않는다.

말하자면 아이는 서하진에게 있어서, ① 아예 출생하지 않거나, ② 출생하더라도 곧 없어지거나, ③ 세상에 태어나더라도 축복된 상황에 있지 못하며, ④ 불확실한 사람들에 의해 태어날 때 비로소 생명을 유지하는 것으로 요약될 수 있다. 이것을 보다 래디컬하게 도식화하면, i) 아이는 태어나지 못하거나 죽거나 하든가, ii) 그 부모가 없거나 죽거나 할 때에 태어난다는 말로 거칠게 해석될 수 있다. 가장 잘 길러진, 생명력 있는 아이를 보여 주고 있는 「겨울의 끝」에서 그 소년의 아버지가 숨겨진 존재였으며, 그가 죽음으로써 비로소 그 존재가 드러난다는 사실이 ii)의 가장 좋은 표본이 된다. 소년의 아버지는 소년의 어머니 대학 시절 은사였던 것이다. 서하진 소설 일곱 편 전 편을 통해, 아이가 죽음 아닌 희망의 상징이 되고 있는 유일한 작품인 이 소설에서 그 생명의 장면은 이렇게 그려지고 있다.

지연과 소년을 번갈아 쳐다보며 기다렸지만 아무도 내게 말을 하지 않았다. 어두운 하늘에서 툭, 빗방울이 떨어져 내렸다. 오래전부터 알고 있던 사람에게 하듯 나는 소년에게 말을 건넸다. 안녕. 소년의 얼굴에 쑥스러운 듯한 미소가 떠올랐다. 안녕하세요. 선생님. 소년의 목소리는 차분하고 부드러웠다. (129쪽)

섹스가 환희와 생명의 힘 아닌 죽음의 사자로 반영되고 있는 모습은, 오늘의 우리 문학 현실을 휘어잡고 있는 현상 가운데 가장 지배적인 현상이다. 특히 젊은 작가들에게서 그것은 유행으로 보여질 정도다(가장 치열하게 이 문제를 의식화하고 있는 소설가로서 아마 김영하가 대표적인 예가 아닐까 싶다). 소설에서도 그렇지만 특히 시의 경우 많은 시인들이 이러한 의식에 빠져 있는 것을 볼 수 있는데, 최근 드물게 이로부터의 탈출 현상도 엿보인다(이정록의 경우가 어떨까). 서하진의 경우도 큰 맥락에서 볼 때 이러한 현상과 전혀 무관하다고는 할 수 없을지 모른다. 그러나 「겨울의 끝」이 보여 주고 있는 희망의 지평은, 섹스(혹은 결혼)−죽음(혹은 생명)이라는 피상적인 신화적 해석의 범주에 이 작가를 가두는 것이 무리라는 판단을 이끌어 낸다. 그렇다면? 그 해답은 작가에게나 우리 모두에게나 유보 없이 열려져 있다. 그는 아직 젊다.

어머니, 혹은 에고와의 싸움
— 김향숙의 가족소설 『물의 여자들』

I

「우혜 이야기」 등의 중편으로 이루어진, 김향숙의 소설집에 실린 작품들은, 한결같이 가족소설의 모습을 띠고 있으며, 그 전개 방식이나 진술의 기법도 지나치리만큼 시시콜콜하다. 소설들을 읽고 있노라면 수다스러운, 그러면서도 자의식에 가득 찬 중년 여인의 넋두리를 듣고 있는 것 같아 문득 진저리가 쳐지기도 한다. 따지고 보면 그러나, 이런 분위기의 소설이 우리에게 낯선 것은 아니다. 1970년대 이후 지금까지 정력적인 활동을 함으로써 우리 소설문학의 한 봉우리를 이루어 가고 있는 박완서의 세계는 이런 측면에서 압도적이라고 할 만하다. 그 주제와 문체에 있어서 물론 다양한 변주를 지니고 있으나, 1990년대 이후 전성기를 맞이하고 있는 느낌을 주는, 이른바 여성 소설가들의 세계가 다소간 이러한 인상과 불가분의 관계를 갖고 있는 것도 또한 사실이다. 이들 소설가들의 소설을 지배하고 있는 여성 주인공들의 깊은 자의식은 때론 남편에 대한, 자식에 대한, 부모에 대한, 시부모에 대한, 형제자매에 대한, 혹은 애인에 대한 소외감으로, 절망감으로, 분노로, 혹은 강한 대립감으로 나타나면서 그들의 숨겨진 에고를 적극적으로 드러내 왔다고 할 수 있을 것이다. 그러나 작가나 작품을 이야기함에 있어서 이러한 일반화가 무슨 소용이 있으랴. 중요한 것은, 일반적인 공통성을 추려 내는 일이 아니라 한 작가 한 작가의 예민한 빛깔을 구별해 내는 일일 것이다. 춘원의 『무정』도 연애소설이고, 동인의 「감자」도 연애소설이라고 그 시대의 연애소설을 한 줄에 꿰어 버릴 수 있는가. 문학은 똑같은 주제, 심지어 똑같은 소재인 경우에 있어서도 작가에 따라서 그것이 어떻게 다르게 나타나는가 하는, 그 세심한 '다름'의 세계에 대한 존중이며, 그렇기 때문에 이 얇은 변별성이 경시되는 곳에서 문학은 숨쉴 자리를 찾지 못한다. 그렇다면 그 많은 여성 작가들 틈바귀에서 김향숙의 요설은 어떤 섬세한 떨림으로 울리고 있는가. 40대 중견으로서 이제 그 세계가 바야흐로 단단해져 가는 그의 소설 내부를 가다듬어 들여다볼 때, 그의 전세대 여성 작가들과 이른바 신세대 여성 작가들을 잇는 교량적 의미가 뜻밖에 드러날지도 모른다는 기대도 있을 수 있다.

소설집 『물의 여자들』에 관한 한, 김향숙의 소설은 분명히 가족소설이다. 많은 여성 작가들의 작품이 그런 경향을 띠고 있으나, 가족소설의 전형이라고 할 수 있는 성격과 구도를 갖추고 있는 경우는 그리 많지 않다. 예컨대 박완서 소설의 근본 모티프라고 할 수 있는 남편에 대한 불만과 비판은, 사회 비판이라는 보다 근본적인 주제와 연결되어 있으며, 최근 주목을 받고 있는 젊은 작가 신경숙에 있어서는 가족의 동요 내지 결핍이라는 모티프가 애정의 결핍과 동경, 혹은 그로 인한 자의식 내부의 민감성 반영이라는 감수성적 주제와 결부되어 있다. 그러나 김향숙의 소설은 다르다. 소설집에 실린 여섯 편의 작품을 소재, 모티프 및 주제라는 측면에서 우선 정리해 보자.

(1) 「우혜 이야기」

외딸인 주인공이 지방 유지와 결혼하여 지방에서 살면서 그곳 대학에서 박사 과정을 밟는 한편, 전문대학 강사로 출강하는 이야기가 표면상의 줄거리다. 그러나 물론 소설의 주제는 몇몇 모티프를 매개로 하여 다음과 같은 대목에 압축적으로 시사되어 있다.

꿈속의 망태기는 아무래도……. 형태를 드러내려는 생각으로부터 놓여 나고 싶은 우혜는 남편 쪽으로 돌아눕는다. 그러나 그러는 어느 순간 우혜는 병원 문 앞에 서 있는 자신의 모습을 떠올리게 된 참이었다. 손바닥은 반사적으로 배를 더듬고 있었다. 약간 도도록한 느낌이 전해 오지만 그것은 그야말로 불확실한 촉감에 지나지 않는 것일 뿐. 뒤이어 몰려온 것은 혼자라는 기분 나쁘고도 생생한 고립감이 아니었던가. (171쪽)

대학원 공부를 시작하면서 자연스레 나아졌지만 선영이가 돌이 되던 무렵까지 우혜는 자신이 딸의 노예나 다름없다는 생각 때문에 종종 깊은 우울감에 빠져 들기도 했었다. 오직 딸의 울음소리라는 신호음에 따라 움직여야 하는 심부름꾼. 자신은 존재하지 않는다는 느낌이 자주 엄습하곤 하질 않았던가. 그때까지의 우혜의 삶의 질서를 완전히 망가뜨렸던 꼬마 훼방꾼. (176~177쪽)

어머니는 계속해서, 나이 들면 여자로서 서글프기만 한 것이 아니고 더 이상 여자로 보여야 된다는 사실에 연연하질 않게 되어 편하다는 이야기도 들려준다. 〔……〕 아니면 어머니의 말 많음에 대해 스러지지 않는 의심을 외면하느라고 힘이 드는 때문이었을까. 몹시 지쳐 보이는 모습인 중에서도 우혜의 두 눈만은 무섭도록 강한 긴장의 빛을 발하고

있었다. (215쪽)

(2) 「저 모호한 저녁 빛의 시간」

이 작품의 주인공은 이혼을 결심하고 있는 젊은 여성이다. 그러나 그의 큰언니, 작은언니도 모두 주인공들이다. 말하자면 세 자매 이야기인데, 교수 부인인 큰언니, 부잣집 며느리인 작은언니는 표면상 행복한 삶을 살고 있으나 그들 역시 이혼을 눈앞에 둔 막냇동생 못지않게 내면적인 고통을 겪고 있다. 사회적으로나 경제적으로 안정된 생활을 하면서도 남편, 혹은 시댁 식구들과 연결된 가정 생활에는 만족할 수 없어하는 것이다. 물론 소설의 화자인 막냇동생의 이혼 결심은 훨씬 단호한 면과 관계된다. 대학 시절에 같은 운동권에 속해 있다가 연애결혼한 이들 부부는 사회 생활과 가정 생활 속에서 점차 서로 환멸을 느끼게 된 것이다. 그중에서도 특히 여성 화자는 속물화되어 가는 남편을 참지 못하는데, 그의 이러한 강한 비판적 성향은, 두 언니를 향해서도 그대로 노출되고, 때로 부모를 향해서도 행해진다. 그러나 소설의 주제는, 제목이 암시하는 대로, 어떤 쪽으로의 경사가 옳은 것인지 확실치 않다는 두려움과 맺어져 있다. 이 점에 있어서 이 소설은, 이 소설집의 다른 어느 작품보다 너그럽다. 어떤 애매모호함과 관련된 너그러움.

잘 열지 않는, 과거라는 시간의 문을 열어 보면, 지금처럼 낮도 밤도 아닌 시각에, 혼자 잠에서 깨어난 내가 울음을 터뜨렸던 모습을 찾아낼 수도 있으리라. 그때의 내게도 이 모호한 저녁 빛이 세상의 또 다른 숨겨진 얼굴로 다가갔던 것이었을까. (238쪽)

(3) 「물의 여자들」

　두 편의 단편 중 하나인 이 소설의 주인공은 며느리가 운전한 차의 교통사고로 아들을 잃은 시어머니다. 그는 그 고통만도 참기 힘든데, 며느리가 재혼하겠다는 통지를 해오자 한없는 분노와 실의에 잠기게 된다. 며느리가 재혼할 경우 하나뿐인 손자까지도 잃게 될지 모른다는 두려움도 가중된다. 게다가 그녀는 며느리로부터 결혼 전의 과거에 대해서까지 이야기를 듣게 된다. 시어머니로서는 실로 인내의 한계를 시험하고 있다고 할 수 있는 상황이다. 그러나 결국 며느리의 새 남편이 될 남자로부터 그가 전남편의 아들을 원하지 않는다는 사실을 알게 되자, 마지막 구원을 얻는 듯 비로소 한숨을 돌리게 된다. 아들을 버리고 새 남자에게로 가는 젊은 여인과, 그 사정과 관계없이 손자를 지키게 된 다행에 감사하는 늙은 여인의 에고이즘이 각기 수평 상황에서 그들의 행복을 건져 주고 있는 장면의 묘사가 인상적이다.

　　점점 화가 치밀어 오르는 듯한 며느리의 얼굴과는 달리 그이의 얼굴에는 어떤 기대의 빛이 감돌고 있었다.
　　「승우 씨가 내가 겪은 치욕을 사실이 아니라고 믿고 싶어했듯 그 사람은 영진이를 받아들인다는 것이 또 그렇게 어려운 듯했어요. 남자들이 하는 사랑도 사랑이라고 부를 수 있는 것일까요? 〔……〕」
　　〔……〕
　　그이는 며느리가 어떤 말을 했는지 잘 알지 못하면서도 머리를 끄덕이고만 있었다. 이제는 감출 수 없는 희열로 인해 더없이 환한 얼굴이 되어. 한결 편안해진 숨소리를 내며 잠들어 있는 영진이를 떠나보내지 않을 수도 있다는 희망이 그이를 휩싸고 있었던 것이다. (41~42쪽)

(4) 「두 여자」

이혼녀와 그녀의 친구 두 사람이 주인공이지만, 사실은 몇 명의 인물이 더 있다. 친구인 영희의 남편, 그리고 그녀의 딸(땅콩이라는 애칭을 갖고 있다). 정우의 딸 혜명도 있고 남자 친구 이태영도 있다. 그러나 이 작품은 긴 중편답지 않게 이렇다 할 사건을 갖고 있지 않다. 그 대신 친구 사이인 두 여인의 성격과 상황을 철저하게 대비시키고 있다. 먼저, 두 남매를 데리고 결혼 생활을 하고 있는 영희— 그녀는 한마디로 오늘의 평범한 중년 중산층 주부의 모습을 반영한다. 남편과 자식들 시중에 젊은 시간을 모두 보내었으나 그들은 그들 나름대로의 길을 가버리고 허탈감에 빠진 여성. 게다가 자궁 수술을 하고 삶의 회의에 빠져 드는 인물이다. 다른 한편, 정우는 자신의 주체성이 훼손당한다는 것은 굴욕적인 삶이라는 인생관을 가져 왔으나, 결과는 두 번의 이혼이었다. 젊은 날의 개성은 세월과 더불어 아집의 모습이 되어 버렸고, 성적 매력은 때로 추한 얼굴이 되는 현실로 바뀌었다.

(5) 「또 하나의 집」

이 작품은 비교적 짧은 단편이다. 주인공은 중년 며느리, 그리고 그와 짝을 이루는 시어머니다. 12년 동안의 미국 유학 및 취업 생활, 그리고 귀국 후 8년— 그러나 별거의 형태로 살고 있는 고부다. 소설은, 그 시어머니의 서울 집 방문을 즈음한 며느리의 심리적 정황에 초점을 맞추고 있다.

그러나 그러한 만남을 통해서나마 기윤은 시어머니의 마음씀이 넉넉한 것을 알 수 있었다. 때론 감탄할 적도 있곤 했었다. 그런데도 시어머니와의 만남이 있기 전이면 그녀는 늘 그녀의 많은 부분이 시어머니한

테 속하는 느낌이 되는 거였다. (217쪽)

그러나 소설은 흔히 연상되듯 이른바 고부 관계의 갈등이라는 측면에 주목하지 않는다. 그렇기는커녕 자식으로서도 부모로서도 잘하고 있지 못하다는 혼란스러운 자기 반성의 기초 위에서, 고통스러운 삶을 인내와 헌신으로 견뎌 온 시어머니를 바라보는 놀라움을 담고 있다. 며느리와 시어머니의 삶은 다음과 같은 묘사를 통해 적절히 대비된다.

이불 한 자락을 머리까지 끌어올리며 그녀는 자신이 미라 또는 자동인형 같다는 생각을 했다. 6시 10분까지는 꼭 일어나야 하는 이기윤이란 이름의 자동인형이 누운 곳은 집이란 무덤 속 방 한 칸. (228쪽)

삶에서 멀어져 있다는, 자신의 몫으로 주어진 시간에 어떤 선명한 흔적을 남기지 못한 채 스쳐 지나고 있다는 그 아득한 상실감이 너무 깊었기 때문이었다. (229쪽)

가족들, 친지들, 모두에게 지극히 헌신적이었던 시어머니, 새벽부터 밤늦도록 늘 일 속에 파묻혀 살아왔으면서도 스스로의 삶이 고달팠음을 되뇌지 않는 노인네. (230쪽)

그리하여 마흔네 살의 며느리는 "왜 하기 싫은 일을 하지 않으려는 마음은 비난을 받아야 하느냐"고 스스로 질문하면서, 다용도실에서 접시들을 깨뜨리는 한 여자의 모습을 상상하면서도 시어머니의 푸근한 눈빛, 말소리를 닮기를 희망한다. 이 소설의 감동적인 순간은 작품 끝 부분에서 그려진다.

어머니.

〔……〕 드센 파도 일렁이는 검푸른 바다로 곧 곤두박질치고 말 것 같은 작은 배의 요동을 온몸으로 느끼는 듯한 표정인 그녀는 구명정을 찾는 눈길로 시어머니를 바라본다. (236쪽)

(6) 「추운 봄날」

이 소설의 화자는 드물게도 남자다. 스무 살의 대학 낙방생인데, 그를 싸고도는 가족의 모든 환경이 그로서는 못마땅할 따름이다. 그 관계와 상황은 이런 묘사에서 잘 파악된다.

어머니는 집 밖의 세계에 대해 깊은 두려움과 염증을 품고 있다는 말을 언젠가 문영 누나가 한 적이 있기도 했었다. 어머니가 낯선 사람처럼 여겨질 때마다 난 문영 누나의 그 말을 생각해 냈고 그러면 어머니를 향한 두터운 벽이 조금은 얇아지는 느낌이 될 수 있었던 것도 같았다. (48쪽)

아버지, 어머니, 나, 우리 셋은 서로를 그림자처럼 여기며 살아온 것은 아니었을까. 셋 중에서는 그래도 아버지가 가장 살아 있는 사람에 가까웠다고 할 수 있을 것 같다. (50쪽)

이 소설에서 화자는 스스로를 철저히 가족의 관심과 사랑의 울타리 밖에 내던져진 미운 오리 새끼라고 생각한다. 데모를 하던 중 사고로 죽은 큰형, 행정고시에 합격한 작은형, 어머니가 그나마 인간적으로 대해 주는 누나 등과 견주어 볼 때, 소년티를 아직 벗지 못한 이 막내아들은 소외감만을 곱씹을 뿐이다. 소설의 소재가 되고 있는 도입부의 사건도, 그가 일으킨 폭행 사건으로 인해 입원하게 된 내용으로 구성되어 있다. 그러나 소설의 내용은 그것만이 아니다. 화자인 막내아들에 의해 그려지고 있는 부모의 성격과 그 행태가 또 하나의 중요한 기둥이 되고 있다. 예컨대 부부 관계가 좋지 않은 딸 문영에게 헤어지기를 권하는 어머니, 허구한 날 죽은 큰아들 타령만 하는 어머니, 또한 말과 행동이 전혀 일치하지 않는 위선자로서의 아버지, 여자에 대해선 잡식성의 취미를 가진 호색한으로서의 아버지, 그리고 수전노로서의 아버지, 가정의 구성원에 대해 이렇듯 거부감을 갖고 있는 막내는, 결국 작은형과 그 애인이 왔을 때 작은 난동을 부리고 만다. "내 말에 전혀 개의치 않는 듯했던 작은형과 작은형의 여자의 변함없는 표정들이 내 신경을 긁었던 거였다"고 그 이유가 설명되어 있다. 말하자면 소설의 주제는, 세속적인 속물성에다가 그들과 같은 방식을 모든 가족 구성원에게 요구하는 가정의 분위기에 대한 비판이라고 할 수 있을 것이다. 거기에는 기능적 합리주의와 그것을 이성이라는 이름으로 표방하고 싶어하는 인간들에 대한 고발도 숨겨져 있다.

II

김향숙 가족소설의 주인공들은 한결같이 행복하지 못하다. 외견상 행복스러운 조건을 지닌 경우에 있어서도 그렇고, 한때 행복했던 인물도 시간이 지남에 따라서 그 모습이 달라진다. 그러나 그들의 불행감은 객관적인 사회적 조건, 혹은 제도에 기인하지는 않는다. 그들의 불행감과 불만족은, 가족 구성원 상호 간의 관계로부터 유발되고 있으며, 가정이 최소한의 사회 단위라는 전통적 통념에 대한 회의와 깊은 관련성을 띠고 있다. 말하자면, 가정과 그 구성원과의 관계인데, 이런 의미에서 가족소설의 한 전형이라고 할 수 있으며, 바로 이러한 점이 같은 여성 작가들의 비슷한 세계와의 차별성을 드러낸다. 이 책에 수록된 여섯 편의 작품들은, 단 한 편(「추운 봄날」)을 제외하고서는 모두 여성을 주인공으로 하고 있는데, 주인공의 가족 내 위치, 사건의 상황 등을 다시 요약해 보면 다음과 같다.

작품	위치	모티프	사건 상황
(1)	젊은 주부, 외딸	지방대 강사	부부 관계 및 자식에 대한 회의
(2)	젊은 주부, 세 딸 중 막내	통속적 가정 내의 갈등, 자신은 운동권 출신	이혼 결심
(3)	홀시어머니	아들 사망과 며느리 재혼	손자지키기
(4)	이혼녀와 중년 주부	두 번 이혼의 성격과 주부의 일상	결혼에 대한 문제 제기
(5)	중년 주부	일상에 대한 권태와 개성 추구	시어머니에 대한 존경

* 위 표 속의 (1), (2)……(5)는 본문 중의 I에서 (1), (2)……(5)에 해당하는 소설임.

다섯 편 가운데 젊은 주부가 두 편에서, 중년 주부가 역시 두 편에서 주인공으로 나오고 있으며, 시어머니가 소설 화자로 되어 있는 것도 한 편 있다. 사건의 상황이라는 측면에서 볼 때, 소설 공간은 한결같이 가족 내부로 구성되어 있다. 앞의 도식에 나타나 있지 않으나, 여기에 매우 중요한 요소가 잠복되어 있다. 그것은, 소설 화자가 누구든 그는 곧 시어머니나 친정어머니, 혹은 며느리나 딸을 파트너로 삼고 소설의 상황을 형성하고 있다는 사실이다. 이렇게 볼 때 이 작품들의 사실상의 사건은 바로 딸(혹은 며느리)과 어머니(혹은 시어머니) 사이의 관계와 그로부터 파생되는 문제들이라고 할 수 있다.

먼저 주부가 화자로 되어 있는 네 편의 소설의 경우, 이들은 한결같이 강한 자아의 소유자들이라는 점이 주목된다. 물론 「두 여자」에서처럼, 서로 다른 두 자아가 대비적으로 제시되는 경우도 있지만, 그가 젊은 주부든 중년의 주부든, 자기 세계에 대한 집착이 강하다는 점은 특징적이다. 따라서 이 자아는 가족 내에서 마찰의 요인이 된다. 그러나 그들은 물론 그들 자신이 그러한 요인이라는 점에 대해 반성적 사고를 거의 행하지 않는다. 그들에 의하면, 올바른 자아 의식을 갖지 않고, 현실 추수적인 삶을 살고 있는 다른 구성원들이 문제가 된다. 특히 시어머니의 존재, 그와의 관계는 가장 민감하면서도 결정적인 부분을 이룬다. 그러나 놀랍게도 시어머니에 대한 불만이 직접적으로 표출되는 경우란 거의 없다. 나로서는 이 점이 가장 인상적인데, 더욱 놀라운 점은, 이들 여성들의 강한 자의식의 깊은 내부에는 어머니, 즉 친정어머니에 대한 심리적 끈과 집요하게, 은밀하게 맺어져 있다는 사실이다. 아버지에 대한 아들의 반항, 즉 살부 의식(殺父意識)에 상응하는, 어머니에 대한 딸의 기묘한 반응 — 반발 심리가 심리적 모티프를 형성하고 있는 것이다. 그것들은 예컨대 이렇다.

1) 엄마 때문이겠지. 우혜는 혼잣말을 했다. 아버지의 승진을 위해 언제나 혼신의 힘을 다했던 어머니를 봐오는 동안 우혜는 어머니처럼 하지는 않겠다고 다짐해 왔던 형편이었다. (175쪽)

2) 멀미가 날 것만 같은 이 금빛의 범람은 어머니의 취향임이 분명했다. 이해할 수 없는 어머니. 〔……〕
어머니는 그뿐이다. 여느 때 같았으면 너는 뭐든 나쁜 쪽으로만 보기

좋아하는데 애가 왜 그 모양이냐며 날 노려보았을 어머니. 〔……〕 그
래…… 그렇다면. 나도 어머니로부터 뒷걸음질을 쳤다. (240~241쪽)

　3) 어머니는 집 밖의 세계에 대해 깊은 두려움과 염증을 품고 있다는
말을 언젠가 문영 누나가 한 적이 있기도 했었다. (48쪽)

　어머니를 이해한다는 게 쉽진 않을 거야. 〔……〕 커피 잔을 뚫어져라
들여다보며 말했던 그날 밤의 문영 누나에게 내가 해줄 수 있는 말이 무
엇이었겠는가. (57쪽)

　인용 3)의 경우는 화자가 남성이지만, 거의 대부분 어머니의 모습
은 부정적으로 각인되어 있다. 그러나 자세히 읽어 보면, 어머니가
실제로 나쁜 성격이나 행태의 소유자인 경우란 별로 없다. 어머니들
은 대체로 악착같은 생활력을 지닌 인물로 자식들을 채근하고, 출세
를 종용하고, 세속적인 의미에서의 좋은 집안으로 출가하기를 요구
한다. 그들은 그런 의미에서 전통적이며 평범한 생활인이다. 그러나
딸들에게서 그들은 환영받지 못한다. 무엇보다 지나친 간섭과 통속
주의가 그들보다 젊은 딸들에 대해 세계 침입으로 여겨지기 때문이
다. 심지어 어떤 어머니는, 사위가 못마땅할 때 딸에게 이혼을 권유
하기까지 하는 것이다. 따라서 어머니들은 그들의 언동이 크게 부당
하지 않음에도 불구하고, 딸들의 결혼·가정 생활에 부정적인 영향
을 끼치는, 음험한 요인으로 작용하고 있다는 사실이 지적될 필요가
있다.
　가정은 남녀의 결혼으로 성립되고, 그들의 서로 다른 배경과 개성,
인생관이 존중되고 조정되는 과정을 통해서 발전되어 나간다. 남편
과 아내는 이때 전면적인 두 주역이다. 이들은 그들 가정의 성립과

형성에 책임과 함께 독자적인 권리를 갖는다. 그들은 외부로부터 충고받을 수 있으나, 그 이상의 간섭 앞에 노출되어서는 안 될 것이다. 부모 역시 그 한계 앞에 자유로운 것은 아니다. 새로운 가정과 더불어 딸에게 필요한 어머니의 기능과 역할은 이런 의미에서 재고되어야 할 것이다. 그 억압적 성격은, 가정 안에서 더불어 껴안아야 할 요소인 남편과 시어머니에 대한 주부, 곧 딸의 사고와 행동을 배타적으로 만들고 있다. 김향숙의 가족소설은 이에 대한 리포트적 성격이 강하다. 그의 여성들은 고통을 호소하고 있으나, 그 고통이 보다 원천적인 부분에서 해소되어야 할 것임을, 그의 소설은 동시에 암시한다.

욕망의 정화를 꿈꾸며
― 이나명 시집 『그 나무는 새들을 품고 있다』

몸이 여성문학의 화두가 되어 버린 듯하다. 물론 여성의 몸인데, '여성의 몸' 하면 남성들은 대충 섹스를 연상하기 십상이다. 사실이 또한 그러하다. 그렇다면 그것을 내어 놓은 여성들의 입장은? 여성들도 그런 것 같다. 아니, 훨씬 더하다. 그러나 이런 투의 말은 이제 훨씬 구체적인, 그리고 정확한 내용과 더불어 논의되어야 할 것이다. 여성들 쪽에서 본 '여성의 몸'은? 그리고 그것을 화두로 삼는 이유는? 이런저런 물음들과 이나명의 시집 『그 나무는 새들을 품고 있다』는 꽤 긴밀하게 어우러져 있다.

> 나는 꼼짝없이 그 어둠에 친친 묶여 버린 내 몸을 느꼈어
> 껍질 뒤집어쓴 씨앗처럼 앞이 캄캄했어
> 〔……〕
> 그리고 마음은 아랫배에, 아랫배에 두어야지
> 순간 뭉쳤던 어둠들이 풀리고 동이 트듯 길이 트이기 시작했어
> 나는 다시 배꼽에서 아랫배로 내려갔어

정확히 배꼽에서 아래로 집게손가락 두 마디 밑이야
이곳이 내가 뿌리를 내려야 할 땅이야
〔……〕
나는 조금씩 터지고 있었어
척추와 뒷목 뒤통수로 물을 실은 바람이 불어오기 시작했어
나는 번쩍 머리통을 들어 올렸지 아, 허공이 내 머리통 속이었어
그 속에서 내가 출렁거렸어 이글이글거렸어
나는 보랏빛 꽃 한 송이 통치마 같은 꽃잎으로 둥글게 원을 돌았어
한 세계를 통째 뿜어내었어 뚜뚜, 뚜, 뚜, 뚜
목청껏 나팔을 불었어

 연작 「나팔꽃 화엄 2」의 뒷부분인데, 몸 — 하복부를 중심으로 한 화엄의 경지가 한껏 개진되고 있다. 여기에는 당연히 피워야 할 꽃을 꽃피우지 못해 온 여성의 욕망이 역사적으로, 개인적으로, 또한 사실적으로, 상징적으로 거침없이 드러난다. '나팔꽃 화엄'이라는, 매우 적절한 제목으로 폭발하고 있는 그 욕망의 원점이 '몸'이라는 사실 앞에서, '여성의 몸'이 그토록 욕망의 주체가 되어 오지 못했었나 하는, 매우 의아스러운, 그러나 진지한 성찰로 돌아가지 않을 수 없다.
 이나명 시인이 그 주체성의 강조를 통해 역설적으로 은밀히 토로하고 있듯, 여성의 몸은 욕망의 주체가 아닌, 욕망의 대상이 되곤 했다. 가령 「나팔꽃 화엄 3」에서,

너는 아무 데도 없고 아무 데도 있었다.
저 꽃이 너라고 생각하다가 곧 시들어 버릴 너라고 생각하다가
꽃 무덤 속 꼭꼭 여며 두었던 흑요석 같은 씨앗들

이라고 진술될 때, 몸인 꽃은 있다가 없다가 하는, 시들어 버릴 것으로 지나쳐지다가 다시 흑요석 같은 씨앗들로 대접받다가 한다. 요컨대 욕망의 주체와 대상 사이를 왕래한다. 그러나 대체로 시인은 대상 쪽에 앉아 있으며, 그리하여 인내를 강요당한다. 이 시의 첫 부분을 보자.

활짝 피어난 나팔꽃들이 말의 씨앗을 물어다 주는 햇살들을 낼름낼름 받아먹고 있다.
제 목구멍에 가득한 말들을 뱉어 내고 싶은 심정 꾹꾹 누르고 참아 내고 있는 꽃의 인내

물어다 주는 햇살들이나 낼름낼름 받아먹고 있는 꽃들. 그것도 활짝 핀 나팔꽃들이! 남성적 언어에 의해서만 발언이 허용되고, 발언이 훈련된 여성들이라는, 저 바흐만 식의 강렬한 여성적 자의식과 자기 성찰이 여기서 내비친다. 꽃의 혼란, 혹은 이중적 측면이라고 할 수 있는 인식이다. 남성에 의해 관리된 의존을 한편으로 즐겁게 받아들이면서, 다른 한편으로는 자신의 말을 스스로 억압하고 인내하는 억울한 모습이 그 두 개의 다른 상황이다. 네 개의 연작시인 「나팔꽃 화엄」은 마치 이 시집의 헌시처럼 시인의 심리적 형성과 그 메시지를 예시(豫示)한다.
나팔꽃에서 시작된 꽃-여성의 몸이라는, 비교적 단순한 상징 구조는 다른 많은 꽃들로 이어지면서 계속된다. 그러나 꽃이 어떤 이유로 여성의 몸과 같은 의미로 나타나는지, 이를테면 구조 분석이나 내포적(內包的) 접근은 이 시에 나타나지 않는다. 그 대신 이나명의 꽃은 외연(外延)으로 연결된다. 나팔꽃에서 수련으로, 수련에서 한련화로, 한련화는 다시 수초로, 장미로, 튤립으로, 패랭이꽃으로, 그

리하여 결국 내꽃, 풀꽃, 심지어는 촛불이 만드는 불꽃으로 나아가면
서, 그 다양한 형상에 맞는 꽃들의 상황과 운명이 여성의 몸을 상기
시키면서 변주된다. 그 이해는 따라서 그리 어렵지 않다.

1) 저녁이면
   입 꼭 다물어 버릴
   붉고 고운 입술을 가진
   수련
   연못 　　　　　　　　　　　　　—「수련 연못」중에서

2) 뜰 안의 한련화들이 모두 땅 위에 누웠어요.
   간밤 싸락눈에 질탕하게 얻어맞고
   이젠 더 못 살아 이젠 더 못 살아
   엎어졌어요 　　　　　　　　　　—「소설(小雪)」중에서

3) 흔들리는 수초의 뿌리를 지그시 누르고 있는 모래알들이
   보인다
   내가 흔들릴 때마다 나를 붙잡아 주는
   나를 지그시 눌러 주는
   저, 환한 바닥 　　　　　　　　　—「환한 바닥 1」중에서

4) 튤립꽃들
   검자줏빛으로 마음 졸이네

   속으로 끓이는 저 피의 그리움 　　—「그 자리」중에서

5) 촛불을 켰다
　　이제 갓 피어난 양귀비 꽃잎처럼 나풀거리는 불꽃
　　그 둥글고 예쁜 손톱이 할딱거리며 파내고 있는
　　어머니의 침묵, 그 속에서 까맣게 타고 있는 심지를 본다
　　바지직바지직 끓여 내는, 어머니
　　생의 한 귀퉁이쯤 물러져
　　희고 반투명한 촛물 주르르 흘러내린다
　　　　　　　　　　　　　—「어머니가 오셨던 걸까」중에서

6) 나는 모르겠다 모르겠다
　　머리 갸웃 들여다본다
　　한 겹 두 겹 아프게 벌린 겹꽃잎
　　중심이 노랗게 뚫려 있다
　　어딘지 알 수 없는 향기로운 길 하나 보인다
　　　　　　　　　　　　　—「꽃 속의 길」중에서

　　인용 1), 4), 6)은 꽃의 내포에 대한 인식을 보여 주는 부분이 없지 않으나, 그것들이 대체로 일반적인 연상의 수준이라는 점을 고려한다면 2), 3), 5)와 더불어 꽃은 이나명의 시에서, 나팔꽃이 그렇듯이, 여성의 몸—그것이 겪고 있는 신산한 역정이다. 그러면서도 그 몸은 성적 욕망으로 들뜬 몸, 그 속 깊은 곳의 에너지로 짙고 강력한 발언권을 주장하려고 하지는 않는다. 6)이 "한 겹 두 겹 아프게 벌린 겹꽃잎"이라는 다소 관능적인 표현을 하고 있으나 "알 수 없는 향기로운 길 하나"가 그 중심에 뚫려 있다는, 말하자면 가벼운 아름다움의 범주 속에 슬그머니 그 강렬할 수도 있을 욕망을 감춘다. 그리하여 인용 4)에서 보여 주듯 "저 피의 그리움"은 "속으로 끓"일 뿐이

다. 욕망은 추상적인 차원에서 발언되고, 표면을 맴도는 구체적인 표정은 인내의 안타까움이라고나 할 수 있을까. 여기서 주목되는 것은, 어머니의 등장 부분이다. 사실의 꽃 아닌 꽃으로 나타나는 '불꽃'과 관련된 어머니의 표상이 특이한데, 어머니는 이 밖에도 몇 군데에서 그 모습을 보여 준다. 욕망과 인내의 갈등·길항의 구조 속에서 여성의 몸을 바라보고 있는 시인에게서, 발화와 소멸의 형태로 된 불꽃이 어머니를 연상시키는 것은 자연스럽다. 인용 5)에서 어머니는 바로 불꽃의 중심인 심지가 된다. 심지는 중심이지만, 자신이 타버림으로써 불꽃을 만든다. 꽃이 꽃의 아름다움을 지닐 수 있는 것은 인내와 헌신·희생으로 가능하다는, 여성의 몸에 대한 고전적 인식이다.

다른 한편 「나팔꽃 화엄 1」이나 '불꽃'의 이미지가 그렇듯이 시인은 발화(發火)나 개화(開花) 같은 폭발적 상황을 좋아하는 것 같다. "햇살 한 줄기로 점화되어 흠뻑 피어나는"(「나팔꽃 화엄 1」), "한 세계를 통째 뿜어내었어"(「나팔꽃 화엄 2」), "침묵을 환하게 찢고 있다"(「화음」), "환한 크림 빛으로 곱게 물든"(「환한 바다 2」), "참 환하게 내리쬐는 햇볕"(「풀옷」), "화르르 피어 오르기를/희망하며"(「나를 익히고 싶다」) 등. '환하다'라는 형용사를 앞세운 이러한 화려함의 선호는 비록 희생·헌신을 통한 폭발이나 소명이라 하더라도, 결코 끝까지 인내나 은둔으로만 머물 수 없다는 시인의 능동적 충동을 반영한다. 그리고 그 충동은 자신의 욕망을 숙성시키면서 그 발화의 지점을 찾아낸다. 먼저 「나를 익히고 싶다」의 한 부분.

나는 익어 가야만 한다

매 순간
끓고 있는 시간 속에서

나는 아직도 채 익지 못했는지
철겅철겅 부글부글거리는 마음의 거품들을
발등에 주르르 흘리고 있다
아아 더 이상 못 견디겠어
정말 못 견디겠는 시간들이
나를 익히는 것일까

[……]

그렇게 나도 익어
내 영혼이 내 몸에서 깨끗이 분리되어지기를
그때 그을음 없는 내 영혼의 푸른 불꽃이
화르르 피어 오르기를
희망하며

 직접적인 진술이다. 이제, 시인의 몸을 바라보는 우리의 눈을 흐리게 할 것 있겠는가. 시인의 욕망은 몸이 지닌 욕망을 지나, 그것으로부터 "깨끗이 분리되어지기를" 바라는 욕망의 단계로 나아가고 있다. 이것이 그의 폭발이며 만개다. 그러나 그 영혼은 좀처럼 "푸른 불꽃"으로 피어 오르지 않는다. 시인은 그 시간을 기다린다. 그리고 그 기다림은 마침내 하나의 실현으로 다가간다. '나무'의 발견이다.

나는 기다렸다
기다림의 마른 풀잎들 낮게 엎드려 있는 오솔길을 따라 희망의 산등성이를 올랐다
떨어진 나뭇잎들 수북수북 발등 덮고 있는 벌거숭이 나무들 사이를

지나갔다
　나무 나무들마다 상처 자국들이 눈에 띄었다
　[……]

　오, 모두가 상처투성이로구나
　　　　　　　　　　　　　　—「어디서 와서 어디로」중에서

그리하여 꽃인 시인은 나무를 만난다.
"내 몸의 작은 상처 하나가 다른 몸의 더 큰 상처들을 보게 한다"
는 의젓한 성숙의 길을 만나는 것이다. "순간 나는 그의 속으로 펄쩍
뛰어들고 싶은 충동을 느꼈지요/아니 뛰어들었어요"라는 고백도
이어진다. 과연 그 나무는 무엇일까. 누구일까. 연이어 등장하는 나
무, 나무들.

　[……] 더
　단단해지는 포도나무, 잎잎마다 푸른 허공으로 둘러 감은
　포도나무 한 그루의 저 천연한 세계, 그 세계로 삐이걱!
　나무 문을 밀고 누군가 들어오는 소리 들린다
　　　　　　　　　　　—「삐이걱, 한 세계가 열린다」중에서

　[……] 나무 중의 나무, 한 아름 너의 기둥에 가 기댄다.
　이제 그만 나를 풀어 줘

　곧 어둠들 질펀히 내 발밑으로 깔리리라
　그리고 곧 너와 나의 경계도 허물어지리라　　　—「노을」중에서

내게는, 나무의 휘어진 몸, 그 굴곡이 보기에 참 아름다웠다
그때 견디기 힘들었을 고통이 그 아픔이 이렇게 튼튼히
자라 있다
나는 나무가 융단처럼 수북수북 깔아 놓은 넓은 잎을 밟으며
나무의 길을 더 깊이 들어가 보고 있었다.
— 「보기에 참 아름다웠다」 중에서

그래그래 오래 참고 견디었구나
나무가 꿀꺽꿀꺽 마시고 있는 물
나무 속으로 스며드는 물의 길
나무가 그려 내는 삶의 구불구불한 물길이
내 속으로 흘러 든다
잔뿌리를 들썩이며
내 몸속 물줄기들이 나무의 물줄기와 이어진다
— 「나무에게 너에게」 중에서

  작은 상처가 발견한 큰 상처의 주인공으로서 이처럼 나무는 꽃의 연인이 된다. 욕망으로 갈증에 조급했던 시인은 나무 속의 물줄기와 연락되어 흠뻑 물 마시게 되며, 나무 문을 열고 들어가 나무를 더 단단하게 만들어 주기도 한다. 나무의 휘어진 몸마저 아름답게 느끼게 되는 시인에게서 이제 상처는 다른 상처와 만나서 폭발하고 개화하는 것이다. 마침내 꽃과 나무의 경계가 없어진다.
  꽃과 나무의 병존, 혹은 동행 속에서 발견되는 화평의 세계는 마침내 꽃이라는 이름으로 선험적 시적 자아를 이루고 있는 시인의 궁극적인 소망으로 다가온다. 꽃은 꽃만으로서는 자족적인 보람을 느낄 수 없다는 듯, 나무와 붙어 있는 자리에서 완전한 생활감을 획득한

다. 그것이 꽃과 나무가 함께 있는 '꽃나무'다. 흥분과 격정으로부터 언제나 상당한 거리를 두고 있는 이 시인에게도 꽃나무는 뜻밖의 자리에서 다소 전율하기까지 한다. 「쥐똥나무꽃 이름」과 「벚꽃나무 아래」를 보라.

> 쥐똥나무 좁쌀 알 같은 꽃망울들 쏟아 놓고 있는
> 개인 주택 울타리를 지나다
> 멈칫, 뒷걸음친다
>
> 이 진동, 피 진동시키는 향기
>
> 몸 기울여
> 꽃나무 가까이 얼굴 가져간다
> (······)
>
> 나 그 진한 향기에 듬뿍 취해 걷는다
>
> 쥐똥나무 흰 꽃들 산들산들 몸 흔드는
> 더 이상 욕심 없는 생의 가쁜함으로.
> ―「쥐똥나무꽃 이름」 중에서
>
> 한 무리의 구름이 펑! 하고 튀겨진다
> 공중으로 팝콘 같은 꽃잎들 날아 내린다
> 벚꽃나무 아래로
> 꽃잎 무더기 위로
> 발을 내딛는다

사뿐사뿐 날아 내린 꽃잎들
내 눈의 샘물 위에 꽃잎 뜬다
몸속 골짜기마다 꽃잎 떠 흐른다

한 생애 이렇듯 꽃잎 띄우고 지나는 때 있다

부서진 꿈의 뼛조각들, 깎인 모서리들
동글동글 띄운 채
내딛는 발걸음들
가장 가벼운 때 있다 　　　　　　―「벚꽃나무 아래」 전문

 꽃과 나무가 함께 붙어 있는 꽃나무는 결국 시인 이나명의 시적 자아이다. 우리 시에서 매우 드물게 보는 건강한 시적 자아로서 꽃나무는 독특한 성격을 가질 것이다. 반세기 전 이상의 꽃나무가 불만의 이름이었다면, 이나명의 그것은 이제 만족의 이름이다. 여성의 몸으로 그 상징성을 출발시켰던 꽃은 남성의 몸으로 나타난 나무와 더불어 그 상징성을 완성시킨다. 이렇게 볼 때, 여성의 몸도, 남성의 몸도 그 자체만으로서는 아름다움을 주장하지 않는 것이 유익하리라. 꽃도 나무도, 필경은 꽃나무에서 더욱 아름다운 순간을 뽐내듯이. 이성적 욕망의 시각 아래에서 관찰될 때, 그 완전성은 두 몸의 만남, 즉 성애를 통해 구현되며, 그 구현은 다시 그 이상의 영적 욕망으로 연결된다는 구조이다. 극단적인 페미니즘의 입장에서는 다소 불만스러울지 모를 구조다.
 이나명의 메시지는 아름답다. 그러나 이 아름다움은 자칫 온실 속의 아름다움에 머물러, 비바람과 같은, 세계의 전면적인 현실 속에서 붕괴되기 쉬운 연약한 기반 위에 서 있다는 지적으로부터 스스로를

방어하기 힘들지도 모른다. 나무의 고통과 꽃의 간절함과 외로움이 끊임없이 호소되고 있음에도 불구하고 그 현장의 리얼리티가 미약하게 느껴지기 때문이다. 그 원인은, 앞서 말했듯이 시인의 눈이 꽃과 나무의 내부에 대한 구체적 관찰에 세밀하게 머물러 있지 않은 탓이리라. 꽃과 나무의 행동적 묘사, 그에 대한 시인의 주관적 해석과 반응들은 시인의 뜻을 강화시켜 주는 대신, 현실감의 약화를 조장한다. 보다 침착하게 주관을 추스른다면, 상처를 보듬는다는 시의 본질에 육박하는 소중한 시인으로서 이나명의 이름이 기억될 것이다.

성찰되는 여성성
— 노향림과 나희덕의 시

　두 명의 여성 시인들—노향림과 나희덕의 새로운 발견은 시에 대한 나의 느낌을 이즈음 새롭게 한다.
　노향림은 우선 그 연륜이 상당한 중진 시인이다. 철학자의 경우에도 그렇지만, 시인의 경우 연륜이 만만치 않다는 사실은 썩 중요하다. 시가 언어라면, 오랜 세월 언어와 더불어 온 자와 그렇지 않은 자의 구별을 단순한 양의 문제로만 지나칠 수 있겠는가. 그렇기 때문에 한두 편의 작품에 대한 언어 분석적 해석은, 그 재미있는 전개에도 불구하고 본질적인 한계를 가진다. 시인은 한 편의 시로도 말하지만, 온 생애로도 말하는 것이다! 말은 그냥 지나가는 것이 아니라, 말 위에 또 말이 쌓이고 그 말 위에 또 말이 쌓이어, 비로소 어떤 말을 형성하는 것이다. 말의 맛은 그러므로 인생의 축적과 비례할 수밖에 없다. 이렇듯 많은 연륜과 더불어 서 있는 노향림 시인에게서 언뜻 그 연륜이 느껴지지 않는다면, 그것은 매우 뜻밖의 일일 것이다.

문필봉 숲에 가면 물박달나무들이
떼지어 숨어 산다

진종일 가도 사람도 능선도 따라잡기 힘들다
모두 어디로 흩어져 갔을까

깊숙이 들어갈수록 길을 터주지 않는
빽빽한 나무들 사이로
바람이 문 여닫는 소리를 낸다

「문필봉 숲」(『문학사상』 10월호)이라는 시의 앞부분인데, 누가 여기서 이 시인의 연륜을 짐작하랴. 연륜은커녕, 아예 시인의 모습조차 없다. "모두 어디로 흩어져 갔을까"라는 행에서 시인 자신의 개입이 의문에 쌓인 마음의 형태로 조금 드러난 듯하지만, 그 문장도 '어딘가로 흩어진 듯 모두 보이지 않는다'는 수동태와 동일한 구문임이 곧 밝혀진다. 마치 작가를 알 수 없는 한 장의 네거티브 사진 같을 뿐이다. 김춘수·김종삼 계열의 묘사시로 분류될 수 있는 이 작품이 시인의 연륜을 보여 주지 않는다는 사실은, 그러나 묘사시 특유의 시인 배제라는 기법에만 기인하는 것은 아니다. 30년 가까운 시력을 통해서 거의 일관된 방법으로 이 같은 시를 써온 시인에게서 연륜=시력의 시간·공간이 포착되지 않는다는 의미를 그것은 포함한다. 이러한 지적은 두 가지로 읽혀질 수 있다. 그 하나는 자기 문체에의 충실이라는 차원이며, 다른 하나는 자기 문체의 답습이라는 차원이다. 앞의 경우가 다소간 긍정적인 뉘앙스와 연관된다면, 뒤의 경우는 아무래도 부정적인 느낌이 든다. 노향림 시인의 단정한 이 30년 시적 공간은 이제 어떻게 해석될 것인가.

결론으로 빨리 달려간다면, 나로서는 그 양면성이 병존하고 있다는 생각이며, 이제 그 병존은 변화와 직면해 있다는, 혹은 직면해야 하리라는 생각이다. 이러한 나의 생각을 조금 더 개진하기 위해서는 「문필봉 숲」의 완전한 인용이 필요하다. 그 뒷부분.

> 강골인 뼈를 뚫어 흰 비닐주머니를 매단
> 고로쇠나무들이 갑자기 하혈을 멈춘다
> 쓸쓸한 우리의 앞날처럼 아름드리
> 나무가 가는귀먹어 있다
>
> 까마득한 높이의 우듬지께
> 허공에서 누군가 몰래 내다본다
> 어디서 본 듯한 서늘한 얼굴이다
>
> 내부 골격이 환하게 드러난
> 또 다른 세계가 숨어 있는
> 문필봉은 이제 廢家 같다

하혈을 멈추면, 사람을 포함한 모든 생물체는 질병으로부터 회복·치유되었다는 뜻일 것이다. 하혈을 멈추자, 그러나 이 고로쇠나무는 문득 쓸쓸해진다. 마치 하혈이 왕성한 생명 현상이라도 되듯이 하혈을 멈추자 나무는 가는귀까지 먹는다. 하혈은 아마도 생리 현상이었나? 과연 그런 나무들이 밀집해 있는 문필봉을 가리켜 시인은 마침내 "폐가(廢家) 같다"고 말한다. 시인은 말하자면 나무들이 빽빽한 숲을 가리켜 폐가 같다고 말하며, 하혈을 멈춘 나무가 노화되었다고 말하는 모순을 토로하고 있는 셈이다. 탁월한 묘사의 시인이 보여 주고 있는 이 모순의 그림은 과연 무엇을 말하고 있는 것일까. 김종삼의 회화주의, 김춘수의 상징의 음악을 묘사와 인식의 시가 거둔 성과로 기억하고 있는 나로서는, 이 모순의 서사시가 숨기고 있을지도 모를 비밀에 작은 흥분마저 느낀다. 뭘까.

시의 묘사는, 일반적으로 사물에 대한 것이다. 사물은 그에 대한 묘사가 거듭되면서 시의 대상으로 떠오르고, 자리잡는다. 자리잡힌 대상이 말하자면 객체인데, 그것은 주체, 즉 시의 화자와 교감한다. 시의 화자 속을 오고 가는 것들은 ─ 감정이나 이념, 혹은 기억들 ─ 결국 이 객체를 통해 구체적인 모습을 드러낸다. 이때 주체는 이미지를 통해 비로소 존재할 수 있는 것이다. 존재의 능력을 얻을 수 있는 것이다. 존재라는 자리를 확보할 수 있다는 뜻이다. 그러므로 존재의 자리가 불확실하다면, 그것은 곧 주체, 즉 시의 화자가 불확실한 상태에 있다는 뜻이 된다. 노향림의 「문필봉 숲」은 묘사시로서 이미지의 확실한 제시 대신, 시적 화자의 불확실성을 보여 준다. 이것이 시인의 모순에 대해 내가 할 수 있는 해석이다. 빽빽한 나무들의 숲이 폐가 같다면, 그것은 그 빽빽한 숲이 잘못 묘사된 탓이다. 아니, 이렇게 고쳐서 말할 수 있다. 폐가 같은 모습으로 시인이 그 광경을 제시하고 싶다면, 이제 이 시에서 보여지는 묘사로서는 그것이 불가능하다고.

시인은 연륜과 더불어 그의 생각이 ─ 문학에 관한 것도, 인생에 관한 것도 ─ 바뀌어 가고 있다. 그럼에도 불구하고 시인은 묘사시의 입장을 견지한다. 모순은 아마도 여기서 발생하는 것이 아닐까. 나무와 숲, 폐가 사이에 끼여 있는 묘사, "까마득한 높이의 우듬지께/허공에서 누군가 몰래 내다본다/어디서 본 듯한 서늘한 얼굴이다"라는 부분은 그런 의미에서 의미심장하다. 무엇보다 시의 진행과 무관하게, 뜬금없이 개입해 있는 인상을 준다. 나무도 숲도 아닌 것이 묘사의 대상이 되어 있는데, 이 부분은 사실 묘사와 진행을 깨뜨리는 대목이다. 그렇다면 시인은 보다 확실하게 묘사의 기법 밖으로 튀어나와 다른 방법으로 그 "서늘한 얼굴"을 보여 주었어야 한다. 그렇지 못하기 때문에 전체적으로 묘사의 아름다운 시학을 보여 주고 있음에도 불구하고, 노향림의 시는 분명한 그림으로 우리에게 전달되는 데 있어서 상당한 아쉬움을 남기곤 한다. 이제 노향림은 30년 동안 즐겨 온—물론 그 나름의 높은 성과를 이룩해 온—묘사 기법에 충격을 가해야 한다. 형식은 파괴를 통해서 쇄신될 때 참다운 형식으로 거듭날 수 있을 것이다.

아직 시력이 훨씬 짧은, 그러나 역량 있는 시인으로서 좋은 시들을 많이 발표해 오고 있는 나희덕의 작품 「그 복숭아나무 곁으로」(『문학과 사회』 1999년 가을호) 등 몇 편을 읽게 된 것은 즐거운 일이다. 이 시인 역시 묘사의 기법을 그 기반으로 단단히 익혀 온 터이다. 그러나 나희덕의 묘사에는 시인 자신의 개입이, 더 정확히 말한다면, 그 스스로에 대한 묘사—주체의 객체화라는 방법이 절묘하게 융합되어 있다.

    햇빛이 겨누는 창 끝에 놀라
    문득 걸음을 멈춘다

    그림자가 짧다

「그림자」라는 시는 이렇게 시작하고 있다. 햇빛을 받고 있는 시인 자신의 모습이 마치 자신과 상관없는 어떤 대상에 대한 묘사처럼 나온다. 간결하고 즉물적인 이런 계통의 시들이 대체로 그렇듯이 시적 자아, '나'가 자주 등장하지 않고 생략되곤 한다. 그러다가 어느 순간

슬며시 끼어든다. 보자.

> 뒤따라오던 불안은 어디로 갔을까
> 내가 헤치고 온 풀마다 누렇게 말라 있다
> 시든 풀을 보고 울지 않은 지
> 오래되었다
> 나는 덜 여문 잔디씨 몇을 훑어 달아난다
>
> 끝내 나를 놓치지 않는 그림자
> 흩어지는 잔디씨에도 그림자가 있다

앞부분과 달리, 여기에는 '나'가 세 번이나 나온다. 그러나 그 '나'는 '나'의 말을 하지 않는다. 풀이나 잔디씨처럼 하나의 대상일 뿐이다. 그리하여 '나'와 함께 어울린 풀이나 잔디씨, 혹은 풀이나 잔디씨 옆에 있는 '나'로서의 기능만을 한다. 당연한 귀결로, 이 시의 시적 자아는 '나'가 아닌 그림자다. '나'는 그러니까 그림자를 통해서 그의 성격을 시화(詩化)하고 있는 것이다. 이렇게 해서 밝혀진 시의 내용은 이런 것이다 : 정오에 가까운 어느 시간, 시인은 따가운 햇빛을 받는다. 그때 생긴 그림자를 보고 시인의 의식은 전개된다. 그림자를 발견하기 전의 불안했던[왜? 그것은 알 수 없다. 그 부분은 이 시의 전사(前史)일 따름이다] 감정은 그 발견과 더불어 소멸되고, 시인의 눈에는 누렇게 말라 있는 풀들의 모습이 들어온다. 슬프다든지 하는 감정 대신, 오히려 잔디씨를 훑어 마치 도둑인 양 달아나기까지 한다. 그러나 그 도주에는 그림자까지 따라온다. 묘사처럼, 그러나 사실은 경구처럼 내뱉는 마지막 행, "흩어지는 잔디씨에도 그림자가 있다"는 시구는 그리하여 햇빛과 풀, 잔디씨, 그리고 나를 함께 껴안는 시적 자아를 보여 준다. 그 시적 자아는 햇빛 앞에서 발가벗은 실존이며, 자기 성찰의 엄숙한 모습이다. 그러나 나희덕의 미덕은 엄숙함이나 진지함을 언제나 경쾌하게 드러내 준다는 점에 있다. 그런 의미에서 짐짓 심각한 메시지를 숨기고 있는 듯한 다른 작품들「잠이 들다」 등보다 「그림자」가 더 나희덕답다.

  오랜 세월 꾸준히 흔들리지 않고 그의 시학을 가꾸어 온 노향림과 자기 성찰을 게을리 하지 않는 나희덕의 세계를 읽는 일은, 많은 숫자의 여성 시인들을 읽는 일 가운데에서도 특히 보람 있는 일에 속한다. 그러므로 이 자리에서의 나의 고언(苦言)이 두 시인을 향한 나의 거꾸로 된 독법이자, 세기말 페미니즘 문학을 향한 애정 고백으로 읽혀지기 바란다.

여성 시인들의 작은 성채
— 김정란·김혜순·박라연

　시는, 극단적인 표현이 허용된다면, 그림이다. 혹은 그림일수록 좋은 그 어떤 신(scene)이 아닐까 생각해 본다. 왜냐하면 그림이나 신이 아닌 글, 예컨대 소설이나 드라마에서 스토리나 메시지는 얼마든지 소화하고 있기 때문이다. 글로 된 그림 — 사실 새삼스러운 담론이 아니다. 순수시와 절대시가 시의 가장 바람직스러운 경지로 끊임없이 거론되기 시작한 반세기 훨씬 전부터 시를 이미지, 즉 영상과도 비슷한 글의 상(像)으로 삼고 싶어하는 욕망이 시짓기의 저류(低流)에 잠복해 오지 않았는가. 그것은 언어를 실체 아닌 그림자로 삼고 싶다는 욕망의 다른 표현이다. 이러한 생각은 근본적으로 언어에 대한 무한한 믿음에서 비롯된다. 언어가 순간순간 다양한 그림자를 만들어 낼 수 있다는 생각이 그것이다. 마치 끊임없이 그 자리를 달리하는 빛에 따라 그 모습을 달리하는 그림자처럼. 그러나 물론 빛은 잠시 그 모습을 감추는 시간이 있는가 하면, 빛과 사물이 정면으로 부딪쳤을 때 그림자가 아예 상실되기도 한다. 언어 역시 노상 그 그림자를 가지지 못할지도 모르며, 따라서 완전한 그림일 수 있다는 생각은 헛된 희망으로만 남을지도 모른다. 완전한 순수시와 절대시가 결국 이론의 범주에서만 완전할 수 있었듯이.

글의 그림자는, 넓은 의미에서 상징이다. 글이 상징으로 갈 때, 글의 땅은 넓어진다. 실체와 그림자 사이의 땅이 모두 그의 것이 되기 때문이다. 김춘수와 김종삼에게서 일정한 성공을 거둔 이 방향의 시들은, 이후 김정환·황지우·이성복 들과 더불어 여성 시인들에게서 그 특이한 면모를 발전시키고 있는 것 같다. 상당수의 여성 시인들이 그 그림자를 길게 끌고 가고 있는 느낌이 나로서는 강하게 든다. 이 자리에서 각별한 관심으로 살펴보고 싶은 김정란·김혜순 두 시인 역시 아마도 이 방향에서 일정한 성과 속에 있는 대표적인 시인들이 아닐까 생각된다.

두 여성 시인은 많은 양의 발표, 비슷한 등단 시기 등의 유사점을 갖고 있으면서, 무엇보다도 긴 글 그림자들을 즐겨 거느리고 있다는 공통점을 또한 지니고 있다.

글에서 튀어 나간 그림자를 두 시인은 여성성이라는 그 어떤 것으로 채워 나간다. 1990년대 들어와서 격렬해진 여성성이라는, 이제는 이념적 색깔까지 띠게 된 그 어떤 것을 다스려 나가는 전열(前列)에 두 시인이 있다. 그 여성성은 예컨대 이런 것들이다.

1) '난 은사시나무를 본 적이 없어'

어느 날 거실에 앉아
나는 생각했다

'그런데 난 은사시나무를 아는 것 같애'

〔……〕

은사시나무가 내 몸뚱이를 들어 올려 나뭇가지 하나에 매달았다
은사시나무가 내 자궁에 손을 쑥 집어넣고 당신을 끄집어냈다
은사시나무가 당신을 맞은편 가지에 매달았다 난 당신을 바라보았다

오랫동안 아주 오랫동안 눈물이 내 영혼을 다 녹여 낼 때까지
그리곤 보았지 당신과 나 눈길 만나는 곳에서
눈물의 길을 타고 나—당신, 당신—나가 하나씩 태어나는 것

〔……〕

'난 은사시나무야'
난 살며 생각하네 고요한 말이 내 마음 가득히 가득 차 있네

2) 개나리꽃 혼자 피고
개나리잎 혼자 피고

햇빛은 혼자 쏟아져 내린다

난 쓸쓸한가?
별로
난 행복한가?
별로

〔……〕

여성 시인들의 작은 성채 321

민틋한 손바닥에 얼굴 감싸고
조금 운다
조금

내 손바닥에서 개나리꽃 진다
내 손바닥에서 개나리잎 진다

3) 지진이 지나갔다

이제 뭘 할 것인가

여자는 바닷가에 내려앉는다

餘塵이 남은 갯벌 위에서
물고기 몇 마리 뒤치고 있다
깊고 먼 바다 뒤집어지며
밀려온 장님 물고기들

여자는 큰 어항을 들고 다가간다

곧 세계의 어부들이 다가오리라

 김정란의 세 작품 1)「은사시나무」, 2)「또 봄, 기다렸던 봄, 또 봄은 가고」, 3)「바다의 지진 이후」(이상『시와 시학』여름호) 들은 은사시나무가 되고 싶은 욕망, 쓸쓸하지도 행복하지도 않은, 혼자 피고 지는 개나리 같은 자신의 인정, 어항을 들고 있는 그에게 곧 세계의 어부들이 다가오리라는 기대 등 여성성의 전형적인 본질들이 상징적으로, 그러나 담백하고 진솔하게 진술되고 있다. 여기서 은사시나무와 개나리꽃(잎)은 거친 숨소리로 달려가는 욕망을 순화시키면서 물고기잡이를 꿈꾸는 어부, 혹은 어부의 애인의 자리에 시인을 앉혀 놓는다. 그 절제와 기다림은 고통스럽지만 시인은 '조금 울음'으로써 그것을 가능케 한다. 그 작은 눈물의 힘으로, 이 시인은 글의 그림자에 은사시나무와 개나리꽃, 갯벌 위의 물고기 등 목가적 상징을 얹어 놓을 수 있는 것이다.

  담백하고 진솔한 진술 위로 김정란 시의 어법이 진행된다면, 김혜순의 어법과 상상력은, 여성성의 중요한 핵심과 부딪치고 있음에도 불구하고, 다소간 남성적이다(페미니즘이 세기말의 주요한 테마로 부각되고 있는 현실에서 여기서의 '남성적'이라는 표현은 조심스럽다. 전통적인 의미에서 씌어지고 있는 것으로 이해되기 바란다). 예컨대 그것은 이렇다.

  1) 그 집은 문을 닫아도
     달 냄새 멀리까지 퍼지는 집
     꿈 냄새 요란한 여자의 집
     사람들은 꿈속에 나타난 달
     어머니에게 오줌을 누고
     옷을 벗기고 뺨을 때리고
     돼지처럼 구석으로 몰아대고
     엉덩이를 때리고
     달의 아기들은 문밖에서 울고

  2) 오늘 밤 술 취한 별자리 하나이신 이 몸도

중앙공원 잔디밭 위에서
앉을 자리 찾아 두리번거리네

수만 년 전에 그려 준 그 길로는 더 이상 가기 싫단 말이야
빛의 자갈돌이 발에 턱턱 차이는 밤하늘
영원히 내 손에 잡히지 않을 저 둥근 지붕이
무방비의 나를 옥죄어 오네

3) 이 문명이라는 것이 다 무엇이야? 한 꺼풀 옷만도 못해.
　잠만 들면 나는 문명이 증발한 헐벗은 이야기의 복도 속에서 길을 잃는걸.
　문명이 죽은 땅들에서 잠든 내 몸 속으로 고통이 밀려 들어오는걸
　우리는 수천 년 계속되는 비쉬뉘의 잠 속에 다 함께 잠들어 있는 거야.
　태초를 다시 시작하려고.
　서울의 이 거리는 밀림이 변장한 거야, 그거 알아?

　1)「달이 꾸는 꿈」, 2)「두근거리네」, 3)「앙코르 왕국을 앙코르하는 날」(이상『시와 시학』여름호) 등 세 편의 시에 나타난 김혜순의 상상력은 역동적이며, 때론 폭력적이기까지 하다. 이것을 나는 '남성적'이라는 말로 불렀는데, 뜻밖에도 그의 지향은 여성성의 온전한 획득에 있다. 그 여성성은 은폐된 남성성으로 구성된 세계와 문명의 폭력성에 맞서는 힘을 통해 주장되는 여성성이다. 김혜순의 여성성이 전통적인 의미와 차원에서 표현되지 않고, 성취되어야 할 어떤 것을 위한 격렬한 몸짓과 진통으로 나타나는 것은, 폭력과의 대결이 폭력적으로 비칠 수밖에 없기 때문이다. 물론 이 폭력은 언어에 대한 폭력적인 쇄신 작업을 통해 구체화된다. 지금까지 이 시인의 작

업은 거의 일관된 톤으로 이 구체화에 매달려 왔는데, 그 결과 시인의 언어는 하나의 이미지를 예쁘게 조각하는 길로 가지 않고, 오히려 이미지를 부수는 일에 주력해 왔다. 김혜순의 시어가 구체적 일상과 추상적 관념 사이를 뜬금없이 오가면서 일정한 이미지를 이끌어 내지 않는 것은 이 까닭이다. 그러기는커녕 그는 그 단절과 비상, 추락 사이의 운동을 즐긴다. 달 냄새가 퍼진다거나 꿈 냄새가 요란하다는 표현은 바로 이러한 운동의 소산이다. 뿐만 아니라 시인 자신이 문득 달이 되는, 이렇다 할 배경 없는 상징이 주어진다. 경험적 묘사의 거부야말로 이 시인의 전형적인 어법을 형성하고 있는데, 이 생략과 단절의 형태로 된 상상력의 구조는 그의 시를 깊고 넓게 만든다. 여성으로서의 욕망과 그 현실적 한계를 역설적으로 드러내고 있는「달이 꾸는 꿈」은 그 전형적 보기이다. 시인은 자신의 욕망이 밖에 알려지고 있다는 착각에서 때론 가위눌림을 당하지만, 이 회로를 통해 여성성은 그만큼 확대된다.「앙코르 왕국을～」에서는 그것이 문명＝남성성／잠(혹은 '태초')＝여성성으로 아날로지된다. 김혜순의 글 그림자는 상투적 상징을 부수는 먼 거리까지 나가 있다.

「새의 부리」,「꽃의 혈궁(穴宮)」,「죽음에 대한 예의(禮儀)」,「다시 꿈꿀 수 있다면」(이상『문학과 사회』여름호) 등 네 편을 발표한 박라연의 경우는 앞의 두 시인과는 사뭇 다른 차원의 여성성을 보여 주고 있다는 면에서, 비교되는 자리에서 주목되어야 할 것이다. 김혜순이 격렬한 운동성으로, 김정란이 비판적 목가성으로 이 문제에 근접해 있다면, 박라연의 그것은 자신을 내놓는 헌신성과 연결되는, 말하자면 전통적인 측면과 관련된다. 그러나 그 헌신은 다소 특이하다.

  1) 부리가 길수록
     목이 긴 항아리 속에 숨겨 둔 슬픔까지도

흔들어 흘러넘치게 할 소리를 낼 수 있을 것 같아
　　　산만큼 꽃술은 길고 아름다운 부리를
　　　만들 수 있을 것 같아
　　　한 점 새의 혈육이 되고 싶었다

2) 지상의
　　　고통스런 전율을 매점 매석한
　　　꽃의 穴宮
　　　사흘 낮밤 감전되겠지
　　　달디단 과즙 눈부신 화색 맑은 향기 품겠지

3) 靑陽 飼育이 잠실에 불을 때지 않고
　　　자연 온도로 누에를 기르는 일이라면,
　　　그렇다면 靑陽 고추는
　　　크기에 연연하지 아니하고
　　　붉기에 매혹되지 아니하고
　　　오직 매운맛이 제 몸에 가득해지기를!

4) 다시 꿈꿀 수 있다면
　　　개미 한 마리의 손톱으로 사천오백 날쯤
　　　살아 낸 백송, 뚫고 들어가 살아 보는 일
　　　나무 속에 살면서
　　　제 몸의 일부를 썩히는 일
　　　제 혼의 일부를 베어 내는 순간을 닮아 보는 일
　　　〔……〕

네 편의 시는 서로 다른 그림 및 메시지와 연관되어 있음에도 불구하고 근본적으로는 똑같은 테마로 집중되고 있다는 느낌을 나는 지울 수 없는데, 그것은 앞의 인용 부분들에서 보이는 "한 점 새의 혈육이 되고 싶었다", "사흘 낮밤 감전되겠지", "오직 매운맛이 제 몸에 가득해지기를!", "제 혼의 일부를 베어 내는" 따위와 같은 동사 및 동사군(群)의 의미 함축과 관계된다. 여기에 나타나고 있는 '되고 싶다', '감전되다', '가득해지다', '제 혼(……) 베어 내다'라는 동사들은 그 각각으로서는 각각의 의미를 지니지만, 그것들의 여기 모임에서는 무엇인가를 위한 자기 헌신으로 씌어지고 있는 것이다. 자신을 버림으로써 그보다는 훨씬 가치 있는 다른 어떤 것으로 바뀐다는 전화(轉化)의 과정을 그것은 내포한다. 그 포기와 헌신은, 오늘의 페미니즘에서는 가장 바람직스럽지 않은 것으로 타기되는, 전통적인 여성상이다. 그러나 그것은 동시에 모성상이라는 이름 아래 평가되고 변호되는 여성성의 긍정적인 요소인 것만큼은 분명하다. 그런데 과연 이 같은 헌신이 가져온 결과는 무엇인가? 앞의 두 시인에게처럼 여성성의 새로운 확보나 개발이 아니라면 자기가 버려진 자리에 세워진 것은? 1), 2)에서 그것은 시 자체인 듯이 보인다. 릴케가 「두이노의 비가」에서 지상의 순수한 모든 것들의 구원 가능성을 부인하고 오직 시에서만 그 가능성을 찾았듯, 일상적 자아의 희생과 헌신의 끝에 탄생한 것은 '시'라는 완결된 질서임이 분명하다. 슬픔까지도 흔들어 흘러넘치게 할 소리를 내는 아름다운 새의 부리! 그 부리를 위해 시인은 기꺼이 그 혈육 한 점이 되고 싶어한다. 그 새의 부리는 다음 시에서 바로 꽃의 혈궁이 된다. 새나 꽃이나, 부리나 혈궁이나, 슬픔과 고통을 안고서도 소리와 향기로 가지 않는가. 시인은 마찬가지로 기꺼이 감전된다. 이렇게 보면 3), 4)의 구조도 비슷하다. 크기와 붉기에 무관하게 오직 매운맛만 제 몸에 가득해지기를 바라는 고추가 시인에게 있어서 시 아니고 무엇이겠는가. 그 성숙을 위한 죽음에 대해 다른 것들은 이런 모습으로 있어야 한다.

    그대에게 가는 길에도 속도와 禮儀가 있으리
    곰삭은 靈肉들 오늘,
    清凉 고추를 만나 하염없다

  결국 한 편의 시는 4)에서 말해지듯 제 몸의 일부를 썩히는 일이며, 제 혼의 일부를 베어 내는 순간을 닮아 보는 일일 것이다. 그 같은 헌신이 모여서 시의 완성을 보장한다면, 그것을 어찌 전통적 여성성에 기반을 둔 상상력의 소산이라고 상을 찌푸릴 수 있겠는가. 페미니즘의 깊이와 넓이는 실로 전 방위(方位)에 걸친 새로운 힘으로 새롭게 인식될 필요가 있다.

기술정보 사회 안의 고독
— 이원·최정례의 시

 시인이 너무 많다. 시집도 너무 많다. 물론 통계야 갖고 있지 않지만, 아마도 우리나라는 세계에서 가장 많은 시인, 가장 많은 시집을 갖고 있는 나라일 것이다. 미국에서도 독일에서도 인도에서도 페루에서도 그런 말을 나는 너무 많이 들었다. 시집이 몇만 부씩 팔린다면 그들은 경이를 넘어 이윽고 의아스러운 눈을 굴리는 경험을 나는 여러 번 했다. 그곳의 시인들도 입으로는 부럽다고 했으나, 내 느낌에는 약간의 경멸이 그들도 모르는 그들 의식의 바닥에 잠겨 있는 것 같았다. 이토록 많은 시와 시인 들, 벌써부터 나로서는 이와 관련하여 스스로의 진단의 필요성을 생각해 보았으나 그 생각이 한 번도 진지하게 발전한 일은 없었다.

 거의 매일이다시피 시를 읽으면서, 또 이따금씩 시에 관한 글들을 쓰면서 과연 나는 이 문제에 진지하게 머물러 본 일이 있는가. 무더운 이 여름, 그러다가 나는 한 가지 생각에 빠진다. 문학을 사랑하고 글쓰기 좋아하는 우리네 기질론은 많은 시와 시인 들 현상을 설명해 주는 긍정적 안목이리라. 그러나 그것 말고 나를 홀연히 스치고 지나가는 그 무엇이 있다. 아마도 그럴 것이다. 아니, 정말 그렇다는 기이한 확신. 모두들 쓸쓸한 탓이 아닐까 하는. 유독 외로움을 타는 사람들이 그처럼 많은 것이 아닐까. 이런 생각은 『문학과 사회』(1999년 여름호)에 실린 몇몇의 젊은 시인들에게서도 영락없이 확인된다.

「늙은 여자」, 「숲」, 「기둥」, 「흘러가다」 등 네 편을 발표한 최정례의 경우. 젊은 여성 시인인 듯한데 그 톤은 자신의 시 제목처럼 상당한 노티가 난다. 먼저 「늙은 여자」를 보자. 시는 "한때 아기였기 때문에 그녀는 늙었다"로 시작된다. 마치 하나의 명제를 연상시키는 듯한 단호한 그 어조에는 긴 삶의 짧은 축약이 이미 들어 있다. 역설처럼 보이는 그 문장은 많은 시간을 벌써 머금고 있으며, 그리하여 새로운 어떤 전망 따위는 애당초 차단된다. 독자는 앞으로의 시의 전개에 일말의 불길한 예견을 품게 되고, 모든 것을 다 알아 버린 자의 쓸쓸한 낡은 모자를 먼발치에서나마 바라보지 않을 수 없다. 젊은 느낌의 시가 모호함과 난해함을 동반한 도전으로 이해된다면, 늙은 느낌의 시는 익숙함과 쓸쓸함에 빠진 명상과 체념으로 다가오기 일쑤인 것은 이 까닭이다. 아닌 게 아니라 시는 곧이어 "한때 종달새였고 풀잎이었기에/그녀는 이가 빠졌다"고 단정한다. 이런 식으로 계속되는 시는 결국 "한때 배꽃이었고 종달새였다가 풀잎이었기에/그녀는 이제 늙은 여자다"라고 끝난다. 시는 시적 자아를 향한 내적 발전을 보이지 않고, 마치 하나의 선언을 강조하듯 한다. 그러나 이 시인의 다른 작품들에서 보이는 꽤 구체적인 묘사의 장면들을 고려할 때, 내적 발전에 대한 거부는 의도적인 기법상의 문제로 해석된다. 왜 시인은 갈등과 발전 대신 선험적인 결론을 즐기는가? 그것도 젊은 시인이 말이다. 비단 이 시인에게만 스쳐 가는 그림자 아닌 그 그림자. 거기서 나는 쓸쓸한 독백의 냄새를 맡는다. 시적 전개 과정을 통해 시인은 밖의 사물에 대한 세밀하고 겸손한 관찰을 하는 대신, 자신의 생각을 단상으로서 적어 놓는다. 그것은 이념은 아니지만 이념처럼 단단해서 독자의 개입은 자칫 섣부를 따름이다. 이럴 때 시인뿐 아니라 시인이 보여 주는 인생도, 시간도, 세상도 허무할 수 있다. 그것은 지혜의 메시지일 수는 있어도 아름다움과 고통이 함께 가는 문학과는 다소 거리를 갖는다. 최정례의 잠언적 지혜의 시는 「숲」에서도 그 나이를 넘어 번득인다.

> 한 나무에게 가는 길은
> 다른 나무에게도 이르게 하니?
> 마침내
> 모든 아름다운 나무에 닿게도 하니?
>
> 한 나무의 아름다움은
> 다른 나무의 아름다움과 너무 비슷해

　시간을 한자리에 끌어 모았던 쓸쓸한 지혜는 여기서 개체들 사이의 섬세한 차별성을 고즈넉하게 다운시켜 버린다. 시인의 눈에 띄는 것은 작은 개별성 혹은 고유성 아닌, 보다 넓은 보편성이라는 카테고리다. 그것은 지극히 지당한 진리일지 모르나, 그럼에도 불구하고 하찮아 보이는 개체들이 얼마나 무위(無爲)의 동작들을 지금도 반복하고 있는가. 시를 포함한 모든 문학이 필경 그 헛된 현장 속에서의 몸부림이라면, 시인은 그 별것 아닌 것 같아 보이는 개체 하나하나에 미세한 애정을 보내야 할 것이다. 그것은 삶에 대한, 생명에 대한 감사이며 전망을 향해 열린 마음이다. 이 시가 다시,

> 처음도 없고 끝도 없고
>
> 푸른 흔들림
> 너는 잠시 누구의 그림자니?

로 계속되다가 끝날 때, 그것은 불가피한 공감을 유발하면서도 그 지혜가 지닌 자폐적 조숙성에 아쉬움을 더불어 느끼지 않을 수 없다. 이러한 아쉬움은 예컨대 다른 두 편 「기둥」과 「흘러가다」가 능숙한 조사(措辭)를 구가하고 있음에도 불구하고, 여전히 다음과 같은 쓸쓸함을 벗어던지지 못하고 있음으로 해서 벗겨지지 않는다.

> 비스듬히 기울어 서 있다 마른 잎 하나 달지 못했다 바람이 불어도 흔들리지 않는다 아무런 새 날아와 울지 않는다 혼자 고요하다
> ——「기둥」 중에서

> 나는 죽었다구
> 나는 몸을 잃어 떠다니는데
> 아무도 알아채지 못한다구   ——「흘러가다」 중에서

최정례의 시들이 전통적인 정서 속에서 쓸쓸한 독백을 보이고 있다면 「2050년/시인 목록」 등을 발표한 이원은 새 밀레니엄을 앞둔 세기말의 기술정보 사회 속에서의 쓸쓸함을 감추고 있다. 컴퓨터 모니터 앞에 앉아 있는 시인 스스로의 모습이 화면 묘사를 통해 거꾸로 드러나고 있는 그의 시들은 PC와 시와의 관계가 근본적으로 얼마나 쓸쓸한 것인지 잘 보여 준다. 「아이는 공을 두고 갔다」는 작품에서의 짧은 예.

어느 곳으로나 접속하고 싶은 나도
아이가 두고 간 길과 공을 대신 차며 간다
아직도 권력과 지구는 공처럼 둥글고
골목에 담기는 모든 것들의 콘센트가 집이다
아이는 어느 집 앞에 멈추어 서더니
머리를 툭툭 털어 목에 다시 갖다 끼운다
돌아보는 아이의 얼굴에 구름의 발자국이 찍혀 있다
하늘은 가로등을 핥고 있다

시의 뒷부분 인용이다. 이 시인은 앞의 시인과는 달리 자신의 직접적인 진술이나 선언 대신, 화면 묘사에 철저하다. 그것은 마치 카메라를 통한 보고처럼 그저 시인이 잡은 컴퓨터의 한 장면 제시에 지나지 않는다. 그러나 그 제시하는 손길이 쓸쓸하다. 이것 보라구, 재미있다구 하는 자랑 섞인 보고가 아니다. 그렇다고 해서 나는 이러저러해서 우울하고 쓸쓸하다는 감정 섞인 보고를 하고 있지도 않다. 감정이 탈색된, 매우 즉물적인 묘사에 가깝다. 그러나 이 시 역시 쓸쓸한 분위기로 가득 차 있다. 인용 부분 첫 행에서부터 시의 화자는 "어느 곳으로나 접속하고 싶다"고 그의 속내를 무연하게 드러낸다. 거기에는 심심한 개인을 넘어, 지향을 잃은 현대시의 무지향성이 건들거린다. 접속이 되자 나타난 것은 "아이가 두고 간 길과 공". 컴퓨터 화면이 아니라면 어느 아이가 공을 두고 가겠는가. 시의 화자는 별 생각 없이(지향이 없으니까!) 그 공을 "대신 차며" 걸어간다. 재래의 인과 관계가 지배하는, 일과 놀이의 사회에서는 보기 힘든 풍경이다. 그러나 시의 화자의 무지향성은 컴퓨터가 황제인 세기말의 기술정보 사회에만 기인하는 것이 아니다. 한편에서는 사이버 스페이스의 가상 세계가 위력을 발휘하고 있는데도, 그와 나란히 권력의 위세 또한 여전하다. 말하자면 재래의 힘이나 새로운 힘이나 멈추지 않는 공처럼 유효하다. 마침내 "아이는 어느 집" 앞에 선다. 여기서 주목되는 것은 아이와 집의 익명성이다. 아이에게는 성도, 이름도, 소속도 없다. 실제로 그 아이에게 그것들이 없을 뿐 아니라, 구태여 있을 필요도 없다. 어느 집 앞에 섰을 때 역시 사정은 마찬가지다. 그 집 역시 그저 "어느 집"이면 족할 뿐, 어떤 소속과 상황이 주어질 필요가 없는 것이 모니터의 가상 세계 현실이다. 이런 일종의 컴퓨터놀이는, 의미로 보아서 아무 의미가 없다. 익명의 아이와 집은 오히려 익명의 상태로 주어질 때 그 무지향성이 완성에 접근한다. 시인 이원의 이러한 묘사시는 시에서의 가상 세계를 그리는, 말하자면 젊은 시 역시 근본적으로 쓸쓸한 독백일 수밖에 없음을 드러내 주는 시대의 고백이다. PC놀이, 혹은 PC문학이 무엇인가. 채팅·접속 따위로 관계가 형성되고 만남이 이루어진다고 하지만, 그러한 제도 자체가 쓸쓸한 독백임을 이 시는 별수 없이 확인해 준다. 이원의 묘한 희망을 담고 있는 또 다른 시가 바로 이 확인을 더욱 강조해 준다.

　　　　소행성 백화점 높다란 대형 벽에 한 여자를 그려 세웠으면 좋겠다

　　　　　지구의 엉덩이에 번쩍 들어 올린 한 다리를 붙인 채 막무가내로 가방 끈을 잡아당기고 있는 한 여자를 그려 세웠으면 좋겠다.

　　　　　(……)

　　　　벽은 오래된 고독으로 그녀를 놓지 못했으면 좋겠다
　　　　　　　　　　―「새로 생길 소행성 백화점을 위하여」 중에서
환상·외계인·우주 전쟁 등이 새로운 관심, 적어도 사이버 세계

속에서는 현실이 되어 버린 오늘, 시인은 이 새로운 현실 앞에 어쩔 수 없이 서 있다. 그러나 거기 로봇이나 복제 인간 아닌 살아 있는 인간이 들어 있기를 갈망한다. "한 여자를 그려 세웠으면 좋겠다"는 소박한 희망인데, 희망으로서는 너무 직접적이고 너무 소박하다. 그러나 어차피 사이버 스페이스와 우주계에 관심이 기울어 있는 젊은 시인에게 이러한 지적은 아예 잘 들리지 않을는지 모른다. 그의 다른 시 「2050년/시인 목록」과 「1999 달의 운행 계획」은 더욱 소박하고 더욱 직접적이기 때문이다. 시가 여기에 이르면 그것이 쓸쓸한 독백인지 시인 스스로도 아마 알 수 없게 될 것이다. 그리고 시와 시 아닌 것 사이의 방황과 갈등도 소멸될 수 있다.

　지금까지 나는 최정례, 이원 두 시인을 중심으로 우리 시가 첫째, '쓸쓸한 독백'의 소산은 아닌가 하는, 이를테면 문학사회학적인 시각의 단상을 조금쯤 피력하면서, 둘째, '쓸쓸한 독백'의 시 자체에 대한 약간의 분석을 곁들여 보았다. 시를 포함한 모든 문학 작품이 물론 '쓸쓸함'과 같은 인간의 근원 감정과 무관한 자리에서 생산될 수도 없고, 그것이 반드시 바람직한 일도 아니다. 그러나 좋은 시, 좋은 문학은 그 자리에 그대로 머물지만 않는다. 이를 위해서 이제 시인들은, 한 작품의 생산 과정에서 발표에 이르기까지 훨씬 더 힘든 긴장과 절제의 노력을 감수해야 할 것이다. 비교적 높은 시적 성취를 이룩하고 있는 최정례에게는 삶의 한순간 한순간에 대한 밀도 있는 관찰을, 새로운 사이버 현실에 무방비로 노출된 듯한 이원에게는 시라는 제도 자체에 대한 근원적 성찰을, 시를 좋아하는 오랜 독자의 한 사람으로서 바라고 싶다.

디지털 욕망과 문학의 현혹

초 판 1쇄 인쇄일 · 2001년 4월 16일
초 판 1쇄 발행일 · 2001년 4월 20일
지은이 · **김주연**
펴낸이 · **임성규**
펴낸곳 · **문이당**

등록 · 1988. 11. 5. 제 1-832호
주소 · 서울시 성북구 동소문동 4가 111번지
전화 · 928-8741~3(영) 927-4991~2(편)
팩스 · 925-5406
ⓒ 2001 김주연

홈페이지 http://www.munidang.com
전자우편 webmaster@munidang.com

ISBN 89-7456-162-X 03810

값은 표지 뒷면에 표시되어 있습니다.

잘못된 책은 바꾸어드립니다.
저자와의 협의로 인지는 생략합니다.
이 책의 판권은 지은이와 문이당에 있습니다.
양측의 서면 동의 없는 무단 전재 및 복제를 금합니다.